新民说

成 为 更 好 的 人

中午吃什么

一位吃货经济学家的

美味指南

【美】泰勒·考恩 著　　　　　朱道凯 译

An Economist Gets Lunch

★ NEW RULES ★

for

Everyday Foodies

GUANGXI NORMAL UNIVERSITY PRESS

广西师范大学出版社

·桂林·

中午吃什么：一位吃货经济学家的美味指南
ZHONGWU CHI SHENME：
YI WEI CHIHUO JINGJIXUEJIA DE MEIWEI ZHINAN

出版统筹：李闰华　　　责任编辑：李佳楠
策划编辑：李佳楠　　　助理编辑：王　沁
营销编辑：李悦怡　　　封面设计：OXOMTP
责任技编：余吐艳　　　内文制作：陆　靓

图书在版编目（CIP）数据

中午吃什么：一位吃货经济学家的美味指南 / （美）泰勒·考恩著；朱道凯译. -- 桂林：广西师范大学出版社，2025. 9. -- ISBN 978-7-5598-8207-3

Ⅰ. F407.82

中国国家版本馆 CIP 数据核字第 2025BZ0060 号

广西师范大学出版社出版发行

（广西桂林市五里店路9号　邮政编码：541004）
（网址：http://www.bbtpress.com）

出版人：黄轩庄

全国新华书店经销

深圳市精彩印联合印务有限公司印刷

（深圳市光明区马田街道新庄社区同富工业区 B 栋 103　邮政编码：518107）

开本：880 mm × 1 240 mm　1/32

印张：11.75　插页：1　字数：250 千

2025 年 9 月第 1 版　　2025 年 9 月第 1 次印刷

定价：78.00 元

如发现印装质量问题，影响阅读，请与出版社发行部门联系调换。

目　录

第一章

美食家是势利眼?

在乎吃，就要在乎食物背后的经济学

———

懂一些枯燥严谨的经济学

有助于你从每一餐饭中获得满足

帮助你领悟一个道理

最好的食物其实不贵，反而是便宜的

美国食品正面临危机，前所未有的颠覆正在逼近。

一方面，人们对当前的食品生产方法产生了反叛情绪，这些方法包括长途运输，使用化肥和培育转基因生物。许多人已回归到食用来自小型农场的本地种植食物，并且人们担心美国在农业上的做法会带来批量生产的食品，这些食品不仅对健康有害，还会加剧气候变化。然而，这种担忧是否有充分依据？本地食品真的是一个好选择吗？

另一方面，美国人在高档餐厅上的花费越来越多。在许多经济领域都难以为继的时候，美国大多数城市的精致餐饮选择却在不断增多。那么，美国人真的在以最恰当的方式花钱吗？还是忽略了那些可能更便宜且更优质的替代选择？

在这个有着许多重大问题的世界里，我们是否有必要像现在这样，过度地从审美角度来看待食物？这种反思催生了《大西洋月刊》（*Atlantic Monthly*）发表的一篇文章，认为那些把吃的体验美学化的人是"邪恶的"。但将食物做得美味，甚至美丽，究竟在道德上有什么错呢？

食品危机的影响范围并不仅限于那些阅读都市杂志的文化读者。受美国经济危机的持续影响[1]，超过 4400 万美国人正在领取食品券。高失业率持续的时间远超政治家们的预期。饥饿不再是美国的主要问题，但肥胖却是，尤其是在低收入群体中。糖尿病的患病率持续上升。

但并非所有的消息都是坏的。过去几十年，美国的餐饮景象发生了巨大变化。自从卡尔文·特里林（Calvin Trillin）（幽默地）描写那些自命不凡的餐厅（他统称为"房子的房子之家"[La Maison de la Casa House]）以来，情况发生了变化。玻利维亚、老挝和朝鲜菜肴已成为我外出就餐的常见选择。我知道夫妻肺片的味道（还不错）。在政府法规允许的地方，食品餐车比许多堂食餐厅更受欢迎——这不仅仅是为了逃避那些"肺片"。

然而，更严重的是，随着全球人口增长到 90 亿甚至更多，农业生产力放缓，另一场由农业创新推动的"绿色革命"变得愈发迫切。食品价格一直在上涨，这也导致了埃及和突尼斯的政治动荡，而在这方面的援助似乎还很遥远。各国正在囤积粮食；当价格飙升时，政府以"确保本国民众食物供应"为由，停止食品出口。全球贸易网络并不像我们曾经盼望的那样稳固。

自从 1906 年厄普顿·辛克莱（Upton Sinclair）自费出版《丛林》

1　本书原版出版于 2012 年。如无特殊说明，本书脚注均为译者注。

（*The Jungle*）一书，揭露芝加哥肉类加工行业的黑暗真相以来，美国人已屡次被提醒关于食品质量及经济的令人不安的现实。然而，现在正是一个尤为关键的时刻。

关于吃，整个世界都需要一些重大改变。这本书接下来要告诉大家的是：你可以从现在开始，就吃到更好的食物——不只对你自己好，也对别人好。我们需要的，是一场很特别的革命。

让我从自己的故事讲起吧。这是一个寻找美食的故事——无论食物多么特别或普通，目的就是找到好吃的。说来可能有点奇怪，但打造更好的饮食体验，并弄清这种好体验的来源，恰恰是解决全球 90 亿人吃饭问题的第一步，也是最重要的一步。

吃点心，能让你不必饥不择食

写这段时，我在前往尼加拉瓜途中。过去好像没人推崇过什么尼加拉瓜美食，旅游指南也很少有好话，所以我只好到了当地再想办法。

陪我飞往尼国首府马那瓜的，是一点面包和奶酪，算是勉强充饥用的，因为我的航班直到下午一点半才抵达终点，午餐会拖到很晚。奶酪是西夫韦（Safeway）超市的特浓味切达干酪，面包是全食（Whole Foods）超市已出炉三天的老面发酵面包。吃点心可以避免肚子太饿；因为太饿会引发各式各样的问题，例如，会让你饥不择食，随便找一家餐厅了事。所以，你可以把点心当作一种找寻美食之前的虔诚节制。

走出机场，我挑了司机看起来年纪较大的一台出租车。到一个陌生城市，找老司机是你获得人身安全、风土人情、旅游信息的好办法，也是找美食的好办法。

车资已经谈妥，但上路后，我告诉他："我想中途停下来吃点真正特别的东西，地道的尼加拉瓜食物。我会付你 10 美元补偿你多花的时间，我也会请你一起吃午餐。"他接受了我的提议，并告诉我，我们将停在一个靠近莱昂的"quesillo"。

这是什么？小吃摊？酒吧？妓院？我不知道。他只告诉我，那地方接近旅途终点。我饿了，但好在有面包和奶酪垫底，我可以忍耐。随着车子颠簸前行，我思索 quesillo 很可能指"queso"，西班牙文的奶酪。

没多久，我看到一块路牌，看样子是官方放的，上面说前方有quesillos。几分钟后，我看到道路两旁各有约五家 quesillos，全是露天餐厅，全都有客人。好兆头。

司机说他知道一处特殊的 quesillo，在拉巴斯的一个小镇，所以我们来到另一个 quesillos 聚集区。我被告知这里只卖一种熟食，叫做……quesillo。你只有两个选择——"不放洋葱"或"全套"。我点了"全套"，没问那是什么意思。

结果 quesillo 非常简单。它是一片厚厚温热的玉米饼，卷着凉凉液态的白奶油，配上黏糊糊的奶酪，饼中包着洋葱，撒了点醋。玉米饼和奶酪是每天现场现做的；洋葱带来甜味和清脆质地，醋又提味。简单。棒呆了。

◆午餐总共花费：12美元（包括付给司机的额外车费）

最好的美食，就在平凡的日常生活之中

我们开着他那辆摇摇晃晃的老爷车继续前往莱昂，一路聊着殖民地建筑和尼加拉瓜所有值得一游的景点。当我们越过乡间，我一边惊叹着火山和湖泊之美，一边也在观察当地的农业。快接近我要去的莱昂城外时，我看到几座小（真的非常小）的农场，用来养鸡与卖鸡。

我对莱昂一见钟情，它是我所见过最迷人的拉丁美洲城镇之一，有几分像魔法梦境，你以为只存在于魔幻现实主义小说中，它却真实存在。建筑虽老，却依然漂亮，这里的人似乎都扎根于此。镇上有个广场，黄昏时突然活了过来，到处可见出来散步的一家老小、约会调情的少男少女，还有卖气球的小贩，坐在长凳上的老人。

起先我以为，我会去尝试镇上最好的餐厅，但我听到的建议

令我却步。我的旅馆和旅游指南，都说最好的地方是一家叫 El Mediterráneo 的餐厅，主打地中海料理。看起来不错，但我千里迢迢飞到这里吃地中海菜干吗？再说，我喜欢广场的气氛。

我漫步在广场上，发现有五个摊贩卖同样的东西：炸鸡跟薯条——所谓的萨尔瓦多风格。对这个广场而言，五个摊贩似乎多了，但任何经济学家都会告诉你，这可是健全竞争市场的象征。我猜想，这里卖的炸鸡是来自我在城外看到的本地农场，因此我在看起来最新鲜的摊子买了一点，万一不好吃，再去 El Mediterráneo 就是了。

但实际上，它美味极了——跟在曼哈顿热门餐厅吃到的炸鸡一样好。拿 Jean-Georges（让－乔治）在裴利街开的那家来说，我最近刚在那里花十倍以上的价钱吃了炸鸡，味道还比不上这个。

◆晚餐总共花费：2 美元

卖炸鸡的妇人撒了一些松脆的白奶酪屑在鸡肉和薯条上——中美洲的标准吃法，咸中带甜，十分美味。我至今仍抱持一个假说：尼加拉瓜拥有全世界最好的新鲜白奶酪，甚至超过萨尔瓦多。

吃炸鸡（和奶酪）时，我到这个国家才六七个小时，但我已开始构思我对当地食物供应链如何运作的假说：有钱人有佣人替他们烧饭，因此高档餐厅反而不怎么样；这里较少有正式的餐饮文化，至少不存在于餐厅，反倒是有一个十分美妙的食物世界，展现在新鲜玉米制品、完美的各式白奶酪及烘焙食品上。我开始在莱昂的大街小巷观察，饮食文化就藏在当地人最爱的餐饮之中，我只要找到门路进去即可。

睡前，我买了一个巧克力冰淇淋甜筒，因为我知道尼加拉瓜是主要的可可产地。果然美味。

◆ 我的流水账再添 1 美元

旅馆提供的早餐，常是一天当中最糟的一餐

我决定不吃旅馆提供的早餐了。在别的地方，早餐可能是一天当中最好的一餐，但在旅馆，通常是最差的一餐。

我前往中央市场，但完全不知道要吃什么。信步走入熟食区，看到人人都点同样的东西：一大坨木薯堆在生卷心菜中间，米饭和豆子摆旁边，木薯上面还铺了五片猪肉，猪肉看来是用胭脂树籽酱煎过。

木薯柔软、湿润、甘美多汁，不像你在美国拉丁美洲餐馆吃的那样，像块油炸石头。猪肉有点韧，但风味十足，胭脂树籽酱赋予它浓烈味道。我咯吱咯吱嚼着卷心菜，有点担心吃坏肚子。

找东西喝，稍稍难了些。他们给我提供了"柳橙汁"，但端来的

饮料基本上是掺了一点橙味化学香精的水。我一再问，水是否新鲜和安全，但不断得到同样的答案，小贩信心满满地说，那是"aqua corriente"，也就是自来水。我不确定那是好消息还是坏消息，因此买了一瓶可口可乐——是蔗糖做的，不是玉米糖浆做的那种标准美国可乐。

结账时，我的"饮料"总共只花了我 50 美分（除了可乐，只喝了一口的柳橙汁也算在内了）。这怎么可能？原来，他们把我喝剩的大半瓶可乐倒进一个空塑料袋重新封口，再将袋子塞到一盘冰块中，准备卖给下一个客人。这精打细算的小贩，也把我退回去的柳橙汁做了相同处理。

这样懂了吧：千万别喝任何装在手绑塑料袋里的饮料。

*早餐总共花费：3 美元

看到路上很多驴子拖车？别吃鱼

离开市场时，我买了一块糕饼，口感介于饼干和面包之间，上面涂了某种微甜的东西。我不善于揣摩糕饼成分，部分是因为我不懂烘焙，但这些东西理所当然受莱昂居民喜爱。其他很多人也在买。价格包含在上述 3 美元总额中。吃了三顿美食，只花了很少钱。

这次旅行的高潮，也许要算是另一趟出租车的行程了。我多给了司机一点钱，请他载我去找玉米粽（tamale）[1]摊子。

他找了半天找不到，因为到了下午，当产品不再新鲜时，大部分玉米粽的摊贩都收摊了。在街区四处兜了十来分钟后，我们见到一个妇人，头上顶了一篮玉米粽。我们停车，我向她买了两个玉米粽，一个给我自己，另一个给司机。

两个玉米粽卖20科多巴（córdoba，尼加拉瓜货币），约1美元。我没有面额低于50科多巴的纸币，妇人没有零钱可找，我们人又在住宅区中央，四下无人，附近也没有商店。我坚持不用找钱，能吃到甜玉米粽，我已十分满意了，但她不肯。于是我只好在出租车内待10分钟，等她换钱回来。那个玉米粽，可能是我在尼加拉瓜吃过最好的一餐。

我不能说我证明了玉米和奶油是这种饮食文化的关键，但四天旅行结束时，我已搜集了很多支持性证据。我在镇上吃的餐食中，只有一餐够不上杰出，那就是海鲜，这使得我有了另一个假说：

当你看到驴子拖着车满街跑、路上很多妇人头上顶着篮子时，你如果想吃鱼，请去海边或湖畔吧。

意思就是，如果一个地方的交通工具不发达，鱼和任何你看到的海鲜，只要离水10英里[2]，都不会好吃。

1　拉丁美洲的传统食物，馅料分成咸、甜两种，咸粽类似肉粽，将玉米面团、肉馅用玉米叶包好后蒸熟；甜粽馅料以水果为主。——原注

2　1英里约等于1.609千米。

美食家，都是饮食势利眼

很多美食家、写饮食评论的人，常受到三个教条误导。但这三个教条，在尼加拉瓜都派不上用场，在你我家中也用不上，事实上放到任何地方都不对。这三个教条是：

1. 好食物，是比较贵的。（假如时间就是金钱，那么慢食必然比较好。）

2. 大量便宜食物的来源——也就是所谓的农企业（采用企业化经营的农业）——简直糟透了。

3. 要吃得有创意，不能靠一般消费者，因为一般消费者很容易受到别人（例如名厨、美食作家、文化领袖，尤其是政府官员）的左右。

这三点结合起来，形成了我们这个时代的"饮食势利眼"。

这类偏见太普遍了——在美食杂志如《美味生活》（Bon Appétit）和现已停刊的《美食家》（Gourmet）上，在反农企业的纪录片如《毒食难肥》（Food, Inc.）和《大号的我》（Super Size Me）中，在限制食物推车、路边小吃、未杀菌奶酪的法规上，在无数介于我们和更好、更便宜食物之间的政府干预中，比比皆是。作家迈克尔·波伦（Michael Pollan）曾提出一些关于当今世界饮食令人信服的观点，但他在最近的作品《吃的法则》(*Food Rules*) 中,却让大家把食物留在盘子里。我要说的是:找到或制作出好的食物——然后吃掉它。

尽管他们常高喊什么"土食者"(locavores)[1]和"慢食",这些饮食势利眼其实是很悲观、很家长作风的,尤其是他们是反创新的。他们不相信消费者或商人有能力创新;他们基于自己对运输和原料转换成食品的错误认知,而怀抱着虚妄的怀旧思想,缅怀原始农业。

他们鲜少承认(更遑论强调)便宜又快速的食物(包括那些被我们唾弃的农企业所提供的),是人类历史上最重要的进步之一。那是现代文明的基础,也是我们大多数人能够活下去的原因。工业革命最终带来了现代生活的便利没错,但这也要归功于工业革命爆发前所出现的一场农业革命,才让经济的进一步发展成为可能,我们才能将人力抽出农场,并雇用他们为科学家、工程师、发明家和企业家。

"极度新鲜"和"腐坏",只有一线之隔

早年的食物世界,不是天堂。如果我们回到 19 世纪中叶,会看到美国消费者对于新鲜水果、蔬菜、肉和牛奶抱着怀疑的态度——

---

1 吃在地生产的好东西的人。

除非是自家或邻家的农场生产的。就像今天任何业余奶酪或香肠制造者都可以告诉你，"极度新鲜"和"腐坏"，只有一线之隔。

在那个年代，人们不知道"新鲜"食物来自何方，暴露在高温和自然环境中多久；食品包装上不注明有效日期，或根本没有包装；粮食在极度过剩期和极度匮乏期之间轮替，依季节和产地而定；高运输成本使得大部分新鲜食品无法运送到世界上大部分地区；大部分食物是在地食材，但没有人特别引以为傲；提炼和加工成本几乎不存在（除了糖例外），只因为以当时的科技和经济条件，缺乏有效改造食物以扩大营销范围的方法。

那时很多食物都会经过防腐处理，通常使用流传几百年的老技术。例如蔬菜会用盐卤和醋腌渍——未必是最佳风味组合。水果是脱水的，如果能利用阳光的话。肉和鱼是盐腌和烟熏的，或塞入密封的罐子保存。食物中毒司空见惯。制作和保存食物需要大量辛苦的工作。总的来说，那不是一个值得羡慕的美食世界。

到了 20 世纪 20 年代，这一切才完全改观，至少在美国是如此。运河、铁路及后来的卡车，将食物的运输成本降至过去水平的几分之一。在这个新世界，耐放且经得起运输的食物可以创造财富，于是企业家投资于运输、仓储和保鲜技术，也启动了丰富多样食材的现代世界。

今天，美国人取得食物的渠道之多，在世界历史上史无前例。供应不再限于腌渍、风干及家庭农场生产的食物。相对于工资，食物突然变得更便宜，供应也变得更可靠。

一些不好吃的冷冻和罐头食品，的确也应运而生，但不要为这个理由而谴责商业化。就像印刷机带给我们好小说，也带来了坏小说，但无论如何都是一个裨益文化的发明。

正确评价农企业，不表示你必须无视肥料污染问题，或支持政府补贴玉米糖浆，或理直气壮地在麦当劳用餐。我们可以把现代、廉价的农业，视为一个平台，在这个平台上发展后续的饮食创新。这个平台还需要改革，但大体而言，它在喂饱人类这件事上做得非常好。如果我们不了解这个平台的好处，我们将无法找到最好和最便宜的餐食，还会危及平台本身。万一平台垮了，饥荒将接踵而来。

我们也需要了解人们如何在当下利用平台，来达到更好更多的人道目标。尼加拉瓜食物的真正美妙之处，在于它让我们见证了个人的创造力——即使是一个非常贫穷的个人。

因此，想要吃得好，要保护环境，要对我们的法律与我们的日常饮食做出正确的决定，我们需要充分了解食物市场如何运作。我们需要更好地了解，如何将所有呈现在我们眼前的信息，转化成有用的知识。

在这个饮食"大停滞"的时代……

尼加拉瓜是一个我们不熟悉的环境，但我在那里的经历，说明了我希望借这本书阐明的重要观念。

1. 你我的每一餐，都很重要

糟糕的饮食，不只是一场不愉快的味觉经验，也是对人生乐趣不必要的否定。它浪费了一个提升我们品味、认识世界及分享一次有益经验的机会。几乎每个地方——不论是尼加拉瓜，还是你所居住的地方——都有物美价廉的饮食，只要我们能破解这些食物的密码，找到区分优劣的暗号。你如何挑选餐厅？如何逛菜市场？食谱真的有用吗？其实都是很关键的问题。

2. 好食物，通常很便宜

有多少人真有那个时间、金钱与耐性，每一餐都在豪华餐厅吃呢？几乎没人吧。但我确实想透过对食物的探索，让我的生活更多彩多姿。我也想用尽可能便宜的方法，来达到这个目的——毕竟，吃饭不是人生的唯一乐事。

一般垃圾食物很便宜，很多人也觉得好吃，但这些食物不能改善或提升我们的品味。你很快就会吃腻，而且不利于我们的健康或环境。垃圾食物也违反了这样一个概念：世界是一个信息丰富的宝藏，充满惊奇和隐藏的珍宝，还有学习新事物的途径。换言之，垃圾食物是条死胡同。

况且，我们不需要垃圾食物，因为我们可以在家附近，轻易找到更好、更便宜的食物。

我家的邻近地区——弗吉尼亚州北部、马里兰州和华盛顿特区——有好几家我喜爱的好餐馆，全都能提供一流餐食，一餐吃下来，不到 15 美元，当然有时我会花更多钱。我写了二十年的餐厅评论，到头来还是喜欢这些餐厅的 15 美元餐，胜过名厨米歇尔·理查德（Michel Richard）主持的乔治城豪华餐厅 Citronelle，那里的餐食动辄要价 200 美元。

我心爱的这些餐厅，提供五花八门的料理，从四川担担面到法国埃普瓦斯芝士汉堡，到红鲑鱼咖喱再到埃塞俄比亚生牛肉配辣椒和干酪。它们有一个共同点：老板和大厨驻守在店里，献身于他们爱烹调的食物。

这样的老板与大厨，世界各地都可以找到。得克萨斯州（以下简称"得州"）最好的烧烤厨子，是技术高超的应用科学家；在新墨西哥州首府阿尔伯克基的餐车式简餐厅（有时甚至在药妆店），可以吃到令你如痴如狂的辣肉酱；在意大利最少米其林星级餐厅的地区——西西里——照样拥有一些欧洲最好也最便宜的食物；新西兰的炸鱼和薯条店，提供的是优质海鲜，虽然他们只收你不到 10 美元。这些餐厅中没有一家指望他们的顾客是花公款吃饭的。

3. 当一个创新的消费者

一旦你对我们吃什么、如何吃背后的经济学有了一些了解，就会更明白，身为消费者，我们每一个人都有改善国家和国际经济的力量。

在美国及其他富裕国家，人们的通常收入增长大约自 1973 年起就停滞了。我们的饮食方式，能否帮助我们（至少是一部分）超越这个可悲的状态？

我们以为，创新得来自企业家；我们以为，创新意味着重大的生活改变，譬如电力、抽水马桶和汽车的发明。但是今天，即使将神奇的互联网纳入，我们也已经很久没看见可以跟我奶奶所经历的生活改变等量齐观的创新了。

我奶奶出生于 1950 年，全球科技进步在 1870 年至 1970 年间达到高峰，此后脚步放缓，因此在今天这个时代，我们需要更广义的创新概念。当一个更好、更聪明的消费者，是一个能改进我们生活，从而扭转我在其他地方所提到的"大停滞"的方法。

你花钱买的，是好味道，还是社会假象？

这本书谈食物和吃，但它不只是一本谈食物和吃的书。它攸关一个更大的课题：我们对待食物的态度，与我们对待生命和对待自己的态度息息相关。18 世纪时，苏格兰作家詹姆斯·鲍斯威尔（James Boswell）界定人是"一种会烹调的动物"——可见美食家是一个喜欢发挥自己基本人性特质之一的人。

你还记得那些关于古罗马人为了再度享受一场新的筵席而催吐的故事吗？那代表一种非常特殊的对待食物与享乐的态度，虽然不代表这本书的态度。

有些评论家认为，食物是一种社会和政治控制的手段。19 世纪法国空想社会主义者傅立叶（Charles Fourier）认为，烹饪法是纯科学，唯有精英烹饪法官和陪审团才能实现必要的"和谐"。傅立叶认为，性与食两者应该是新社会秩序的双重控制基础，他称之为"美食学"（gastrosophy）。良好行为会受到奖励，由监护人赏赐大量食物和性爱，以此方式创造经济合作与生产的动机。傅立叶认为亚里斯多德学派主张的节制美德，是一种恶习，他预言未来人类一天吃五餐外加两顿点心，餐餐是美食，男人身高 7 英尺[1]，消化是件容易的事，预期寿命高达 144 岁。

那是另一个你不会在这本书找到的食物愿景。我喜欢这种论点的乐观，但我对这种食物被用作控制人民的机制感到担忧。事实上，这本书就是希望给读者提供一种从政治精英或食物精英手中夺回食物控制权的方法。最重要的是，我的愿景是鼓励食客，让他们掌握

1　1 英尺等于 0.3048 米。

一些识别模式和创新的技能。

我相信，拆穿一些社会制造的假象，人们的生活可以过得更好。最重要的是，辨明食物的展示或销售，在什么情况下与食物的味道有关，什么时候与味道没半点关系，而只是与其他事物——例如取得更高的社会地位或自我感觉良好——有关。哥本哈根的 Noma（诺玛），连续数年被评为全世界最好的餐厅，但我在那里吃得乏味极了（好在不是我买单）。确定你花钱买的是好味道而不是社会假象，可以帮助你远离那些不过尔尔的昂贵餐厅。当然啦，你也可以逆向思考我的建议，把这本书当作如何牺牲美味、好帮助你换取更高社会地位的指南。

我认为，聪明饮食也是一个减少不平等的方法。在美国，富人通常吃得比中产阶级或中上阶级好。但这并非必然，我会告诉你如何吃到一些世界上最美味的食物，即使你不是很有钱。总之，我希望这本书能让你知道，成为一个更好的食物消费者，真的可以改变世界。

懂一点经济学，你会吃得更满足

身为经济学家，我将食物看成是市场供给与需求的结果。不论餐厅或超市或厨具店，你很难想象有哪个行业比它更商业化、更充满创业精神和创新。如果我们关心食物，我们就必须关心食物背后的经济理由。懂一些枯燥严谨的经济学，有助于你从每一餐饭中获得满足，也会帮助你领悟一个跟大家常说的不一样的道理：许多最好的食物其实不贵，反而是便宜的。

一直以来，当我寻找更好的食物时，运用的就是以下这个经济法则：

食物是经济供给与需求的产物，因此我们要找的，是供应品新鲜、供应者富有创意、需求者消息灵通的地方。

大部分的饮食文章，不大关心经济学，但经济学这门学科在早期，主要就是有关研究食物的生产与分配的理论。早期，经济建立在农业之上（当然，至今农业仍是世界上较贫穷国家的经济命脉），亚当·斯密（Adam Smith）是现代经济学之父，他在 1776 年写《国富论》（*The Wealth of Nations*）时，采用的一些最佳范例，都与谷物交易有关。弗雷德里克·巴师夏（Frédéric Bastiat）是 19 世纪法国一位杰出的经济学家，他的著作至今仍在出版，其内容主要就是在解释巴黎人如何取得粮食，尽管当时没有中央计划者负责管控粮食的供应。我将追溯我所研究学科的历史根源。

在我们了解人们如何矫正错误之前，我们需要先了解的是，今天的错误，究竟是如何发生的。

第二章

东西为何越来越难吃

都是美国禁酒令与媒体干的好事

———

基本上，美国食物就是儿童食物

在美国，食物有一道漫长的弧形发展轨迹，中间贯穿几个大重点。美国有简易速成、合成加工的文化；从麦当劳、Hostess Twinkies 奶油夹心海绵蛋糕，到 Velveeta 加工奶酪和幸运符（Lucky Charms）早餐麦片，烂食物似乎无所不在；Good & Plenty 甘草糖，更是一向重"多"不重"好"。

20 世纪 60 年代初期，假日酒店（Holiday Inn）供应的食物有八成来自芝加哥中央厨房运出的冷冻包裹，因此这家连锁酒店的大部分餐厅只需要一名厨师和一名洗碗工。当时著名的连锁牛排馆泰德（Tad's），曾创立一家新的连锁分店叫做"泰德三十种餐"，他们卖鸡肉、扇贝、牛排和土豆冷冻餐，餐点会用塑料膜包起来，由食客自己放进每张桌子旁边的微波炉解冻，吃起来没什么味道，这餐厅却毫无愧色。

关于美国食物何以变得这么差，有一个标准解释，你会从美食家口中听到，你会在很多食物历史中读到，迈克尔·波伦也曾引述这个说法，一言以蔽之，就是将美国食物变差的责任归咎于商业化。更具体地说，这个国家把食物的供应网搞得太快太彻底，以致味道都消失在所谓的效率中。美国变成运输食品、冷冻食品、罐头食品和大型农企业的国度。在追求利润和便利的过程中，美国丧失了古早年代的单纯饮食方式。农企业腐蚀了美国人温馨的在地市场，剥夺了美国人与邻近农夫闲话家常的机会，就像一个好的土食者会做的那样。

但这里我要提出不同的看法。没错，任何客观的观察者都能在农企业上找到离谱与低质量的证据，但仔细观察历史却不难发现，这并不是饮食质量恶化的最大祸根。美国食物之所以变得如此之差，真正关键的原因被忽略了。

例如，多力多滋（Doritos）的商业成功并不能解释事情为何变得如此糟糕。美国的政治家和立法者对烹饪问题的影响远比人们通常认为的要多。20世纪初的几十年间，禁酒令让众多顶级餐厅关门歇业长达数十年之久。紧接着，第二次世界大战将美国推入了高产量、低质量的低谷。在美国其他文化蓬勃发展之际，这一记历史性的重拳阻碍了优质餐馆的发展。也许更重要的是，从20世纪20年代开始的反移民战争，使美国食品在几十年间里远离了其最优秀、最富有成果的创新者，而这恰恰是商业化正在蓄势待发的时候。在这三种社会力量的作用下，难怪美国的很多食物都如此糟糕。

进入20世纪后期，双职工家庭的趋势和电视成为人们消磨时间的主流方式，这些变化让美国人花了很长时间来调整自己的饮食习惯。起初，这些趋势对食品质量不利，至少在美国人学会如何将其转化为优势之前是这样；速食晚餐出现的时间比美食频道要早得多。因此，美国人经历了一场长达一个世纪的多重不利因素风暴，它们共同构成了对健康饮食的围剿。

这场风暴发生时，冷链物流和卡车运输正变得越来越重要，美国的食品供应链——从收获到消费之间的距离、时间和步骤——也越来越长。规模化运输、大众营销和食品保鲜技术的兴起，帮助美国食品市场在 20 世纪快速扩张。加利福尼亚州（以下简称"加州"）南部的农民可以将其种植的生菜卖到缅因州。然而，这种混合的运作方式是有偏的（biased）——非必要地有偏——不利于优质和多样化的食品。这种偏差在很大程度上源于不明智的法律和一些偶然的社会力量，而人们需要一定时间才能适应。

情况本可以不同。食品市场的商业化并不是罪魁祸首，因为美国食品平庸化的现象在很大程度上取决于特定的时间和地点，也取决于一些非常愚蠢的法律。

但人们对 20 世纪的食品史存在更大的误解，这建立在两个认知盲区上。首先，人们忽略了，其实现在有更多人吃得比过去任何时期都好。今天美国穷人更可能面临肥胖而非饥饿的问题。即使经历了"二战"期间的大规模资源调配及随之而来的物资匮乏，都不曾阻止大多数美国人吃肉，虽是质量较差的肉。实际上，这些进步远比垃圾食品的泛滥来得重要。

其次，我们夸大了美国食物差劲的程度，就如同英国食物在一个世代前的遭遇。美国在 20 世纪的餐饮世界绝非一无是处，法国人曾赞赏美国的沙拉和汉堡；中西部和南部充满新鲜蔬菜，加州一年四季农产品不断；得州牛肉和烧烤欣欣向荣，新奥尔良将它独具特色的克里奥和卡津料理发扬光大；美国至今仍是全世界吃牛排最佳地点之一，沿海地区有丰饶的新鲜海产。

外国人对美国饮食往往存在片面的认知。那些离美国越远的国家，越难接触到美国的新鲜食物，也越不可能看到中西部的烧烤或吃到那里的现摘玉米，或品尝阿拉巴马州几乎全年都有的时蔬。然而，外国人会对美国的罐装、包装和冷冻食品感到熟悉，也就是所有美国擅长运输的东西。美国人倒是较少见到欧洲的包装食品，因为欧洲比较不擅长长途运输食品的技术。美国人对欧洲食物的记忆是红酒、腌火腿和新鲜草莓；欧洲人对美国的印象是麦当劳和冷冻披萨。因此，尽管他们对美国饮食文化的若干批评是正确的，但这些批评同时也有失偏颇。

很多欧洲游客到美国旅游时，没有自驾车辆，无法去郊区走走，不了解很多当地的民族风味料理，而且一般而言，他们对于如何寻找在地佳肴也毫无概念。他们漫步在波士顿和旧金山之类的城市街头，期待好食物会自动跳出来向他们招手，那是他们在欧洲家乡找地方吃饭的惯常方式，但在美国，这行不通。

不过话说回来，我还是得承认：美国的确有太多低质量食物了。现在，让我们深入探究其根源，回顾美国相当独特的历史——首先从禁酒令说起。

禁酒，也禁掉了美食的未来

美国因禁酒而掀起的政治斗争，在 1920 年达到高潮——那一年，禁止公开贩售酒的法律正式生效。随后的禁酒时代，迫使许多好餐厅关门歇业，这也是美国食物和餐饮文化落后如此之久的主要原因。

其实早在第一次世界大战前，美国就有 26 个州制定了禁止公开贩酒的法律，大部分是在南方和西部。堪萨斯州更早，在 1881 年就开始禁酒了。就算州政府不禁酒，通常州内某些地区自己也会禁。例如 1914 年，加州境内禁酒的城镇就包括伯克利、圣巴巴拉、长滩、帕萨迪纳、波莫纳、雷德兰兹、河滨，以及大部分的洛杉矶郡。禁酒运动也在东北部赢得胜利，例如到了 1908 年，康涅狄格州 168 个城镇中就有 90 个禁酒。

禁酒，是一场远比大多数人想象中还要更大和更久的实验。它为大部分好餐厅带来巨大灾难，特别是豪华和昂贵的餐厅，当时一位评论者甚至称之为"美食大屠杀"。一位英国游客形容："不分青红皂白全面谋杀了用餐的魅力和乐趣……几乎所有餐厅都成了坟墓。"《周六晚报》（*Saturday Evening Post*）认为，美国美食学已被摧毁。这个问题原本在已禁酒的州里已经发生，现在传染到全国，包括美国餐饮业的首都纽约市。新闻记者赫伯特·阿斯伯里（Herbert Asbury）写道："有很长一段时间，在纽约下馆子是件恐怖的事情。"

在纽约，著名餐厅 Delmonico's 于 1924 年关门，正是因为缺少了卖酒的收入，餐厅无以为继。其他的知名餐厅也纷纷歇业——出于同样的理由，包括 Rector's、Shanley's、the Ted Lewis Club、the Boardwalk、the Little Club、the Monte Carlo Club、Murray's Roman Gardens、Thomas Healy's Golden Glades、Reisenweber's、Jack's、Sherry's，以及当时被公认为纽约最好的法国餐厅 Mouquin's。这些餐厅中，有许多是因遭警方查获店内有酒而被迫歇业的。另外还有一些顶级旅馆不是连同附设餐厅一起停业（因为酒吧是它们重要的收入来源），就是不再经营餐厅这部分业务。

贪腐的官员也是帮凶。过去合法的餐厅，如今若要继续卖酒，就得游走在法律之外，和黑道经营的餐厅竞争。一些旁门左道的馆子会利用法律及贪污的警察，逼竞争对手关门。结果幸存下来的，就是那些擅于贿赂、在司法界有人脉的馆子，而非厨艺精湛的餐厅。而这些存活的餐厅越赚钱，被期待付的贿款也越高。一间典型的纽约市地下酒吧（speakeasy），每月固定的贿赂成本约为 400 美元，按通货膨胀调整后，相当于今天的十倍[1]。这还不包括三天两头招待来访警员吃吃喝喝之类的开销。

其中，昂贵、高质量的食物受创最重。举例来说，不能卖酒，合法经营的餐厅就不能用红酒调味。这一来，法国餐厅门可罗雀，无数在美国的法国大厨沦落街头，不是另寻工作，就是搭船回国。

1　此处应指 2012 年左右的美元购买力。

喝烈酒，吃罐头，就差没吃到苦头

不过与此同时（大约是1919—1929年），美国餐厅数却翻了三倍，毕竟，那是美国的繁荣年代。但问题就出在：大部分餐厅强调的是速度和便利，而不是食物的质量。

不靠卖酒获利的餐车式简餐厅（diners）更加流行起来；冷饮店、冰淇淋店和糖果店也蓬勃发展。以纽约市的百老汇来说，就从原来剧院和餐厅的集中地，变成廉价食品和零售店林立。突然间，满街都是热狗和汉堡店、卖什锦杂炒的中国餐馆、糖果店和药妆店、投币游戏机店和地下酒吧，这一切，预告着新的食品世界即将来临。

此外，禁酒令也使得美国餐厅更适合儿童。家庭生活虽因此变得更便利，但其食物质量却也随之打了折扣。大多数儿童喜好比较清淡、可预期的食物，而且，如我在后面更详细讨论的，美国成人本来就特别愿意迁就子女的食物偏好，而禁酒令使得更多美国小孩得以在餐厅就餐，从而让孩子们对美国餐厅的食物产生了更大的影响力。如今，美国仍保持着高于欧洲多数国家的法定饮酒年龄，且餐饮场所对此类限制的执行尤为严格。这种监管环境使得餐厅经营者更倾向于提供无需佐餐饮品的餐食。在欧洲，餐厅为16岁青少年提供佐餐酒水实属常态，人们期待这些年轻人在餐桌上展现出与成人无异的用餐礼仪。当欧洲坚守其餐饮文化传统时，美国却在逐步降低其餐饮服务标准。

禁酒令也把当时的饮酒活动赶到地下，转移阵地到非法营业的酒吧或私人住宅里头。这些地下酒吧通常也供应食物，但这些食物大都质量粗劣、价格昂贵，而且因为地下酒吧必须保持低调，因此更无法建立什么烹饪名声。这里的顾客只限熟人，因此也限制它用美食吸引其他客人上门。

通常，非法饮酒会避开葡萄酒，因为葡萄酒很难运输、储藏和营销。酒客以廉价烈酒取而代之，但烈酒不能提升优质食物的滋味。即使经过整个 1940 年代，美国人仍普遍以威士忌，而非葡萄酒搭配精致食物。

禁酒令于 1933 年废止，不过这时美国也陷入了大萧条。根据一项来自当时的估计，禁酒令结束六年之后，纽约市的美食才开始复苏。另一项估计，则是以 1941 年纽约市第一家后禁酒时代的杰出餐厅 Le Pavillon 的开幕之年，为美食复苏年。而此时，1939 年，美国即将投入第二次世界大战，这又是对优质食物的一次打击。

"二战"期间，美国的包装食品和快餐餐厅蓬勃发展，将美国进一步推向食物光谱上更便利、更低质量的那一端。这场战争将 600 万妇女首度送入劳动市场，她们多半已婚生子，丈夫离家参战（超过 10% 的美国人口被征召入伍）。对于吃，这些家庭这时候需要的，当然是更廉价、随时可上桌的食品。这为餐馆、麦芽奶昔店、快餐店、汉堡店和自助餐厅带来了额外的推动力。20 世纪 50 年代和 60 年代的食品根源可以追溯到早期的战争时期经历以及禁酒令期间精致餐饮遭受的破坏。

而战时配给制度和资源匮乏，也让高质量食材和细心烹调更加可望而不可及。例如，由于 60% 的美国优选级牛肉留作战时用途，越来越多人吃大量生产的鸡肉；世棒（Spam）罐头午餐肉特别流行，就是因为方便储存，容易料理。由于劳动力、资源和运输设备被转移到军事用途，新鲜蔬菜和水果经常缺货；至于咖啡、奶油、奶酪、脂肪、油，尤其是糖，全都受到严格的限制。

在战争期间，美国人摄入的糖和猪肉减少了，但卡路里的摄入量依然保持稳定。实际上，牛肉的消费量增加了，并在 1943 年达到了新高。在对新的短缺做出一系列调整后，质量比数量更容易受到影响。在战争期间，保持高水平的肉类消费成为了一种身份象征，美国人认为自己生活在一片即使在艰苦的斗争中也从不需要忍受匮乏的土地上。然而，为了维持这种姿态，所做出的调整使美国进一步走上了依赖易得但低质量食品的道路。

与欧洲不同，美国拥有完整的工业和农业基础，而且农场与城市之间的距离较远。工业罐装食品成为应对战争的重要方式。食品出口——无论是供给士兵还是用于战时援助——大大推动了美国罐头工业的发展，新的罐装设施也很容易被调配来服务国内市场。

因此，尽管美国的肉类质量下降，但相比于大多数欧洲国家，美国人在战争中仍能保持较高的肉类消费水平。

对"二战"的反应说明了美国和欧洲在食品运输网络发展上的

差异。大多数欧洲经济体在战争中的受创程度远超美国。在欧洲绝大部分地区，战争意味着许多食物根本无法获得，人们的饮食大幅减少。为了应对短缺，人们更多依赖本地生产、家庭种植、与当地农民交换，甚至进行家庭食品保存。在极端情况下，人们甚至会吃掉家里的宠物或流浪动物。这些反应降低了欧洲食品的质量，但并没有让欧洲在战后转向以便利、注重数量和低质量为主的食品模式。欧洲并没有足够的工厂能力转向大规模食品生产；相反，战时的应急反应更加巩固了欧洲倾向于使用本地食材的传统，而美国则转向了长距离运输。讽刺的是，正因为欧洲受到了更多的苦难，它的食物反而更有味道。

即使在战争和全国禁酒令的负面冲击过去后，美国的餐饮业仍未完全摆脱束缚，得以自由发展和提升。许多州和县的酒类法律在这些事件发生后仍持续了数十年。直到 1971 年，得州才允许在餐馆销售酒精饮品，紧接着餐馆业迎来了繁荣。

美国很多郡县至今仍有禁酒令，虽然确切数目起伏不定。肯塔基州 120 个郡中有 55 个禁酒，还有 35 个局部设限；得州 254 个郡中有 74 个完全禁酒；阿肯色州有超过一半的郡禁酒。估计约有 1800 万美国人住在禁酒地区。过度的管制，束缚了创新。一直到 1970 年代或更晚，美国才开始真正重视葡萄酒，或视葡萄酒为美馔良伴。

谢谢马英爱，让我吃到朝鲜菜

外来移民在美国成功奋斗的故事，往往听起来很热血，但我比较喜欢的，是这些移民改善美国饮食文化的故事。

距离我家约二十分钟路程的地方，开了一家新餐馆，招牌上——只有韩文——写着"平壤血肠"。没错，平壤，朝鲜首都。

店主马英爱，是个迷人的朝鲜女人，她系着一条围裙，上面点缀着猫和心形图案，用大大的微笑和一声"您好"迎接所有客人。她很高兴看到我，虽然她的英文不足以应付我对食物的所有问题。

如同许多韩裔美国人的成功故事，她的工作时间从早上九点半开始，一直到晚上十点半，大部分时间都奉献于维持餐馆的质量。

她的馆子卖猪肝猪肠，也卖一些我生平吃过的最好的香肠，配最新鲜的辣椒，还有拌黄瓜的冷荞麦汤面，以及火鸡馅的水饺。这一带至少有四十家韩国餐馆，但这一家与众不同，它的菜通常更好，最起码——总是有变化。

我称马英爱的烹调为朝鲜菜，但我也称之为美国菜。没有她，我的美食生活会更贫乏，美国菜也会更逊色。

让人惊讶的是，不同国家的料理受移民影响的程度不太相同。例如法国料理，近代就很少受到移民的影响，巴黎有许多不错的北非餐馆，但如果没有阿尔及利亚移民，巴黎美食仍将处于世界领先地位，而且很可能会沿着大致相同的道路发展到今天。法国厨师一直专注于重新诠释已有的国家和地区的理念，或者就新派美食而言，他们稀释酱汁，专注于纯粹的食材。至少在近代，还没有出现那么多的思想交融。非要说的话，经典法式菜肴的演变最初是对其早期受阿拉伯菜肴影响的一种"反抗"，最主要的是将糖、肉桂和蜂蜜从主菜中的显要位置移到甜点中。在法国高级菜肴中，你不怎么会看到摩洛哥巴斯蒂拉馅饼（Mococcan bastilla pie）[1]。

在 20 世纪的大部分时间里，意大利的移民人数较少，但和法国一样，它也注重完善已有的材料、技术和食谱。近年来，移民意大利的人数有所增加，但没有移民的意大利仍然会有出色的美食。也许雇用餐厅服务员会更难，因此餐厅也更难维持下去，但食物的内容不会有太大的不同。西西里美食的灵感往往来源于北非，并突出使用橙子、薄荷和其他香草。但这些影响都来自几个世纪前，而不是来自最近的新移民。

相比起来，美国食物就是移民食物。很多美国的最好的烹饪观念，都源自移民（或是源自非洲奴隶）。例如纽约的熟食店（deli），就混合了众多来自东欧的影响；汉堡是从德国的烧肉方法演变而来的；美国披萨是对意大利披萨的重新组合；烧烤很可能来自加勒比海和墨西哥。所谓的"民族"料理，现在主宰着美国的城市和郊区；"融合料理"则汲取了来自欧洲、拉丁美洲、亚洲及如今非洲的影响；

1　一种酥皮杏仁肉馅饼，是摩洛哥传统节庆名肴，通常作为宴席压轴菜。

加州的"纳帕谷"料理[1]，是当今世上最国际化的烹饪风格之一。

有美国味的四川菜？

美国人极擅长供应廉价原料、廉价运输、廉价营销，以及接触广大富裕顾客市场的机会。这个国家地大物博，我甚至会这么说：我们的超长供应链——通常用横越全国的卡车运输来衡量——也包括我们吸引远方移民的能力。

例如美国的中国菜，当然比不上四川省的中国菜，但四川没法提供像美国这么多元的食物选择。美国食物正迈向许多民族料理的"次优"地位，这些料理没有一项是美国食物，但这种海纳百川、包罗万象的特性，却透出某种强烈的美国味。在美国社会的诸多领域，其核心发展逻辑在于追求多样性与选择自由，而非单一模式的完美。当移民限制政策削弱饮食多样性时，本质上是在消解美国饮食体系最宝贵的竞争优势——这种优势正是来自得州烧烤、唐人街点心等多元化创新。

1920 年代以前，美国大体上是一个对移民开放的国家。这里有土地可以取得，有大把工作机会，有开放和弹性的阶级系统（对大

1　以美国加州纳帕谷葡萄酒产区为核心发展起来的新派美食体系，本质上为葡萄酒文化与当地物产的美学呈现。

部分白人而言），美国城市可容纳几百万新来人口，新移民占美国人口的很大一部分也就不令人意外了。从 1820 到 1920 年，美国接纳了约 3000 万欧洲人。但到了 1921 年，紧急限额法案首度限定每年的移民人数上限；1924 年，限制进一步紧缩，接下来的四十年里，美国大体上对大规模的合法外国移民关上了大门。

这些移民限制，最终伤害了美国饮食，而且实施时间与禁酒令、大萧条和"二战"的时间大致重叠。要知道，光是移民限制这一项，就足以对美国饮食造成窒息效应。不妨想象一下，如果你在美国，不准你吃中国、印度、越南、泰国和墨西哥移民生产的食物，更别提其他国家的食物，比如玻利维亚菜到埃塞俄比亚菜（当然这取决于你居住在哪），那么你的餐饮选择会变得多差！而且这么一来，主流美国餐厅的竞争压力也会减轻，结果就是让美国人吃到更差和更单调乏味的食物。

阻止新移民流入，也破坏了那些已经在美国成家立业的老移民的烹饪传统。唐人街逐渐消失，意大利区成为主流，希腊移民开设的餐馆只有适度的希腊风味；在这些餐馆的菜单上，你可以看到苏夫拉基（Souvlaki）[1]，但没有更多来自其家乡的菜肴。这些老移民接触不到自己的根，只好向主流美国饮食习惯靠拢。尽管这可能有助于美国的国家团结，却不利于饮食。移民寻求常态和文化融合。辛

1　希腊烤肉卷饼，属于快餐。

辣或带蒜味的食物被视为下层社会身份的标志和需要克服的习惯。当失根、孤立的移民被美式家庭生活轻松自在的允诺所诱惑，他们开始买罐头食品、瓶装番茄酱，以及后来的冷冻餐和微波炉。有时，他们追求这些趋势过了头，为了证明自己是"真正的美国人"，来自他们"祖国"的烹调就只能在特殊节日或大型周日家庭聚餐才能现身了。一些民族风格依然存在，但形式已经僵化：如果你去宾夕法尼亚州的一家老式德国餐馆，你会发现那里有很多重口味的荤菜，盘子里有很多东西，却很少有德国南部的那种味道鲜美的细腻菜肴。

美国的餐饮文化很闭塞。邓肯·汉斯（Duncan Hines）可谓是1940年代美国最权威的餐厅评论家。他直到1948年才第一次访问欧洲，写回来的报导说：美国菜世界第一。依他之见，唯一能和美国竞争这个头衔的，是英国，因为英国有杰出的烤牛肉。

直到1965年，在哈特－塞勒法案（Hart-Cellar Act）废除了先前基于国籍的移民配额后，移民限制才放宽。该法案于1968年正式生效，等到移民进来并开设成功的餐厅，中间又耽误了一段时间。无论如何，接下来十年，美国接纳了470万移民。这个数字远大于1950年代的250万人，几乎是1940年代的100万人的五倍，是1930年代的50万人的近十倍。终于，美国食物在20世纪七八十年代长大成人，这大部分得拜移民政策的转变所赐。

看看电视和小孩干的好事

20 世纪的美国家庭结构，也是饮食质量不够高的原因之一。

饮食习惯始于家庭。家庭是我们学习吃什么、怎么吃及如何评价食物的地方。虽然口味可以重新习得，但大多数人都会维持童年的食物品味。许多中国人喜欢海参的顺滑口感，许多墨西哥人不怕辣椒的辛辣，许多阿根廷人爱吃腰子和肠子——因为他们从小吃惯了那些东西。就像许多美国人会认为神奇面包（Wonder Bread）味道正常，但很少有德国人会同意，因为他们期待更硬、味道更浓的面包。

由于一连串的社会偶然，20 世纪的美国家庭结构结合当时的新科技，阻碍了优质食物的发展。看电视的习惯、上班的妈妈和宠坏的孩子三者联合起来，钝化了美国人的美食鉴赏力。

蔡美儿（Amy Chua）的畅销书《虎妈战歌》（*Battle Hymn of the Tiger Mother*），解释了亚洲儿童之所以在工程和科学方面表现优异，是因为父母的管教方式，包括限制孩子看电视的时间，逼迫孩子练一种乐器如小提琴，甚至当子女表现不如预期时骂他们是"废物"。不论你对这种教养方法有何看法，严格的家教比放养小孩所能带给一国之食物的益处更多。当儿童"掌权"，食物质量必然下降，这是美国食物出问题的一大原因。

美国人溺爱和迁就子女的程度，超过其他国家。美国人买更多玩具给孩子，读更多关于如何养育子女的书，给孩子更多零用钱。斯波克博士（Dr. Spock）1946年的畅销书，建议父母弹性地迎合子女需求。欧洲人经常对美国文化以儿童为中心的本质表示惊讶，美国人总是为了取悦小孩子而奔波，却很少尊重老人的意愿。

美国人宠孩子的方式，包括迎合他们的饮食偏好，但这样做的结果，就是破坏全家人的餐饮质量。美国父母制作、购买、烹调和展示更乏味、更简单和更甜的食物，部分原因就是小鬼当家。儿童喜欢甜食、炸薯条、原汁原味的肉和零食，而由于弄同样的东西给全家人吃比较容易，自然使得美国食物走上这条更简单、更淡而无味的路。你绝不能指望孩子来监督食物质量。几乎没有小孩会埋怨蔬菜不新鲜、酱料调味不够，或是鱼肉煮得过老。

相比之下，法国儿童的愿望——不论对食物或其他东西——较常被不予理会。小孩子只能乖乖吃大人喂他们吃的东西。换言之，很多美国食物，说穿了，本质上是儿童食物。只不过大人小孩刚好都吃它罢了。

如果你带孩子去麦当劳，是为了好玩的塑料玩具屋，或者是为了麦乐鸡，那么不管你喜欢与否，你很可能也会去吃麦当劳。许多快餐店将营销目标锁定在儿童身上，希望把家长也拉进来。汉堡王和麦当劳针对儿童开展了广泛的营销计划，并推出了色彩鲜艳的游乐场。这些加盟连锁店是隐性的"保姆"，因为孩子们经常跑去玩耍，而父母则坐在一旁吃东西、聊天。如今在美国，快餐店仍然聚集在高中周围，从高中的位置来看，快餐店位于其附近的可能性要比预期的高出三到四倍。此外，从人口结构来看，与日本或欧洲大部分国家相比，美国仍然是一个年轻得多的社会。

美国父母给孩子的零用钱也比其他国家多。部分因为美国是比较富裕的国家，部分因为美国人更愿意迎合子女。不用想也知道，儿童会花很多零用钱在糖果、快餐和零食上。这些东西塑造了他们的口味，并给予他们一些食物自主权。相对来说，其他国家的儿童通常更依赖父母的食物选择。结果是，美国充斥着劣质食物和甜而无味的食物。

举例来说，儿童是甜甜圈连锁店风行美国的背后推手。1962 年可以说是美国食物坠入谷底的年份之一，59% 的美国家庭里有儿童；这些家庭中有 91% 经常买甜甜圈。相较之下，无子女的家庭只有 74%。甜甜圈甜到极点，它们五颜六色鲜艳无比，还含有很多添加剂。它们是美食势利眼的梦魇，在一个以儿童为中心的文化，它们的普及一点也不令人意外。

快餐店原本在西欧并不流行，直到美国的社会趋势（尽管形式较弱）传到欧洲大陆。这包括双职工家庭、郊区通勤模式、工作日不在家午休、广告泛滥以及儿童购买力增强。直到相对较晚的 1984 年，麦当劳才进入意大利市场，而且至今仍然不算流行。

电视也必须为这个国家的许多坏饮食习惯负责。电视在美国普及的速度比欧洲快。美国人与电视难舍难分的恋情从 1950 年代起飞，观看率一路飙升到 1980 年代。到了 1955 年，三分之二的美国家庭已拥有电视机。在大部分欧洲地区，这种进展要到二十年后才开始。

电视助长了人们对能快速准备又能迅速解决的食物的消费。回想一下 1970 年代，整个下午都在播肥皂剧，接着，晚间新闻六点播出，黄金档节目八点登场。也就是说，如果你要烧一顿耗时的晚餐，所要付出的"不看电视的成本"很高。况且，大多数家庭并不想围桌而坐，细嚼慢咽一道又一道的菜肴。更普遍的情形是，大家不是迅速煮点东西，就是热一盒冷冻餐，或打电话叫外卖。

在我的童年，许多我最喜欢的节目——包括《星际迷航》（*Star Trek*）和《太空仙女恋》（*I Dream of Jeannie*）——刚好在关键的下午五点到七点的晚餐时间重播。到了七点半或八点，新的情境喜剧又开始了。我急着看柯克舰长（Captain kirk），因此我只要一个汉堡、顶多加些炸薯条就够了。母亲不得不答应我的要求，否则我会拒吃任何把我绑在餐桌上一小时的食物。我学会如何加热冷冻薯条，如何叫外送的"欢乐炸鸡"，如何煎简单的汉堡。我的口味在那些年形成，而且一直没改进多少，直到二十多岁时我去德国度过了一段省吃俭用的日子后，才有所改变。

妈妈去上班了，随便吃吧……

女性进入职场，同样将食物推往了"速成即食"的方向。1940年，美国有子女的已婚妇女外出工作的比例为8.6%。到了1948年，这个比例已上升到26%，1991年更是达到了66.8%。有一本早期的 Jell-O 果冻的宣传小册子很具说服力："当女人只要花10美分，就可在2分钟内做出这么诱人的甜点时，她们为什么还要在热炉子前站几小时，搅拌令人头昏眼花的混合物呢？"

连锁餐厅和快餐店在这段时期迅速成长，主要就是因为替父母节省了时间和精力。到了1975年，家庭主妇平均每周花在准备餐食和饭后清洁工作上的时间，比1910年时少了32小时。这些省下的时间多半是从单调沉闷的家务活中解放出来的，谁愿意再回到过去？这也再次意味着预制食物正在取代用新鲜材料手工制作的饭菜。离婚率的升高也迫使许多女性外出工作，进一步强化了这些趋势。

这时，企业家们挺身而出，提供对电视友善、对挂钥匙的儿童（latchkey children）[1] 友善的食物。微波炉在1945年取得专利，1947年开始商用。1955年，一台微波炉售价还要1295美元，但到了1967年，花495美元就可以带一台微波炉回家放在厨房。今天一台绝对能用的微波炉只要50美元。

1　通常指美国的 X 世代（1960年代中期至1970年代末出生）。由于父母均在外工作，这些小孩脖子上会挂着家门钥匙，放学后经常独自一人开门回家。

1954 年，斯旺森（Swanson）公司推出第一个在美国贩售的"电视餐"，内容包括配玉米面包馅料佐以肉汁的火鸡肉、红薯及奶油豌豆。想出这个点子的是斯旺森的执行官，他从战时的"伙食"经验中汲取灵感：他曾在多雨的冲绳战场吃过一顿类似的晚餐。很多后续推出的斯旺森电视餐，其实是细菌学家研发出来的食谱，而非厨师——因为要设计出生产过程严格且能持续保鲜的食物（这些因素已凌驾于食物味道之上了），并不是容易的事。冷冻和预制食品采用分隔式餐盘设计，这样就可以更方便地进食，而不用在下面放一张桌子，也不用低头看。后来又出现了折叠式电视桌盘，使食物不会掉到腿上。

披萨直到 1950 年代才在美国蹿红。一两个披萨可以喂饱一家人，因此非常适合家庭生活。披萨很容易用汽车运送，最重要的是，披萨适合在电视机前面吃。它容易加热，可以叫外送，可以直接用手从盘子里抓着吃，省了桌子或刀叉。对于忙碌的家庭，它很快就能清干净和丢弃。

电视鼓励人们购买能够摆在大腿上或从一个大袋子或大碗中抓起来吃的食物。除了披萨，预包装即食型零食也因此颇受青睐，如饼干、薯片、炸薯条和独立包装的糖果；容易溅出酱汁和汤汁的新鲜食物则列入被拒绝的名单中。问题不在农企业本身，而在消费者不够创新，部分原因则是电视转移了他们的注意力。

美国人必须先检讨……自己

电视在美国生活的核心地位，也驱动了一个全国性的广告市场，使得食物更加同质化。

全国性电视网拥有最多的热门节目资源，进一步改变电视对食品市场影响力的均衡。全国性广告意味产品必须能卖给广大群众，因为在全国性电视网替小众或特殊产品打广告划不来。结果就是：在全国打广告的产品倾向于平淡及大众化的口味；它们诉诸的是美国食客的"最大公约数"。这种广告生态，有利于走到哪都一样的全国品牌，使小众食品更难引起注意。广告必须以单一产品或前后一致的产品线为号召，因为信息的重复性和一贯性对营销至为重要。有什么方法比在一个普遍受欢迎的节目，如晚间新闻或《我爱露西》（*I Love Lucy*）上做广告，更能打动人心？卡夫芝士（Kraft Cheese）食品公司会觉得有利可图，但当地的有机食品杂货店却不会这么想。

与禁酒令的窒息效应一样，这些原因的影响往往比限制本身持续的时间更长。烹饪的卓越性一旦被摧毁，往往很难再度启动，在家烹煮的知识已然丧失，而好餐厅的网络也不可能一夜之间被创造出来。杰出的餐厅需要的，是能吃出味道好坏且愿意花钱的顾客。当好馆子渐渐消失时，我们很难在短期内重建一个拥有好品味的顾客群。美国食客及家庭厨子，渐渐习惯追求便利性和可靠性。

总而言之，几个偶然的历史因素将美国食物供应网推向便利，而非质量，这些因素包括：法律和美国政客、美国儿童，以及美国人对这些影响的默许。农企业确实贪得无厌地追求利润，因此它会支持任何饮食趋势，不论正面或负面，只要这是消费者要的。表面来看也许错在农企业，但它们是平台建造者，不是主要的内容塑造者。美国人必须先检讨……自己。

反击之道，就是掀起一场新的食物革命，绝佳地点就在超市货架之间的过道，也许就在那些设计用来安抚吵闹孩童的购物推车后面。有什么方法，可以将美国不同寻常的食品市场变得对人们有利？美国超市的货架布局折射出许多问题，因此，改善超市购物体验，正是夯实我们"日常美食家"资质的天然途径。

第三章

打破你的买菜习惯

一周后，你会更有创意

——

如果采买成了死气沉沉的例行公事
这种不假思索的习惯
是发现食物新大陆的最大障碍

我们大多数人都对传统美式超市不陌生，或者应该说是太不陌生了。无论是西夫韦、韦格曼斯（Wegmans），还是街角的便利店，都供应大量的便利食品，尽管超市中间的过道里充斥着许多只是近似于食品的东西。但正是这种便利性，使得现代美式超市变得千篇一律。我们的采买生活成了死气沉沉的例行公事：我们知道自己要什么，去哪找，何时买，买回家做什么。这些不假思索的习惯，是发现食物新大陆的最大障碍。

只要戒掉你的标准程序一星期左右，你与生俱来的创新能力就会绽放出来。不断创新的消费者对市场和整个食品经济都有深远的影响。你会发现，主流超市并不是销售与购买食物最好的方式。最起码，不会永远都是最好的方式。

我自己进行过一项实验。我花了一个月的时间，克制自己不吃来自主流超市的食物，改去一家小超市——一家叫做"长城"的华裔／亚裔超市——购买我所有食物。一个月也许听起来不长，但我的目的在于验证人的饮食适应的可能性和速度，而不是考验自己对也许不喜欢的食物的忍耐力。

不过，要先说清楚的是：我仍然常到其他城市旅行，而且会下馆子，因此超市完全没有垄断我的饮食生活，但重点是，我就是不让自己去那些有名的大超市买菜，而是去这家特定的族裔超市。

这个实验背后的理念是什么？一如既往，它源自我的经济学法则：

食物是经济供应与需求的产物，因此，我们要找的，是供应品新鲜、供应者富有创意、需求者消息灵通的地方。

说到族裔超市，大多数购物者真的是见多识广。他们来自不同文化背景，在这些文化背景中，食品制作比在美国更受重视。这些购物者也大多是移民或移民子女。他们要么来自食品价格大多低于美国的文化背景，要么本身收入较低，要么两者兼而有之。

因此，选择世界上可能是最古老也是最复杂的饮食文化，即中国饮食文化，似乎是一件很自然的事。

包装上的说明，有写跟没写一样

我所说的这家"长城"超市，位于弗吉尼亚州费尔法克斯郡的梅里菲尔德镇，离华盛顿特区约二十分钟车程，在一个有很多华裔移民的中上阶层郊区。这家华人经营的商店有十条长走道，以及若干边侧空间。它坐落于一片低租金带状商区，其核心地段有一家规段庞大的拉丁裔旧货市场。

在这里，最艰巨的任务就是找东西。起初，尽管我之前来过很多次，而且我还算熟悉中国食物（至少跟别的西方人比起来），但只是找一两样东西就可以花掉我二十分钟，感觉像进了迷宫，即使有我那精明能干的继女带路。

这里的瓶瓶罐罐，大都用中文标示，就算有英文字也很小，很难找到，而且未必总是和中文在同一面，常躲在你看不到的地方。所以就算老板告诉你，要找的东西在"八号走道中段的右侧"，也不等于你就能顺利找到。你仍然会面对许多难以区分的罐子。即使你对中餐有所了解，光是"豆瓣酱"就有许多不同的颜色和种类，酱油更是有几十种。当我越过肉类等显眼的商品区域深入探索时，几乎每次都是跌跌撞撞地找到我想要的东西，至少一开始是这样。

其中，我觉得最难找的是干货和糖果。这些东西大都没有英文标签，我经常不确定自己在找什么，因为有些东西在书上或食谱上的名字，跟包装上的名字不太一样——标签上的"芽菜"和"腌芥菜"是同一种食物吗？我至今仍不确定（尽管我认为是），这还是有英文说明的情况下。每次进入那些走道，我总感觉旁人在瞪我：这家伙来这里干吗？很快我就意识到，我有多么依赖文化常识和日常生活窍门。

我决定去问戎蓉。戎蓉是来自中国的研究生，家在上海附近，在我任教的大学攻读经济学博士。戎蓉个子很小，态度和善，可能是她同学中最聪明的一个。戎蓉叫我试试双菇酱油，她说，味道和她母亲在中国用的一模一样。

我问戎蓉，在"长城"找东西有没有遇到困难，答案当然是：没有。不过她承认，反倒是去美国的连锁超市巨人（Giant）令她困惑，虽然她已经在美国住了将近四年。她发现，巨人的谷类加工食品最难搞懂，虽然她的英文已经很好了，但无法像我一样快速读完所有标签，或瞄一眼就知道某个食品尝起来是什么味道。

我在"长城"购物的另一个困扰，是跟店员沟通。其实这里的员工个个工作勤奋，在店里不难找到人来问。问题是，几乎所有员工都说西班牙话，并且多半来自萨尔瓦多，英语能力参差不齐。好在我会说西班牙话，但这也未必有用。有些中国食品杂货，我压根儿不知道怎么用西班牙话说，但更常见的是缺乏适当翻译。例如"Salsa dulce de los frijoles"[1] 和甜面酱的意思就不同，这样问，不会把我带到我想去的地方。"Dulce y agrio"倒是直接对应"甜酸"，但这种容易翻译的情形是例外，不是常态。通常，拉美裔员工既不知道货架上物品的英文名，也不懂中文，我进这家店仿佛变成半个哑巴。另一位来自中国的经济学研究生王思毓表示，她第一次光顾"长城"时，最意外的是西班牙语在工作人员之间流行的程度。

店里有一些中国员工，包括大部分收银员，但他们的英语水平

---

1 大意为黄豆做的甜酱汁。

有限，我也不会中文。有一个可行的策略，就是带一本写有所需商品的汉字的中国菜谱，把相关的汉字给店里的工作人员看。如果你能找到一位中国员工，他们就会热情地直接把你领到正确的地方。

大多数时候，我靠走遍每一条貌似可信的走道，然后搜寻看似合理的地方，发现东西在哪里。这个办法越来越有效，因为我渐渐熟悉这家超市。随着每一次光顾，我逐渐将这家店分成"有我要的东西"和"没有我要的东西"两部分。前者包括农产品、肉、鱼、豆腐、香料和酱料，加上冷冻食品（尤其是冷冻水饺），以及一大堆各式各样的面条，干湿两种皆有。我不会买的东西则是美国食品、拉美食品、袋装干鱼、罐装炼乳、亚洲甜食，或厨房用具。

买菜的人都不挪步，为什么？

我在这家店购物的另一个难点在于，相较于主流美国超市，这家店不太注重将最重要的物品摆在齐眼的高度，也较少在显眼的角落展示和促销，整体陈列比巨人或西夫韦等美国主流超市凌乱得多，更比不上全食。

最后一个搜寻障碍，是推购物车穿越走道。这些走道只能勉强让两辆购物车通过，通常至少其中一边已被一辆车占领，有时两边都被塞住。这不利于我找东西，也没法让我好好浏览。起初我会尽量找空无一人的走道，但这显然不是最佳策略，反而导致我花太多时间去逛其他顾客不常购买的东西（所以走道才会空下来）。总的来说，我觉得自己的行动自由度远不如在典型的美国超市里，即使我把购物车放在停车的位置（我通常也需要这样做）。

为了避免这些问题，我也开始晚点去，避开周末。后来戒蓉对我说，非中国顾客在晚上最容易看到，因为他们有意避开周末白天拥挤的游客。她觉得周末来这里最方便，因为这时候她有更多的时间，也更有可能做一些特别的菜。人多并不影响她的心情，按照中国人的标准，这些人并不算多（王思毓表示同意）。

而且，一般来说，很多顾客都不大挪步。你常会看到一个妇人花整整一两分钟检查一颗凤梨的质量，也因此挡住走道那一边。买豌豆的客人会在豌豆箱里一粒一粒地挑，不管花多少时间。一个太太会为了选最好的韭菜而拣到忘神，一个男人请店员帮他挑最好的蛤蜊（他到底用什么标准来判断，我不得而知）。

这些顾客不挪步，反过来又进一步限制了我的行动；我经常要等着别人让路。我本想拿上我需要的东西就回家。事与愿违的是，这一切都很不方便。

六重白菜的魔力

讲了大半天购物的过程，"长城"到底卖些什么？

除了很多中国食品，这家店最引人注目的差异是它专注于绿叶蔬菜的程度。当你推着购物车进门，那是你第一眼看到的东西，而且你会看到很多。这里的绿叶蔬菜新鲜、便宜，种类又多又漂亮，胜过这一区其他超市。叶菜类是这家店的招牌成就，你只要试过一次，就知道你永远有理由再去。即使是本地其他中国超市也难望其项背。"长城"从新泽西、新墨西哥和得州的特殊农场进货，以确保供应源源不绝。

叶菜类也是这家店会拿来当"促销品"的东西——也就是为了吸引顾客上门购买其他利润更高的商品而不惜赔本出售的商品。而在美国食品店，这种促销品多半是牛奶等日常必需品，或是促销传单和官网上重点宣传的特价商品。这些才是吸引人们前来的关键。

这里的蔬菜种类很多，有韭菜、地瓜叶、芥兰、茼蒿、荷兰豆、四季豆、红苋菜、木耳菜、山药尖、小白菜、油麦菜等。除了这种店，你还能在其他什么地方找到六种以上不同的白菜？大部分青菜堆积如山，看起来十分新鲜，员工经常打理。我对这家店最强烈的印象，就是看到一排又一排无止境的青菜，样子都差不多，不确定买哪种，但试过之后发现，它们全都美味又容易烹调，即使只是蒸煮。

在这里，你也可以找到美国超市里的标配——卷心菜、西蓝花、波菜、青椒、丕蓝、韭葱、花菜、南瓜等，因此在"长城"买菜，你不必放弃任何主流美国偏好。这些蔬菜的质量高于平均水平，价格也便宜得多。拿青椒来说吧，"长城"卖 0.99 美元 / 磅，但附近的西夫韦卖 5.99 美元 / 磅，贵了五倍，质量都一样的好。四季豆在"长城"卖 1.49 美元 / 磅，在西夫韦 2.99 美元 / 磅，认真来比的话，我认为"长城"的比较好。直到现在，每当我买了一大堆各式蔬菜结账，收银员告诉我总价时，我还是会吃惊竟然如此便宜。

叶菜区也是店内最繁忙的地方。通常，主流超市会把最受欢迎、最常买的商品放在角落或后墙（比如奶制品），以迫使顾客走很长的路，从而刺激沿途的冲动购物。"长城"把绿色食品放在入口显眼处。每个人一进门，都会立刻停下脚步，在叶菜区张望挑选。购物车拥堵立刻开始，尤其是在周末。

开始在"长城"采买之后，我很快养成吃更多青菜的习惯，也更喜欢吃。我不必提醒自己青菜可以抗癌、对地球更好、帮我减肥，或减少对动物的残酷行为。我想吃青菜，而且价格这么低，感觉像不要钱似的。我不必多花钱，就能尝试任何新的、没吃过的青菜。在我第二次或第三次购物实验时，就已经完全转变为多吃青菜。不出意外的话，每次包饺子时我都会加一些青菜。每次去"长城"，最主要的问题是我将要尝试哪种青菜，以及我是否能记住我已经尝过的青菜，而我经常记不住。值得惊叹的是每一次的尝试都非常美味，没有一次让我失望。

正是这种本小利多的好处，促使我思考一种新的食物革命，以及如何实现它。

这里的水果也不错，虽然比不上青菜。"长城"的葡萄比一般的要好，这里的标准美国水果的价格也比一般的要低，还有一些奇特的水果，比如榴莲和红毛丹。

腥鲜二重奏

"长城"另一个引人注目的是海鲜区。其选择之多，主流美国超市瞠乎其后。有天我数了一下，总共有51个容器，装着不同的海产，包括螃蟹、蛤蜊、章鱼、青口和各种鱼类。为了容纳这么多品类，海鲜区塞得水泄不通，主柜台下面是一排鱼缸，工作人员脑后的墙上也是鱼缸，几乎所有空间都用来存放和展示海鲜，活的和死的都有。最后给人的印象是，这些海鲜大部分多刺、鳞密、腥味重，无法满足大多数美国人的胃口。我问戒蓉，觉得这里的鱼怎么样，她说有点失望，至少比不上中国的。她习惯吃活鱼，下锅前还在鱼缸里游来游去的那种，超市里卖的死鱼，她尝试烧过，总觉得不好吃。

相较于很多我的美国同胞，我喜欢吃全鱼，尤其伴着美味的酱汁。但在"长城"，很多鱼要么得刮鳞，要么鱼肉太少鱼刺太多，不足以满足我这典型的美国胃口。这里虽然有一些切成片的鱼，但大部分都是一整条，包括鱼骨和鱼眼。如果你想熬海鲜高汤，那么这个区域倒是会让你心花怒放，但我从未掌握如何将几十种鱼变成易于制作、易于食用的菜肴的诀窍。有一次，带回家的一大堆整条小鲭鱼让我对全食超市的罐头食品产生了向往；用筷子吃清蒸小鲭鱼对我来说并不那么有趣。我喜欢这种味道，只是感觉太费事了。

这里卖的虾子大部分带壳，章鱼、墨鱼和青口看起来都像刚从海里捞上来的，眼睛、触须样样在。这家店如实呈现这些海产的原貌和气味，毫无企图让它们看起来比实际上容易煮或容易吃。这里还有活青蛙、乌龟和鳗鱼，摆在缸里当食物出售。还有一大堆样子恶心的水母[1]，以及"鲶鱼膘"——这是我在那里看过最奇怪的海产。

海鲜区散发一股强烈气味，这气味向华人顾客发挥广告作用，却令非华人顾客退避三舍。我老婆和继女都讨厌那个气味，那是她们不喜欢陪我去"长城"的原因之一。起初，她们会提出一些实际理由来解释为什么我们不应该去那里，但如果我继续辩论下去，她们迟早会回到气味上，我相信这才是她们真正关心的问题。在美国知名点评网站 Yelp.com 上的在线评论中，"长城"海鲜和肉品区的气味一再受到评论者的批评，从照片上看，这些评论者似乎都不是华裔顾客。并不是每个人都喜欢看到这么多鱼在拥挤的鱼缸里游来游去，也不是每个人都喜欢自己在家给鱼去鳞。有人抱怨说："为什么

---

1 指可食用的海蜇。

海鲜区离蔬菜水果区这么近?"事实上,除了入口处的蔬菜区,海鲜区是店里最容易找到的地方,因为它紧贴后墙,紧挨着蔬菜区,而且散发着特有的味道。你甚至无需问路就能找到它。就我个人而言,这种气味从未困扰过我,我甚至觉得它是一种方便的导航工具。

冻鱼不装,高汤真香

肉品区有很多种牛肉。最受欢迎的部位是牛腱,味美价廉但费嚼劲,此外还有牛小排、牛腩和各种内脏,有些已用塑料膜包好,有些摆在柜台后面。戒蓉说,这种肉品陈列方式让她想到中国,并且是她在"长城"购物最喜欢的部分之一。

肉品区大部分的空间都用来摆猪的各种部位,包括内脏、猪耳朵和猪蹄;还有大块的新鲜猪脂肪,这是一种不仅适用于中式烹饪,还适用于多种烹饪的有用商品。这里还有牛鞭,我曾在一家本地越南超市看到过猪子宫,不过这家店倒是没有。顺着肉品柜向前走,会看到鸡脚、鸭舌和很多熏肉(如熏鸡熏鸭),还有已洗好切好、可以立刻下锅的肉。整个肉品区上方,是一长排各式各样的丸子,包括鱼丸、肉丸和"橄榄球状鱼丸"。在"长城"的最角落,肉品区与现场餐厅(稍后我会细说)合并在一起,那里挂着整只售卖的鸭子;这是一个非常受欢迎的区域,每到周末都要排队。

我以为我会经常吃这里的猪肚，但其实我没有。"长城"确实卖猪肚，但不是薄片，而是厚卷。我试过一次，但很难将其切成均匀的薄片，于是沮丧地放弃了。猪肚是我最喜欢的中国菜之一（例如，用辣椒、姜、桂皮、酱油和八角做的爆炒猪肚）。总的来说，"长城"让我爱上吃青菜，也使我更常下厨，但至于去鳞、切片等新技能，我还是算了吧。

不过我开始花很多时间熬高汤：鸡肉高汤、牛肉高汤、鱼和海鲜高汤。我用这家店的食材烧的菜，有一半以上用某种高汤调味，这是我家晚餐质量提升的原因之一。熬高汤这档事，也从"麻烦但也许值得"，变成"举手之劳"。几星期后，我简直将做新鲜的高汤视为理所当然之事，那是我过去从未有过的想法。

"长城"的商品通常是完全新鲜或完全干燥的，要么就是冷冻的。就我的购物和烹饪而言，我最感兴趣的是新鲜食品，但这类食品也需要更小心地处理。鱼和海鲜不能在冰箱里放两天再烹饪，必须当晚烹饪。

"长城"完全不想掩饰商品当中有多少是冷冻的。事实上，"冷冻"两字大大展示在很多标牌上，仿佛在夸耀似的。在美国超市，大多数美国顾客喜欢"新鲜食品"的概念，即使该食品（例如鱼）通常都是事先冷冻过的。美国超市或多或少都在努力维持新鲜的假象，因为顾客不想知道什么东西是冻过的，他们喜欢看到食物处于解冻状态。在"长城"，我看不到这种虚伪。

美国主流超市里的大多数冷冻产品都被放在一个单独的"冷冻食品"区，在那里包装好、贴好标签，随时可以被机器加热。冷冻通心粉和奶酪、冷冻披萨或冷冻"水牛城鸡翅"[1]是西夫韦的主打产品。在"长城"，很多冷冻食品都是塑料包装的鱼、肉或海鲜，成箱或成堆地摆放着，几乎没有什么包装或品牌。你可以拿起一条包装好的冷冻鱼，把它放进购物车，然后继续购买下一件商品。这些冷冻鱼并不能直接放入微波炉加热。相反，你必须为它的用途和制作方法绞尽脑汁。

不止"长城"

"长城"从不乏不寻常的商品。有一条走道整整半边奉献给各种茶叶，中间夹了几盒麦片。我见过最奇特的两款是功夫茶（Kung Fu Tea）和商品名英文拼写有误的更年期茶（Menopuse Tea）[2]。

有回我和两位新加坡朋友一起去"长城"，我问他们我应该尝什么零食，请他们帮我挑几款有代表性而我可能会喜欢的。他们帮我挑了虾片和龙须糖，两者味道都不差，但都不算是我很喜欢的。

也因为我不喜欢这些中国零食（或者说，我不懂得挑好吃的中

1　一种美国风味的鸡翅，通常用辣味和醋为基础的酱料裹涂，其发源地是纽约的水牛城，故得此称呼。
2　更年期的正确英文单词应为"menopause"。

国零食），我的零食消耗量骤减。是我不喜欢中国小吃，还是我太无能，找不到好的中国小吃？这不重要。我通常会嚼奶酪、巧克力和饼干，但我不会以同样的方式将咸味的中国虾片纳入我的生活。我认为用"调制的味道"这个模棱两可的短语来形容它们再合适不过了。我在长城吃的所有食物几乎都是新鲜的，它们更合我意，而且也更容易辨别和找到。

就民族性而言，"长城"不只是一家中国超市。它所供应的酱料和香料，足以让顾客烧很多越南和泰国料理；在泰国菜方面，这里有最好的新鲜香茅草和大量便宜椰奶（只要 1.19 美元，全食要卖 2.49 美元）。这里的食材不太适合做韩国和日本料理，也许部分是因为几条街外就有一家大型的韩国超市 H Mart，但这里还是有腌制韩国烤肉的酱料和大罐泡菜。

这家店将拉美食材放在一个标示着"美国商品"的走道，我觉得如果改称"拉美商品"还比较恰当些。这条走道有很多豆类和戈雅牌（Goya）食品，我从来没看过哪个亚洲人买过这些东西。如果你在"长城"看到非华裔顾客，他们多半是拉丁美裔，在我住的华盛顿特区一带，他们多半是来自萨尔瓦多、危地马拉或洪都拉斯的新移民。除了拉美食品，这个"美国"走道还有罐头食品、果酱馅饼（Pop-Tarts），以及占了很大空间的品客薯片。你逛着逛着会发现，"美国商品"毫无征兆地戛然而止，用来制作亚洲甜点的"有机小豆"突然映入眼帘。

你可以利用这条走道上卖的食材做肉食、豆子和米饭，但光靠这些，你也不可能做出什么美国人平常爱吃的餐点。最重要的是，你不能在这家店买奶酪，因为他们只提供两种加工奶酪酱，选择极为有限。不过，这里有很多牛奶，包括一个明显的无乳糖牛奶区（许多中国人对乳糖不耐受）。

这项实验最后很明显的特点之一，就是买菜频率的变化。我发现，我折返这家店的次数，比我平常出门买菜的次数更频繁。"长城"有很多耐久食材，例如根茎类蔬菜或冷冻鱼，但那些不是我要买的东西。我每一次都是被新鲜食品吸引过去，而且既然我想吃得新鲜，就不可能一次"囤积"三四顿晚餐。我去商店的次数几乎是一餐一次。这就是三餐规律吃新鲜菜的结果。但我并不是每次都想坐车去，所以有几次因为时间太早或交通堵塞，我少吃了几顿饭。那是我全年仅有的几顿落下的饭。

结账，沉默是常态

在这里结账的体验，也显然不是美国式的，戎蓉说，这和中国的模式很像。通常，结账后没有人对我微笑，或祝我有愉快的一天。但总的来说我还是喜欢这里的高效服务，要买的商品会被快速刷码，也从未遇上过什么问题。每个人都急着离开这里（虽然他们可能已经花了半小时挑选海鲜），因此我从未遇到哪一个排在我前面的顾客，会跟收银员聊报纸上的新优惠券、天气、为什么信用卡刷卡失败，或牛油果促销会不会再延三天。沉默，是常态。我认为，这个特征是一项进步。看似令人生畏的结账长队，其实比看上去更容易应付。

曾有一次，一位收银员跟我说了话。当时我买了"红豆冰棍"，她举起盒子，抬头看着我，说"好吃，好吃"，然后笑了。

收银台旁没有成体系地摆放垃圾食品，尽管也有刺激冲动性购买的一些零散尝试。每个收银台旁都堆放着一些东西：一个收银台旁堆放的是廉价口香糖，其他收银台旁的类似商品是柿饼、包子、红枣、米粉和饼干，它们都被随意地堆放着。

买完商品后，顾客可能会想去吃点东西。"长城"左侧靠墙有一家餐厅，由另一位店家经营。几年前，这家餐厅提供一些简单的面食和小型自助餐。最近，它扩大了菜品种类，包括早点和规模更大的自助餐。墙上写着"味美中餐"，但不清楚这是餐厅的名字还是宣传语。

这家餐厅的大部分食物我都不喜欢，它们油腻且鲜见精致。我曾在网上对这家店的评论中用过"太正宗"这个词。自助餐食物都放在台灯下。面条占比过高，但并无特色。煮熟的蔬菜软塌塌的，有时还浸在臭名昭著的"棕酱"（brown sauce）里。这里没有我喜欢的辣味川菜，我觉得粤菜——占菜单的大部分——需要更高标准的烹饪才能奏效。"味美"这个词让我想起了我在亚洲见过的较差的中餐馆。我想这也是它的含义之一。周末时，这里人满为患，但与我交谈过的中国人都认为这里的饭菜质量并不出众，很多人直接说它很差。这里以价格低廉而闻名。

他们最拿手的可能是早上供应的点心，而且往往比较新鲜。传统熟食中的豆腐，味道要好于摆在自助餐台上的蔬菜和面条。一个不错的选择是点一些现煮的面条，而不是自助餐里的面条。猪肉配豆腐这道菜相当不错。

餐厅在上午九点左右开门，这时很容易在超市里遇到一些非华人。一些当地的非华人——说他们"穷困潦倒"也不为过——早上会去"味美"吃非常便宜的烘焙食品，比如 1.50 美元一个的叉烧包。这个味道还不错。我去的那天穿得很随便（谁会在早上九点去超市吃点心时打扮得很正式呢？），所以当他们看到我在排队买包点时，给了我一些会心的微笑，似乎在默契地表示我们都明白彼此的时运不济。这是我能想到的这片区域最便宜且不错的早餐了。

带点什么回家好？

我问戎蓉，"长城"有什么是她觉得不可或缺的东西，她给了我这张清单：

1. 新鲜竹笋（不要罐装的）

2. 乌骨鸡（名副其实的黑羽鸡）

3. 虎皮蛋糕卷

4. 面条鱼（类似胡瓜鱼的小型鱼类）

5. 鸭脚

王思毓则把票投给鸭脚、便宜的荷兰豆、樱桃和四川辣酱（她是四川人）。对她来说，在美国看到这么多中国食物是一种安慰，也是一场惊喜，虽然她认为质量比不上中国的。她出国前就听说过"长城"超市，但没料到它居然供应这么地道的中国食物。她形容"长城"像上一代的中国超市，店里扩音器总是播放感伤的华语老歌（她父母那辈人可能会听的那种），这种超市就像成龙的电影那般独具魅力。

那么，我在"长城"采买一个月的实验，有什么发现呢？

- 你可以花更少钱，却吃得更健康。你会花更多时间在买菜上，但除此之外不需要额外努力。一旦你逼自己走进正确的超市，这个习惯会自我强化。

- 中式超市是蔬菜摄入不足者的救星。这里的绿叶菜不仅价格亲民、购买便利，更印证了一个激励相容的经济模式：当蔬菜获得足够重视时，健康饮食完全可以成为日常。

- 我更加意识到我们的行为多么受制于习惯。我发现，发掘新食物和食谱最好的方法之一，就是强迫自己走出熟悉的食物来源。换个陌生的地方买菜，最符合这个目的。逛迷宫般的货架对我的饮食调整有帮助，也对我的味蕾有益。

- 早餐是我改变最多的一餐。过去的谷类加工食品，现在被米饭、粥、青菜和饺子取代。在"长城"买菜之后，强迫我面对一个全新的食物世界。我领悟到，自己过去多么忽视这顿可能是一天中最重要的一餐。

- 即使你烹调并吃很多中国菜，如我多年来所为，你很可能仍然离"真正的中餐体验"还有差距。在中国超市买菜，不会让你一步到位，但会让你心满意足地向前迈进一大步。

- 在缺点方面，我发现不断回去买"新鲜"食物的循环，的确有点累人，既耗时又麻烦。这是餐厅的优点所在，即我们既可以吃新鲜食物，又不必这么麻烦。何况，我确实喜欢下馆子。

综合以上各点，我发现 Yelp.com 上的某条评论的结语精准概括了我的感受："是否每样东西都如我要求的一样新鲜？不。店面是否可以整理得更好？是。我会再去吗？绝对会！"

实验结束后几个月，我仍然定期去"长城"采买。我继续吃更多青菜、更多饺子，也更常用容易熬的高汤做菜。我从实验学到的功课，已和我的生活密不可分。或许最重要的，我对其他超市有了更多怀疑，我不再把它们的特色视为理所当然。我更可能试着到不同的超市——不只是"长城"——去买菜，也更认真地思考我的所有食物选择。

对了，我有没有提到我非常喜欢下馆子？下一章，就来谈这个主题。

第四章

美女很多？千万别进去！

我是如何找到好餐厅的

———

最好的餐厅里面的人通常看起来有点严肃或甚至肃杀

因为那是某种认真的指标……

你在医院的附设餐厅吃了一顿很棒的午餐?

别闹了。

餐厅绝不是医院的利润中心,也不是医院打造声誉的重要因素。从来不会有人说:"送我去某某医院做心脏搭桥手术——因为探望我的亲戚很喜欢那里的食物!"医院的附设餐厅,只要不引起太多抱怨,就已经算很好的了。

光顾医院餐厅的人,或多或少是被迫的。在等某位亲友进急诊室或从手术室出来,你通常不会走远路去吃一碗更美味的咖喱,因为你的心思通常不在食物上。正因如此,医院当然也不会花多少心思提升食物质量,即使它们的餐厅人流量大,有稳定客源,赚很多钱,但问题与钱无关,而是:医院没有把食物做好的动机。

我们能在多大程度上延伸这一简单的推理逻辑,提炼出如何找到好食物的一般原则——而且是在不花费很多钱的情况下?

这就要回到经济学上来。经济学家在试图了解各类产品是如何生产出来的时候,通常会假设一个所谓的"生产函数"。生产函数将产出(这里指食物)描述为使用鱼或水果等原材料、资本、劳动力和土地所得到的产物。这是了解优质食品来源的起始分析框架，让我们逐一剖析这些常识性要素，进而提炼出让每一餐都有价值的原则体系。

食材不够？创意来凑！

在美国，高质量食材并不是理所当然的。一流餐厅是有一流的食材没错，但通常价格不菲。鱼要空运，野味要猎捕和运送，新鲜蔬菜和手工奶酪需要人工栽培和制作，你必须为此付出代价。在采用绝佳新鲜食材（好到可以原汁原味端上桌）的美国餐厅，一个人的晚餐花费通常要 50 美元以上。

纽约的 Masa 是公认的美国最好的餐厅之一，甚至很可能是美国最好的寿司店。老板兼主厨雇了一个人在东京的筑地鱼市场负责采买，采购员买好当日的鱼，会在第一时间运到机场，送上直飞纽约的班机（也就是日航 006 班机）。这些鱼一通过纽约海关，在机场等候的货车司机就会打电话给 Masa，告诉他们鱼将于几点抵达店里。在 Masa，一顿基本的晚餐要价 450 美元。

如果你愿意付、也付得起这个价钱，好极了——尽管吃吧。但如果你想吃非常好的便宜餐食，你必须了解：这里（指美国）不是东京、墨西哥或西西里的某个小乡村。好食材不会从天上掉下来，至少不会掉到芝加哥、纽约或大部分的美国郊区。既然美国的基础生产资料（capital goods）（包括原材料）本身不够出彩，那就要依靠人的智慧来创造美味。

首先，尽量避开那些原料密集（ingredients-intensive）的菜肴。美国的原材料——蔬菜、黄油、面包、肉类等——低于世界标准。即使是大多数欠发达国家的原材料也比美国的好，至少如果你有美国标准的收入可以在那里消费的话，即使没有通常也可以。在土耳其点一份普通的茄子沙拉可能是个好主意，但在北弗吉尼亚通常是个错误。选择那些有酱汁和复杂配料的菜肴。吃那些成分密集（composition-intensive）的菜肴。

在比较贫穷的国家，我们多半会碰到食材选择较少、卫生水平也较低的餐厅，但是这些餐厅的食材通常会很新鲜；因为餐厅距离农场可能只有十五分钟的路程，几乎天天收到新鲜货。如果他们不习惯使用冷藏设备，那些易腐食品就会非常新鲜。例如在海地和泰国，我曾一边看着船上的渔夫从海中捞鱼或海螺，一边吃着当天早晨捕捞的鱼作为午餐。这些食物不需要神奇的酱汁或创新的厨艺，就好吃极了。

然而，对于大多数美国城市居民及郊区居民来说，那不是我们所熟悉的世界。我们最好的选择，是从那些能够将足够好的原材料以有趣的方式组合在一起的人那里购买现成的食物。美国是一个拥有极具创造力的人类但食物不怎么新鲜的国家。在葡萄牙，烤沙丁鱼配面包很美味（也很便宜），但在皮奥里亚，你应该吃点别的。

尽管美国在食材方面并不占优势，但我们在人才方面拥有一些最好的"原材料"。这是因为美国是一个移民国家，商业氛围浓厚，对聪明和有抱负的人来说，这里是一个有吸引力的地方。美国赢得了大约39%的诺贝尔奖并非偶然。在餐饮方面，你会发现很多人才，这也是为什么我们应该寻找那些注重食材搭配而非依赖原材料的菜肴。这是美国的优势所在。

假设我身处美国郊区的一家玻利维亚餐厅。我很可能会点一道名为西尔潘乔（silpancho）的菜，这是科恰班巴地区的特色菜。这道菜里有一块普通的牛排，但它并不是简单地放在盘子里。下面有米饭和土豆，上面堆着炒鸡蛋、西红柿、洋葱，旁边还有绿辣椒酱。这个酱汁可不容错过。即使牛排本身不那么出色，整道菜依然可以非常美味。如果我不想吃牛排，我可能会点花生汤。这道汤通常包含豌豆、意大利面、牛肉高汤、土豆或其他南美块茎类食物、带骨牛肉、洋葱、番茄、胡萝卜和欧芹，当然具体配方因餐厅而异。当汤里漂浮着很多意大利面时，味道最好。意大利面、紫土豆和牛肉高汤的组合——这种新颖的食材搭配就像首诗一样。

有些原材料适合长途运输，比如干辣椒和种子类香料。如果我买了来自墨西哥或新墨西哥州的干辣椒，从种植到使用可能已经过去了数周、数月甚至数年。在这段时间里，产品的价值和新鲜度几乎没有损失。你把干辣椒在菜籽油里炸几分钟，用水泡三十分钟，然后打成糊状，就成了许多菜肴的绝佳配料，例如薯片蘸酱（加入白洋葱和番茄酱）以及墨西哥的莫雷酱（molé）。

很多辛辣的食物相对容易运输到美国。但要复刻法国布雷斯鸡（Bresson chicken）、土耳其茄子或香港扇贝就要困难得多，因为这些食材在长途运输中更难保存。它们必须冷藏或冷冻，到达时往往已经受损，味道也大打折扣，除非你愿意花大价钱让它们空运并由专业人士处理。这样一来，我们又回到了那些使用优质原材料的昂贵餐厅。

原材料是日常美食爱好者最容易想到的一种资本形式，但资本的作用远不止于此。

飞机上为什么不能提供龙虾？

另一个判断餐厅的方法，是先评估它们是否享有交叉补贴（cross-subsidy）。"交叉补贴"虽然是经济学术语，但含义简单：一家公司的产品，是否从它的周遭环境获得正面或负面的帮助？

例如，有些拉斯维加斯赌场，会有好餐厅供应低价好食物来吸引你进场赌博，因此你可以说这是"赌博在补贴食物"。最好的拉斯维加斯餐厅通常位于赌场和老虎机的后面，而不是前面。赌场希望人们在去享用美食的路上停下来赌博。所以，如果你在拉斯维加斯的赌场里，不要一进门就在第一家餐厅吃饭，除非你的赌瘾会让你在去一流中餐的路上破产。最近，正宗的中国美食已出现在拉斯维加斯的赌场里，因为他们希望吸引中国赌客。20 世纪 80 年代，拉斯维加斯通过类似的方式吸引了日本顾客，迎合他们的饮食和赌博习惯。本质上，整个商业计划是用赌博补贴食物。

交叉补贴的概念适用于各种场景。过去，巴黎的餐厅常开在屠宰场附近，这样就能快速又轻易取得最好的肉、肠子和内脏；在墨西哥，小吃摊（comedores）通常靠的是老奶奶的烹饪技术，她们替家人烧了几十年饭，厨艺已练得炉火纯青，让餐厅省下了训练厨师的成本，也不必花大钱请大厨。这些都是交叉补贴很常见的例子，食物提供者以低成本获得某些重要的东西，而竞争迫使他们将这些好处分一部分给受益的顾客。

1970 年代航空业放松管制以前，机票受法律保障而被人为抬高，那时候，在机上餐点通常棒呆了。航空公司甚至会供应龙虾来吸引更多乘客，因为他们知道可以用法律保障下所收取的超额票价，来补贴龙虾的费用。当时，飞行主要是富人的特权，而不是像今天这样成为美国普通人的日常。法律不允许通过降低机票价格来吸引更多顾客，因此航空公司被迫提升服务，包括提供美味的食物。

如今，我们有了廉价航班，食物通常也变得乏善可陈。大多数乘客不愿意为更高的质量买单，至少在商务舱和头等舱之外是如此。此外，在机舱内保持食物的新鲜也不容易。我很高兴飞行变得如此便宜，但我已经学会，如果我想在飞机上吃得好，就得自己带食物。如果食物质量有所回升，那是因为航空公司开始对食物收费，这给了他们吸引顾客的理由。你现在可以期待一些像样的酸奶、奶酪和零食棒。但你必须用信用卡而不是现金来支付它们（你可能更想用现金），这表明航空公司仍然没有准备好为你提供优质的食物。

由于大多数航班飞行时间较短，或涉及等待和转机，航空餐的市场已经调整，将优质食物放在了机场而不是飞机上。反正你也不想从达美航空买牛排。美国机场的食物曾低于快餐水平。但今天在美国机场，你可能会在茹丝葵（Ruth's Chris）用餐，在一间像样的酒吧吃轻食，或是点些寿司来吃，这些都是合理的选择，即使它们不是你喜欢的或各自领域的顶尖。达拉斯机场有不错的烧烤店，辛辛那提机场有 Gold Star Chili，伦敦希思罗机场有虽昂贵但上乘的烟熏鲑鱼。机场不再把餐饮当作次要运营项目，因为他们发现：人们愿意付更多钱，给更好的选择。我越来越常听到人们特地开车去机场吃饭（如果食物在安检门之外），或提前到机场以便享受一餐，或下飞机后先在机场吃饱，再搭出租车去他们的最终目的地。我自己也这样干过：我认为芝加哥奥黑尔机场的 Wolfgang Puck（沃尔夫冈·普克）披萨可能比我在该机场和威斯康星州贝洛伊特之间的路上能找到的任何食物都更好、更快。

自动售货机向你展示了在没有交叉补贴的情况下食品的样子。你从自动售货机购买食品，是一个相对纯粹的交易。你付钱，就能得到食物。没有装饰，没有服务，没有附加产品，什么都没有，只有资产的交换。我们对自动售货机的食品了解多少？它很可靠，但几乎没有什么特别之处。即使在东京——世界上自动售货机最先进、最高档的地方，也是如此。在日本，用自动售货机买面条很常见，但你买的是方便，而不是美味。

爱在餐厅点饮料？你真是大善人！

饮料，可以让餐厅赚很多钱。我们甚至可以这样说：食物只是餐厅的展示品，目的在引诱顾客进来点别的东西——也就是更好赚的饮料。你可能会觉得，如果你坚持不买饮料，只喝白开水，你就不会吃亏。然而，这些餐厅通常会很聪明地供应那种会吸引你多喝饮料的食物，例如浓郁油腻的红肉。

确切分析一家餐厅究竟从饮料（例如可乐）中赚了多少钱，是很复杂的一件事，因为我们通常很难分辨，究竟哪些成本与可乐有关。举例来说，拿可乐给你的那位侍者，同时身兼其他职能，那么他的薪水当中，有多少比例应算在拿可乐给你这项服务上呢？你可能会付 2.5 美元买可乐，但其实餐厅花在可乐上的成本，很可能不到 20 美分。这是相当高的溢价。如果是啤酒，溢价更可以高达 500%。

在档次较高的餐厅，红酒溢价可能是基本批发价的 2.5 倍到 3

倍，尽管各家餐厅差别极大，会依顾客、装潢和心狠手辣的程度而定。这表示，一瓶 100 美元（批发价）的红酒，会卖到 250 美元或更高。当然，并非所有溢价都是纯利润，因为红酒牵涉到酒杯成本、破损费和贮存成本，外加开瓶倒酒的人事费用。一家非常豪华的餐厅，也可能得先砸上高达百万美元在酒窖上。据估计，纽约的 Daniel（丹尼尔）餐厅就有价值 80 万美元的红酒库存。从商业角度来看，这又是另一笔成本。如果你爱喝酒，尽管掏钱；但如果你喝酒只是一时冲动，也许多想一下：真的值得吗？

偏高的饮料价格往往是一种价格歧视或差别定价（price discrimination），这个经济学术语是指：从愿意付更多钱买产品的人身上，赚取更多额外的利润。例如，电影院提供老人折扣，就是一种价格歧视。因为电影院知道，如果提供优惠，老人会看更多电影，其他顾客群体对价格不那么敏感，因此电影院"歧视"他们。

对餐厅而言，故事则是这样。主要菜品的价格要比包括饮料在内的所有次要菜品的价格更容易找到和记住。因此，餐饮市场（至少）有两种消费者。第一种对价格高度敏感，会花时间货比三家，也包括记住饮料花了他们多少钱；第二种对价格较不敏感，倾向于照单付费，通常不会仔细去看自己为饮料花了多少钱。这种顾客虽然会注意先期成本（upfront cost）——也就是菜单上的主要品项，但对延迟成本（delayed cost）——比如加上饮料后的总额较无感。这些人中有很多相当富有，很多人倾向于花很多钱。无论什么原因，他们都会花更多钱在饮料上。而对价格更敏感的顾客则集中在更划算、利润率更低的品项上,那是食物而不是饮品,因此不会被餐厅吓跑。

从本质上讲,有钱人和没有仔细研究菜单的人正是那些不点饮料的老饕的"赞助人"。他们为饮料所付出的溢价,让优质食物对其他顾客而言更便宜也更可得。换言之,他们"补贴"了其他顾客,包括我在内,尽管他们本人可能并不知情。

吃完了?快闪吧……

回顾历史,过去你从这种交叉补贴中获益的可能性远大于今天。例如 19 世纪时,美国酒馆就把饮料的交叉补贴效果发挥到极致——干脆提供免费午餐给顾客,然后在饮料上把钱赚回来。一份 1899 年对明尼阿波利斯州 634 家酒馆的调查发现,3 家酒馆的免费午餐"精心制作"、8 家"很棒"、50 家"好"、88 家"尚可"、77 家"差",其余则不提供任何免费午餐。1901 年对芝加哥 115 家酒馆的调查发现,"几乎全部"都提供免费午餐;芝加哥尤其以这个措施闻名。刚开始,多数客人很遵守规则,吃了免费午餐之后,都会花钱买饮料。但后来,光吃午餐却不点饮料的人越来越多,酒馆这一招也越来越行不通。到了 1910 年,由于发生多起卫生问题(毕竟当更多人想利用这种优惠时,这些酒馆如果不想被吃垮,自然得降低食物质量),

这种手法也受到抨击。等到 1917 年美国参加"一战"后，这种做法则被视为浪费，几乎没有酒馆采用了。即使如此，利用食物来卖饮料的做法还是延续至今，只是形式上不再那么极端——要来一盘免费的花生吗？

这种餐厅经营模式——食物比较便宜，饮料比较贵——对一部分人来说当然很好，不过，至少有两个需要注意的地方。

首先，饮料的溢价，其实包含了使用餐桌的费用，也是收取餐厅装潢费的一种方式。因为餐厅不只卖食物，也提供餐桌空间。但餐厅不会明确向你收餐桌费，没有在桌上摆一个煮蛋用的计时器来按分钟收钱。身为经济学家，我不介意餐厅这么做，但我猜想这会让大多数人吃得很紧张。因此在饮料上收取高溢价，可以达到相同的效果，而消费者对此较无察觉。这种方式本质上在向顾客收取空间使用费，但不让他们听到计时器的嘀嗒声。我相信你一定注意到，很多餐厅都会想尽办法建议你点更多饮料。当他们不断叫你花更多钱，而其他客人都这么做时，你很难光坐在那里什么都不点。别以为你能对抗这种压力，我得务实地说：只有尽量少点饮料，并赶紧让出桌子，你才能获得交叉补贴的好处。如果你想吃美食又不愿多花钱，那么，就别在你吃饭的地方逗留，吃完了？快闪。

我也发现，很多风景很棒或装潢很美的餐厅，对饮料的收费格外高，这里的顾客花钱买的，其实是观景费。还记得小时候，父亲带我去"世界之窗"（Windows on the World）餐厅，它开在纽约世贸中心顶楼，饮料就贵得离谱。好食物，通常不大可能出现在这种地方，因为饮料是主要利润来源，不管食物好坏，都会有在乎景观的顾客上门。你通常不会在一个地方同时找到便宜的食物和怡人的风光。

话说回来，并不是所有餐厅的饮料都会有明显的溢价。例如中餐厅就供应相当便宜的酒水和可乐，因为它们通常期待在食物上赚钱，并吸引一整个家庭来用餐。而华人通常不会像美国人一样喝很多可乐。因此，如果你喜欢喝可乐，最好在中餐厅里喝，那里通常会比在美式餐厅里便宜。

当然，不是所有中餐厅都有便宜的可乐，因为不是每家中餐厅都以传统中国人为目标客群。如果你去走雅痞风、具有社交属性的华馆（P. F. Chang's），你就会面临饮料很贵的情况。

为什么爆米花不值，而星巴克咖啡值？

如果你常常外食，你会发现交叉补贴的例子俯拾皆是。

比方说，交叉补贴解释了为什么电影院的食物通常很糟糕。因为影院经营者通常用食物补贴电影，而不是拿电影补贴食物。看电影，是很划算的交易，吃电影院的食物则正好相反。这个故事背后有一小段历史。

爆米花是在 1930 年代大萧条期间进入美国电影院的，当时，幸好有爆米花的营收，才让很多本来可能活不下去的影院免于倒闭。到了 1940 年代末期，几乎所有电影院都在卖爆米花。到了 1945 年，全美国的爆米花有一半是在电影院被吃掉的；1949 年的一项调查显示，60% 的电影观众会花钱买零食。爆米花和汽水很快就获得了高利润商品的美誉。影院老板也逐渐学会在爆米花上撒更多糖和油来刺激需求；这种做法在 20 世纪 90 年代中期"爆米花危害健康恐慌"期间才停下来，但至今影院卖的爆米花仍不利于你的健康。

并没有什么特别巧妙的方法在电影院的食物上获得好交易，但如果这是一本关于如何为好电影找到交叉补贴的书，我会更关注这个话题。不如去找一个大的爆米花摊吧！

如果你思考电影行业背后的经济学，情况则更糟。今天的电影院必须将大部分票房收入返还给制片公司。一般来说，首映周末（电影票房最关键的那几天）的票房收入可能有高达九成都得返还给制片公司，整个放映期间则有约一半的票房收入归制片公司所有。这很合理，毕竟制片公司投资拍电影，还要花钱做昂贵的广告。只是这么一来，假如电影院想赚更多，就得靠卖爆米花了，因为卖爆米花的收入，完全不必分给制片公司。

何况，这年头谁进电影院？大部分是 30 岁以下的年轻人，甚至有很多是青少年和更小的儿童，正如我所指出的，他们通常不是对食物最有品味的群体，尤其在美国。

因此，你若想在电影院吃得好，最好是去找一家"独立"影院。

这种影院专门放映外国、非主流影片，吸引的是更年长和更成熟的观众，而这种人，会比较在意食物品味。此外，相较于拥有多间放映厅的传统影院，这种独立影院能保留较高比例的票房收入——有时可能保留高达一半。这表示，他们视你为电影观众，而非爆米花消费机器。我并不是说，独立影院是理想用餐的地方，但至少在那里你有机会找到比较好吃的东西。因为对这种影院来说，能否从食物上赚到钱不重要，重要的是让成熟的消费者一再回来看电影。

在星巴克（如果你喜欢他们那种咖啡的话），我们也能看到交叉补贴的现象。从一开始，星巴克就彻底改变了美国的咖啡消费习惯。即使是讨厌星巴克的人，通常也会承认它刚开始时，咖啡比大部分竞争对手更浓、更好喝。但随着版图扩张，它更注重的是营业额和高利润率。纯咖啡不足以维持这么多分店经营下去，因此它开始卖更甜的饮料。今天，星巴克专卖甜味、以牛奶为基底的饮料，很多这类饮料与咖啡之间只有某种间接或更远的关系。现在我们去这家店消费，所享用的咖啡质量，是用牛奶和糖来补贴的。星巴克的"咖啡形象"和咖啡香，只是推销甜饮料的工具。这表示，如果你爱喝原味的星巴克咖啡，来这里就对了，因为你将享有交叉补贴的好处。但如果你喜欢的是含有大量牛奶和糖的饮品，你就是在大出血了——在这种情况下，或许你应该在家自己冲泡，那要便宜多了。

目前为止，我们一直讨论餐饮业的资本面。现在，让我们来谈谈实际制作食物的人。

门口有代客泊车的小弟，还有人帮你挂大衣，你确定要进去？

首先，当餐厅可以找到廉价劳动力从事烹饪工作时，你就能用比较便宜的价格吃到好食物。像美国这种相对富裕的国家，廉价劳动力很难找，我们有高生产率，有法定最低工资，并且在美国很多地区，甚至连非法移民的劳动所得都高于法定最低工资。不过，在很多家族经营的亚洲餐厅里，还是会看到不少廉价劳动力。在这些餐厅，无论是厨房工作的人还是服务员，几乎都是一个家族的成员，他们不是领很低的薪水，就是完全无报酬。在他们心中，在餐厅工作通常是他们应负的家庭责任之一。这样的餐厅，往往能提供物美价廉的食物。

极端相反的例子，是那种充满昂贵劳动力的高端餐厅——门口有代客泊车的小弟，进了大门还有人帮你挂大衣，有侍酒师，有楼面经理，有一整排服务生，有带位经理，等等。有财力负担得起这些劳力，是这种餐厅的成功象征。例如，如果你去在全美国及墨西哥都有分店的豪华牛排馆 Palm，你会看到很多人在工作。每个人都忙得团团转，你会感觉他们得花很多时间和精力协调大批员工。

消费者很爱去这家餐厅，名人和政客也趋之若鹜。我在 Palm 吃过三次饭，老实说都很棒，但我不禁心想：我的钱花到哪去了？假设其他条件不变，我当然喜欢优质服务——不过也仅止于那种能引导我吃到好料理，或是其他能带来具体利益的服务，而不是只让我感觉豪华而已。我不确定我是否在 Palm 得到了这种服务。我认为我已对菜单有所了解（牛排、龙虾等），而在我看来，这些服务人员的主要职能，似乎就是要让顾客感到自己很特别、很威风、很重要。我一进 Palm，立刻想到雪茄。

菜单上，哪道菜最不起眼？就是它了！

另一个思考餐厅劳动力的角度是要善用他们提供的侍者。不是每家餐厅都能找到便宜的侍者，好让你享用到有交叉补贴好处的食物，但你可以学习如何利用侍者，来让自己吃得更值得。

外出用餐最重要的策略之一，就是问侍者该点什么菜。这时，问对问题很重要。想想看侍者推销时的心理——他们通常有足够的动机推销高利润菜品，或是当天厨房已经准备好一大堆的标准菜色。昂贵的餐厅如此，某些接待游客的餐厅尤其如此。

换言之，绝对不要直接问侍者"你建议点哪道菜"，他们多半会引导你到菜单上利润最高的品项，更可能为了想快点打发你，而胡乱建议一番。很多侍者往往会记得他服务过最笨的客人，然后会将你与他们联想在一起。所以，接受这个事实吧，进餐厅时，要有被侍者看扁的心理准备，不论他或她表面上多礼貌。他们见惯了白痴，也见惯小气鬼，就他们所知，你是其中之一。

　　面对他们，我通常会摆出较高姿态。尤其在美国，再无礼的侍者也想要拿更多小费，只要你明白获得正确的建议是自己应有的权益，并展现你每一餐都想吃得值得的决心，他们会调整态度，不会强力推销不值得点的菜给你。

　　你可以这样问："哪道菜最好？"当侍者毫不犹豫地告诉我某某菜最好，是我最开心的时候："鹿肉炖面疙瘩最好，先生。"这是那种温暖我心的答复。当侍者回答："菜单上每样东西都好。"我心里就会有问号。另一个麻烦是，对方回答说："最好？那要看你喜欢吃什么，我哪猜得出来。"这种答复表示在你眼前的是懦弱或无知的侍者，不善于应付老饕的信号，也是整个餐厅管理不善的征兆。

　　有时，你可以问问他们觉得"招牌菜"怎么样；或是干脆说你自己是个美食家，为了寻找美食不惜千里跋涉。如果这两招都无效，不妨试着（客气地）问有没有别人可以帮你？

　　在豪华又昂贵的餐厅（一顿晚餐要花你 50 美元以上），你倒是可以先看看菜单，然后问自己："菜单上，我最不想点哪一道？"或"看起来最勾不起我食欲的是哪一道？"然后，就点那道菜。

　　背后的逻辑很简单。首先，豪华餐厅的菜单都是经过仔细推敲的，因为厨房的时间和精力是很宝贵的，一道菜除非有很好的理由，否则不会出现在菜单上。如果某道菜听起来很古怪，吃起来反而可能很惊艳。

　　许多听起来受欢迎的菜，质量可能略低于菜单的平均水平。举例来说，你应该避免对烤鸡太过期待，尤其如果你去的馆子不是烤鸡专卖店（几乎所有餐厅都不是）。烤鸡通常都不差，我自己就能烤出还蛮不错的烤鸡。一般而言，餐厅的烤鸡往往就是那种熟悉的味道，点烤鸡只是让你体验那种熟悉感而已。另外，这类餐厅的炸鱿鱼通常也不踩雷，但很难出彩就是了。

简单来说：点其貌不扬的菜，点陌生的菜，点你最不可能想吃的东西。不过，这个做法也有两点需要注意的。首先，不是每个人都能接受五更肠旺煲（虽然它很适合放在有很多道菜的大餐中，稍后另一章会谈到在亚洲餐厅的具体建议）。其次，也更重要的是：如果你天天吃烤鸡都不会腻，就别管这个原则了——尽管吃自己心爱的烤鸡吧！

市中心为何成了美食荒漠？

如果一家餐厅的收入不够付店租，它在这个世界的时日也不多了。美国有一半以上的餐厅，会在开张三年内关门。生意不好，你可以遣散厨房人员，或用比较便宜的罗非鱼取代更贵、更稀有的智利鲈鱼。但租金，是经济学家所谓的"固定成本"，也就是你每个月都得付的一笔钱。它是一家餐厅必须面对的终极现实考验，即使餐厅老板很有钱到可以买下土地和建筑，将月租化为零，也只是表示他预付了与月租等值的钱，并未改变这个问题的基本面。

租金，决定了一个地点能做什么生意、不能做什么生意。付得起高租金的生意包括连锁服装店、星巴克咖啡、迪士尼主题商店和蒂芙尼珠宝店。高档购物中心充斥着高租金商店，这些商店通常"平均每小时结账金额"较高，或是高溢价商品较多，或两者皆是，不然付不起每个月的店租。低租生意则是如一元商店、古董和二手货商店等，还有郊区商店街的中国餐厅。很多低租店面虽然外表不怎样，但还是有可能提供好食物的，甚至，这种地方的餐厅可能尤其会出现便宜却又不是垃圾食物的食品。

相反的，高租金区有很多令人惊艳的食物没错，但通常价格也贵得吓人。曼哈顿的餐厅开在高租金区，以便接近非常富有的顾客。纽约市有 4 家被列入 2011 年米其林指南的三星级餐厅（Le Bernardin、Per Se、Daniel 和 Jean-Georges），4 家全部开在曼哈顿中城，距离林肯中心不远的一条狭长地带。这些餐厅邻近百万富翁和亿万富翁的住宅，毗连曼哈顿观光、剧院和购物的中心地段。纽约市总共有 41 家米其林星级餐厅，其中仅 3 家开在曼哈顿以外的行政区，尽管那些区有更广阔的空间和更密集的人口。

大部分优质餐厅开在高租金区，但大部分高租金区的餐厅，却离优质这个词甚远。曼哈顿及其他大都市，充斥着诸如星期五美式（T. G. I. Friday's）、滚石餐厅（Hard Rock Café）之类的连锁餐饮品牌——所有你能想到的糟糕餐厅。这些餐厅通过规模化客流维持运营，这意味着它们通常很少创新。巴黎一些时髦的地区，则是充满了中等甚或平庸的小饭馆。同样的，这些餐厅如果不是米其林认可的高质量水平，很可能就是得靠庞大的客流量维生——如果没有超高的翻桌率，他们就付不起店租。

这类餐厅的经营秘诀往往在于品牌效应（例如滚石餐厅），或者聚焦于熟食、披萨、贝果等广为人知的经典品类，这些选择本质上都在发挥品牌认知优势。许多消费者选择它们，是为了可预期的标准化产品和相关品牌形象。虽然定价尚在合理区间，但其商业模式完全依赖规模化客流支撑——一旦失去客流基础，关店危机即刻显现。从美食探索的角度，我建议谨慎选择此类餐厅。

想在曼哈顿中城经营有特色的异国风味餐厅变得越来越难了。高端中餐、拉丁融合料理等高价异国餐饮蓬勃发展，但物美价廉的民族美食却被赶到低租金边缘地带。从哥伦比亚菜到传统意大利菜，纽约新兴的评价民族美食据点如今集中在皇后区、布鲁克林区和布朗克斯。例如皇后区的法拉盛，中国餐厅就四处林立，生意兴隆。

曼哈顿南北向大道的租金，通常比东西向横街的租金高。这主要是由于这个岛的狭长地形，使得纵贯南北的大道承载较多的汽车和行人流量。第五大道上的店面，无论何时总是被最多市民和访客看到；而第三十九街上的店面，则较可能被附近居民或在那一带工作的人看到。只有少数几条宽阔的东西横街，如第六十八街、第五十七街或第十四街，具有类似南北大道的商业价值，因为它们交通流量大。如果你困在中城，又想吃美味、便宜的异国料理，建议你先试横街，再试大道；选择窄路，莫选宽路。开一间很棒的韩国餐厅在第三十五街可以实现收支相抵，但在第五大道就活不下来。换句话说，不管你在哪里，只要转个弯稍微离开交通要道一点，就可以吃到一顿物超所值的饭。

理解美国餐饮演变的关键在于租金——平均而言，过去三十多年，房租一直在上涨，直到房地产泡沫破灭。但金融危机也没有逆转上涨的长期趋势。昂贵地段越来越贵，这也是旅游业扩张、犯罪率下降以及商业繁荣的部分体现，继而使得开在高租金城市中央的异国餐厅渐渐改走高档路线。廉价、实验性质和装潢简陋的异国料理，只好被迫搬到都市边缘。同样情形也出现在伦敦、巴黎、柏林，甚至墨西哥市及其他成长中的主要都市区。高租金，不但驱逐了独特奇异的料理，也迫使地下俱乐部和先锋艺术画廊等亚文化聚集地迁移到城市周围。不管你喜不喜欢，这个趋势是一个你必须了解的现象，并在某种程度上寻找变通之道。

近年的经济大衰退，为美食家带来一个还不错的结果：当租金止升回跌，或是不再上涨，有特色的小餐厅就有更好机会留在市中心附近，虽然说这个趋势会延续多久，还有待观察。

往租金便宜的地方去，因为……

现在让我们把话题拉回来，谈一谈我的最爱：低租金美食。

有一个寻找平价美食的好方法，就是到高租金区附近的低租金区去找餐厅。例如在洛杉矶，想吃墨西哥菜得去东洛杉矶，要吃亚洲菜得去韩国城。在东好莱坞吃饭（尤其是东北好莱坞的泰国菜，特别好吃），比在大明星们居住的西好莱坞划算。如果我搭的飞机在纽约的拉瓜迪亚机场落地，我会在搭出租车前往或离开曼哈顿途中，先停在法拉盛——皇后区的中国城（很可能是美国中式菜最密集的地区），吃顿中国餐。

我尤其喜欢探索美国郊区，寻找一流的异国菜。通常大家会认为，郊区是文化荒漠，但我倒是非常乐于在加州奥兰治、圣荷西附近，北弗吉尼亚州或马里兰州近华盛顿一带，新泽西州其貌不扬的街区，马萨诸塞州的桑莫维尔，得州的休斯敦外围，以及其他很多我爱去的地方寻找美食。我不见得都会先上网搜寻最好的馆子，也不会一直滑动手机。我会开车到处逛，同时睁大眼睛看哪些餐厅可能符合美味、创新和负担得起的三大经济原则。

假如你在同一个地区看到的异国餐厅越多，那么它们供应好食物的可能性也越大。为什么？首先，这些餐厅之间高度竞争，所以它们不可能高枕无忧；其次，它们面向的是一群消息灵通的顾客；不仅如此，他们参与的是一条非常成熟的食材供应链。换言之，一个城镇如果只有一家印度餐厅，那它多半不会有非常好的印度菜。在休斯敦，这种思路会引导你去吃墨西哥和越南菜；在密歇根州某些地方，它会引导你去吃黎巴嫩和阿拉伯菜；在加州蒙特利公园，它会引导你去吃中国菜；在我住的费尔法克斯郡，这个策略意味着玻利维亚、秘鲁和萨尔瓦多菜，是比墨西哥菜好得多的选择。这很好印证了"充分竞争产生优质供给"的市场法则。

在美国，大部分的异国餐厅会开在低租金地点。因为他们的核心顾客，通常会特别在乎食物的质量和种类。这些人很多是收入较低的移民，他们下馆子多半不是为了约会，也没兴趣把钱花在豪华、花俏或"酷"的餐厅上。

如果我身处一个完全陌生的美国城市，当我要找地方吃饭时，我会离开市中心，沿着公路，看看哪里有商店街。就食物而言，最好的商店街通常没有沃尔玛、百思买（Best Buy）或其他大卖场。因为这类大型连锁店会引来高租金和大批顾客，通常不是制作异国菜的理想条件。

租金最低的一种生意，是流动餐车。纽约、俄勒冈州的波特兰及得州的奥斯汀，已开始准许流动餐车营业，大大改善了当地的食物。街头小吃不再限于难吃的蝴蝶饼或油腻的热狗。这些流动餐车为食客带来正宗的墨西哥塔可饼、手工香肠、粤式点心、越南三明治和无数其他美食。洛杉矶的 Kogi 是最著名的流动餐车之一，专售韩国与拉美融合菜，例如它们的韩式泡菜墨西哥卷饼（quesadilla），就将辛辣蒜香的韩国泡菜、墨西哥奶酪和小麦薄饼巧妙组合在一起。当你没时间坐下来细嚼慢咽，或者没钱吃更讲究的餐食时，流动餐车是相当理想的快餐选择。

我最喜欢的本地流动餐车，是 Las Delicias，每周日下午停在福尔斯彻奇的阿灵顿大道 50 号公路上，就在我家附近，卖着玻利维亚科恰班巴地区的特色菜，包括花生汤和一道叫做牛肉干（charque）的菜它混合了浓稠的白奶酪、卷曲的咸牛肉干和玻利维亚白玉米。以我的口味来说，它胜过这一带的玻利维亚餐厅。离我家最近的都市华盛顿特区，虽然允许流动餐车营业，但市政府经常威胁说要取缔。这就是政治本质：当地餐厅不欢迎流动餐车的竞争，因此游说政府加以管制。华府有一个路边摊集中地，在哥伦比亚路和 18 街交叉口的亚当摩根街区，供应萨尔瓦多、墨西哥、波多黎各。食物绝佳，但同样的，市政府不愿看见这种行业做大。

如果想改善美国食物的质量，并使它便宜很多，我有一个建议：放宽对流动餐车及其他路边摊的管制，只要它们能证明有足够的责任感，取得公开竞标的摊贩执照。很多城市已采用这个制度，结果证明这种改革对消费者有利，对流动餐车商贩也有利，并且没有发生民众感染沙门氏菌的情况。下一场美国食物革命，很可能是流动式的，它将经由谷歌和推特推广，而非通过超级碗足球决赛那晚的昂贵广告。

低租金餐饮模式的创新实验具备低风险的优势。如果一个概念不成功，创业者不会被昂贵建筑、豪华装潢或长期租约套牢。比起在大型购物中心里开餐厅，流动餐车可以让创业者进行更大胆的实验。通常，在购物中心里开餐厅要付更高的租金，而且得投资更多钱在装潢上，于是餐厅老板只好想尽方法吸引大量顾客，这往往也意味着供应可预期的主流食物。相反的，低租金的流动餐车，可以让更多人尝试推销他们的祖传烹调秘方。要知道，拥有最好、最富想象力、最创新烹调概念的人，未必是最有钱的人，他们常落脚在比较肮脏破旧的地点，然后在那里用美味慢慢改善当地的房地产价值。

最好的流动餐车，通常会停在非常不起眼的地点，就像好的异国餐厅和中低档水平的零售店混在一起那样。要找流动餐车或是一家特别风味的异国餐厅，你得先环顾四周街景：看到什么丑陋的东西了吗？简陋的建筑？破裂的亚克力招牌？廉价商品店？或是一辆废弃的汽车？如果看到，推门进去，点菜。

欢迎来到迷人的美食世界。

想要吃得好，得有社交技巧！

最后，经济学不只关心劳动成本、资金成本和租金是否合理，我们的考量还包括一个重要的人类或"行为"因素（行为经济学派的说法）。本质上，人是社会动物。我们会模仿别人，也会刻意标新立异以显示自己与众不同。

关于如何吃得好，我的第一个建议是：要超越理性（meta-rational，决策论的术语），即认清你的极限。要知道，最好的信息往往掌握在别人手中。就算你把所有饮食书都背下来，关于食物，仍有许多难解之谜，有些时候，有些人真的懂得比你多，别吝于请教别人。当然，你要问得有技巧。而且在你寻找一顿美食的过程中，有些社会知识可能比食物知识更有用。

比方说，当你请教别人去哪里吃饭比较好时，你应该优先去找那种爱吃美食、并以此为荣的人。而要找这种人，你就要瞄准介于35到55岁的人，因为这个年龄层的人更可能吃过很多好馆子，一般来说会累积较多的餐饮经验；或者，你也可以去问有钱人（未必是那些非常有钱的中产阶级），以及习惯外食并搜集餐饮情报的人。还有出租车司机、教科书销售员（这些人一年到头出差和外食），都是很好的餐饮情报来源。当你请他们给你建议，而他们的眼睛没有兴奋得亮起来时，那……请忽略他们。

如果你选择上网查询，那我建议你在搜寻时加上更精准的关键词。否则，如果只是搜寻"最好吃的餐厅"，你会得到一大串烂餐厅的信息。或者，你也可以输入更具体的问题，例如"某某城市最好吃的印度餐厅"是哪家——即使你并不想吃印度菜。通过这种搜索方式，你会看到较可靠、较有用的餐饮信息来源，然后你可以浏览这些信息来源，并进一步寻找他们关于非印度菜的建议。同样的道理，你可以搜索"最好吃的花椰菜料理"，即使你不想吃花椰菜。总之，避免使用大众化的搜索模式。

读网络上的美食建议时，千万不要被负面的评论吓跑。任何勇于冒险的餐厅，都会惹来恶评。相反的，可以花点时间看看这些餐厅有没有正面的评价？评论多长？听起来有没有说服力？如果有，不妨一试。

脸上堆满欢乐的顾客，不是美食好指标

最后，不是每个人都擅于判断陌生的餐厅，但大多数人都懂得观察人。如果你想判断一家餐厅好坏，但找不到任何可信赖的人来问，我建议你看看是哪种人去那里吃饭。这是另一个在经济推理中常用的方法，善于有效利用周遭的社会信息。

我很怕碰到一种餐厅，里面的人欢声笑语，一副其乐融融的样子。华府、曼哈顿及其他很多城市的商业区，都有很多这样的餐厅。假如我一眼望去人人都很开心，那就是我掉头而去的时候。别误会，开心绝对不是坏事，但开心和美食是两回事。很多餐厅不是靠食物吸引顾客，而是靠营造喝酒、约会和狂欢的社交场合招来生意并赚取高额收费的。这些地方的食物通常"不差"，因为餐厅必须维持时

髦的形象。他们会供应定价虚高的各式料理，而且还会由某位知名或有点知名的主厨背书（只是这人通常不在现场）。这些并不是最差的就餐选择，但如果要我花自己的钱吃饭，我通常不会去这些地方。

如果你实在想光顾这类餐厅，不要选在开业的头两个礼拜，因为这时候他们的厨房作业还没上轨道。最理想的造访时间，是开张的头四个月到六个月，因为这类餐厅在刚开张时，通常会花很多心思去赢得好评；也因为有名厨代言，媒体评论会来得很快。这位名厨——或他的某个得力助手——在刚开始也会随时在场等候指教，好跟那些资深的食评家及美食博主搏感情。随后，这家餐厅声名大噪，成为重要的聚会场所，笑声谈话声降临。而这时，就是你应该停止再去的时候了。果断脱粉，莫回头。

2005 年，名厨理查德·桑多瓦尔（Richard Sandoval）的餐厅 Zengo 在华盛顿特区开幕，那真是一个特别的地方。他们供应一些美妙绝伦的拉美-亚洲融合料理，包括刺身、香酥角、炭烧云吞金枪鱼塔可。装潢很酷，店内弥漫一股四海一家的气氛。这家餐厅开在华府一个新兴开发区，紧邻一座大体育馆。我跟太太说："如果你喜欢这家馆子，那我们就要趁现在常去，它很快就会变味了。"到 2011 年，Zengo 仍在，也还不错，但我不会花自己的钱去那里，过去几年都是如此。因为桑多瓦尔已经把他的时间花在其他投资事业上了，这个馆子现在可以靠它的酒吧活下去，曾经的创意菜品也不再新鲜。一条 Zagat 网站上的美食评论，说明了一切：

这是我最喜欢的华府餐厅之一——极棒的酒吧，美妙的装潢，食物也可口。

看见了吗，"食物"被排在最后。

还有，任何餐厅如果每年发动一场母亲节促销活动大空袭——如 Zengo 所为，你最好别轻易上钩。记住：这本书谈的是如何用最划算的价格吃到最好的食物，无关装潢，尽管 Zengo 的装潢依然漂亮。

我也发现，过去十年来，网红餐厅的生命周期加速变短。以前一家好玩的餐厅需要一两年时间，才会变成一个充满快乐面孔、欢乐社交、厨艺却衰退的场所。现在，似乎只要六个月或更短。也许，问题在于网络让各种评论传播得比以前更快。所以，如果你发现一家新的网红餐厅，很喜欢的话，赶紧去打卡、不停光顾——千万别等。

另外，如果一家餐厅里的女客人个个时髦又美丽，我也会担心。对我来说，那是另一个危险信号。我会问自己："这个地方凭什么聚集这么多美女？"我不是说美女不懂美食，问题在于：当美女云集时，就会有很多男人跟着去这家餐厅，不管端出来的菜是否真的好吃。这会让餐厅有降低食物质量的动机。

对我而言，通常最理想的餐厅氛围是这样的：里面的人看起来有点严肃，或甚至一脸肃杀。客人脸上露出失望或厌恶的表情当然不妙，但你希望看到的是某种认真的态度——这意味着不论这家餐厅的价格高低，去那里吃饭的人都会把吃饭当一回事。

拿一面镜子，试着在镜子前吃某个非常美味的食物：你会露出多少微笑？你看起来会多快乐和友善？恐怕没有你想象的多。

记得 1990 年代初，我和朋友凯文·格里尔（Kevin Grier）在一家当时很棒、但现已歇业的慕尼黑餐厅 Sabitzer 吃饭。那是复活节后一天，整家餐厅连我们在内，只有两桌客人，另一桌是一家子法国人，我敢说，他们从头到尾看起来都在生气。每次一道菜端出来，他们都冷哼一声，不露任何喜色地闷着头吃。那一餐，是当时的我生平吃过最美味的一餐，他们吃光盘中每一粒碎屑，我们也一样。就在那一刻，我顿悟到：脸上堆满欢乐的顾客，绝不是美食的好指标。

相反的，如果你走进一家餐厅，看到客人们相互吼叫，仿佛有血海深仇似的，反而是一种吉兆。这可能意味着，他们都是老主顾，经常去那里吃饭，所以彼此都很熟。很多中国餐厅就是这样，充满着大叫大嚷的中国顾客——别问我他们是不是在吵架，我完全搞不清楚，但我想那应该是值得一试的指标。

以上判断餐厅的原则，你可以举一反三。比方说，如果你走在佛罗伦萨街上，看到一家餐厅里都是手上抓着旅游指南的英国游客，而且提前在六点吃晚饭，你应该掉头就走。这样的逻辑可以延伸到其他很多例子，我的另一条黄金法则是：对一家餐厅来说，有好顾客，比有好厨师重要。

餐厅老板当然知道，自己的顾客会被别人拿来当作研判指标，所以他们都会精心筛选符合自身定位的顾客。1950 年代当麦当劳要开始扩张时，就煞费苦心打造"家庭餐厅"的形象。创始人雷·克罗克（Ray Kroc）在设计麦当劳时，就设法打消青少年在此游荡的念头，他不想让麦当劳显得太"酷"，不要店里有弹珠台游戏机、报纸贩卖机、电话亭，或香烟糖果自动贩卖机，拒绝让麦当劳看起来像青少年胡闹的场所。他要的是快速翻桌率，要客人饿了进来，吃饱就走。因此麦当劳的设计是刻意反社交的——与今天的星巴克正好相反。

和大部分其他商品一样，饮食是一种社会经验。人们不仅关心营养、卡路里和味觉，也会寻找适合他们的社会环境。这是你破解餐厅"密码"的第一步。

不论我们喜不喜欢，餐饮业存在着一种经济学上说的"长期均衡"。这意味着餐厅的水准，通常可以由它们吸引的顾客类别以及一些其他的静态特征来判断。当你准备第一次光顾某家餐厅，正在考虑是否跨门而入时，不妨问自己一个非常简单的问题："里头的客人对食物的态度，是否跟我一样？"如果是，你很可能来到一个跟你速配的地方；若不是，赶紧转身离开。就这样走人或许会有点不好意思，但坐在那里忍受食物与顾客配错对的感觉似乎更糟。何况，事后不愉快吐槽，不如现在就终止自己与这家店之间可能的糟糕回忆，反而是在帮店主一个忙。

第五章

杂乱无章的餐厅里，
冒出美好的烟

烧烤是"慢食之最"

———

关于食物
最可预料和井然有序的，永远不是最好的
它们只是容易描述而已
例如路边摊和火，就从不井然有序

我是地道的美国人，但我超爱异国料理。我出生在新泽西州，年长后养成对烧烤的热爱。这表示，我喜欢的烤肉方式是这样的：

1. 露天烤坑——这是原始的烧烤方法，把食物埋在地下和架在坑上，或在露天的独立烤架中烤熟。

2. 传统烤炉——通常是砖造的，用柴火烤肉，不用电器。这种烤炉有时也叫做露天烤炉（这种表述听起来有误导性，它们不是真的像第一种方式是露天的）。

另外，我有时也会喜欢：

3. 机械化熏烤炉——将厚肉片塞进一个机械化设备，以机械控制的方式慢慢烤熟。机械化熏烤炉可能采用木柴、燃气或其他热力

来源。混合式机械烤炉（越来越普遍）先用燃气烧热木柴，再用木柴烤肉。

以上这三种烧烤形式，与一般大家熟悉的烧烤不同，后者一般指的是高温快速烤肉，或者应该叫做炙烤（grilling）更恰当。据估计，美国人一年在火焰上烤肉的频率高达令人肃然起敬的 29 亿次，但快速、猛烈的炙烤，通常产生不了那种传统慢烤出来的好食物。堪萨斯市的 Arthur Bryant's Barbecue 餐厅的小肋排要烤 10 小时，腩肉要 12 小时，猪前腿肉则要 16 小时。孟菲斯有一家餐厅以烤 36 个小时的猪前腿肉闻名。古典烧烤的核心要素是烟熏、慢烤和低温。

我从密苏里州哥伦比亚坐了大约半小时的车，来到哈里斯堡的 Lonnie Ray's BBQ。这家烧烤店具备优质烧烤的一切特征：坐落在小镇，靠口耳相传积累口碑（事实上，开车载我来的这位与我合作的教科书业务员，是本地人），馆子本身很小，其他顾客流露明显的在地气质。

这里的烧烤，是几种风格的混合体，风味绝佳。但我印象最深的是 Lonnie Ray's 的老板迈克·怀特利（Mike Whitely，餐馆就是以他父亲之名命名的）。听我问了几个关于馆子的问题后，迈克过来跟我谈话。健谈但专注的他毫无寒暄客套，立刻进入科学性的探讨。他问我，喜欢他家烧烤哪一点，不喜欢哪一点？我在其他什么地方吃过烧烤？类似这样的谈话，也许听起来像是钓取恭维，或借机吹牛，不过他却是真心想对烧烤这门手艺了解更多，并改善他的产品。因此我们迅速进入有关不同风格、不同餐馆和世界各地烧烤方法的讨论。迈克有一种刨根问底和自我批判的态度，值得几乎任何科学家羡慕。

你可能以为，迈克没受过多少教育，但其实他拥有密苏里大学心理学学位，曾任青少年辅导老师。他业余以烹饪自娱，并做一些外烩赚外快。少年时期，他去朋友家经营的中国餐厅玩，激起了他对团队工作潜能的好奇。他看到这家人以食物、以他们的食物传统为荣，学到他们如何合作拔鸡毛。于是他思索，这种合作方法，有无可能也应用在其他料理上？

一门"很有学问"的生意

烧烤是一门必须重视质量、团队工作和持续改进的生意。在鼎盛时期，它可以说是美国最好也最便宜的食物。若说哪种美国食物拥有近乎宗教的地位与信徒，则非这种缓慢烧熟的肉，配上神圣的佐菜莫属。烧烤迷可以跋涉几小时去吃更好的烧烤，然后热烈辩论哪位烧烤大师和哪种风格最超凡入圣。很少有食物比它更接近朝圣的概念。这一切虔诚信仰的背后，存在某个真实的东西，而那正是我们需要的食物革命的关键成分。最好的美国烧烤，何以这么棒？如果可以烤出这般美味，为什么没有遍布各地？我居住的北弗吉尼亚州，能选择的烧烤很有限，因此我必须探访美国各地，甚至跨越边界去到墨西哥寻找答案。

有些食物似乎能翻山越岭漂洋过海，有些则不能。拿最经典的法国菜，就是你能在法国非常可爱的乡村客栈找到的那种为例，它可能牵涉二三十种重要食材，包括本地香草和香料；用到的肉类应该是自由放养或专门饲养的；酱汁通常需要用到上乘葡萄酒，烹调方法也很难传授给所有有志当厨师的人；面包、黄油、奶酪和肉酱制作也需专门的技术。即使在法国本土，饮食传统也以地域性而非国家性著称。但是，经典法国菜仍然可能复制到全世界。如果你想吃的话，不管在哪里，大概都吃得到极好的法式红酒炖鸡。德国遍布高水准的法国餐厅，价钱比巴黎还便宜，而且通常烧得相当好。我在里约热内卢最难忘的一餐，是有九道菜的法国料理。无论法国人多不愿意拥抱文化全球化，法国大厨已创造出全球化的料理，即使是因地制宜的各国版本。它的售价够高，餐厅愿意花大钱去复制某种形式的法式精美。

但真正好吃的烧烤，却只能在为数有限的区域和国家才吃得到：在美国，包括得州、美国南部部分地区、密苏里州和伊利诺伊州部分地区，以及夏威夷州（夏威夷有公共烧烤传统，通常是烤全猪）；在其他国家，例如墨西哥中部及牙买加大部分地区也有很棒的烧烤，我还听说在北非沙漠地区，如果你碰到合适的部落和节庆，那里的烤全羊令人叹为观止。

新西兰毛利人的毛利窑烤（hangi）是专门为婚礼和盛宴而做，这种烧烤将食物埋在地下很长时间，直到具有强烈的烟熏味。你偶尔会找到一家供应毛利窑烤的新西兰餐厅，或是一间毛利人经营的毛利窑烤外卖店，但它不是固有的餐厅传统。我在新西兰吃过两次坑窑，两次都平平无奇——也许它还是比较适合家庭野餐或婚礼。

总的来说，一旦离开几个重要的发源地，烧烤餐厅通常令人失望。有些餐厅也许以怀旧手法勾起我们对真正烧烤的向往，但却不是真正烧烤那回事。烧烤通往一个更古老的年代，在那个年代，食物制作是个人的、手工艺的，并依赖天时地利。当《得州月刊》（*Texas Monthly*）宣布得州列克星敦的 Snow's BBQ 是全美最好的烧烤时，没有人抱怨该餐厅只在周六上午营业，相反的，那成了烹饪地位的象征。当你走进得州洛克哈特的 Smitty's Market，烧烤炉子火星四溅，溅到你点菜地点的脚旁边，那可是金字招牌，是这家店骄傲的来源。"小心别绊倒。"进去前我警告我太太，根据一则可能不实的传言，他们拿免费烧烤来让消防局长和保险稽查员睁一只眼闭一只眼，才能继续经营下去。

尽管如此，烧烤也跟着美国现代消费社会和大企业（尤其是肉类业）经历了高度商业化的发展。这种发展模式并不符合欧洲传统的美食叙事，即顶级美食必须建立在优质食材基础之上的理念。烧烤称不上顶级菜肴——肉未必是最高质量的（所以需要烤这么久），烧烤酱是用美国现代超市常见的量产食材调配而成的，但现代化的食物供应链有助于降低成本，使人人吃得起烧烤。

以下是我对优质传统慢烤的一些基本观察：

· 最好的烧烤店，通常在大清早开门。

· 吃烧烤，最好是去人口不到五万人的城镇。

· 不像好腩肉，好肋排在很多地方都买得到。

了解这三个观点的内涵，你将洞悉几乎一切独特烹饪创意的来源。

为什么烧烤很难变成垃圾食物

烧烤一词的英文 "barbecue"，源自西班牙文 "barbacoa"，可以追溯到 1526 年一本谈新大陆印第安人的西班牙文书，是指一种加勒比海地区的烹饪方法——在地下挖一个坑，将肉叉在枝条上，架在坑上慢慢烤。在泰诺[1]语（Taino）中，"babracot" 指的是构成烤肉架的树枝结构，牙买加烟熏坑（jerk pit）直接承袭这个早期传统，不过墨西哥原住民宣称他们在被西班牙占领前也使用这种技术。今天的我们，恐怕永远不会知道哪个族群最先发明烧烤。

最早（非印第安人）的美国烧烤，大约出现在 1660 年代的北

---

1 泰诺人隶属阿拉瓦克人（Arawak），是加勒比海地区主要原住民之一。由于殖民者的屠杀，泰诺人几乎已消失殆尽。

卡罗来纳州；这一技术可能是奴隶从加勒比海带来的。当时烧烤之所以受到欢迎，可能是因为它的基础食材符合这个殖民地的生活方式——猪肉供应充裕；醋是天然杀菌剂，至今仍是北卡罗来纳州烧烤酱的成分；椒类贡献维生素 C，可预防坏血病及其他疾病；低温慢烤的方法使木制烤架比较不容易着火。据推测，把肉切成小块的做法，最初是为了帮助牙齿不好的人。那个时代的人很少吃西红柿，早期烧烤酱是不含西红柿的。

在得州，烧烤在 19 世纪流行起来，成为大规模群体供餐的传统方法。一头绵羊、山羊、猪或公牛，在露天烤坑烤上 24 小时。当时的公共活动，通常伴以烧烤。1860 年，萨姆·休斯敦（Sam Houston）[1] 在一场名为"美国烧烤大会"的政治集会上演说，此后"烧烤"一词，有时也被用来指政治集会。

跨入 20 世纪，烧烤也走出教堂和政治集会，跨越到小吃摊、烧烤屋和餐厅。1920 年代，消费者可支配收入增加，外出用餐、消费革命蔚起，共同推动了商业化烧烤的扩张。尤其是汽车的问世，使得很多餐厅可以开在乡下，因为更多顾客具备了驾车前往的交通条件。与唐人街餐饮模式不同，烧烤食客大都不是步行或搭乘公共交通前往的。1920 年代，烧烤摊常作为路边餐饮设施的统称。消费革命的浪潮也促进了配菜的标准化进程：酱料的原材料可在超市获取，

---

1 带领得州加入美利坚合众国的关键人物，曾任参议员和得州州长，休斯敦就是以他的名字命名的。

工业化面包的普及也推动了烧烤三明治的流行。总体而言，烧烤餐厅的出现，是 20 世纪初美国消费革命的一部分。

但烧烤始终没有真正演变成快餐或垃圾食品。1930 年代，Pig Stand 曾扩张至 100 多家烧烤门店，但在 1940 年代数量骤减。Luther's 在 1980 年代中期达到 63 家分店，但到了 1990 年代已减至 20 家。在辛辛那提电台传教的杜特罗诺米·斯卡格斯（Deuteronomy Skaggs）牧师一度宣称："如果上帝有意让辛辛那提有烧烤，他很久以前就赐给我们了。"1977 年纽约广播明星巴里·法伯（Barry Farber）相信，烧烤将一统江湖，接管食物世界。他在时代广场开了一家烧烤店，认为烧烤将成为"下一个披萨"。最后，法伯的餐厅和他那些更宏大的计划都失败了。最接近优质、大众市场烧烤的，是连锁墨西哥餐厅 Chipotle 供应的一些肉食，那是用真空低温烹调法（sous vide）烧出来的，我留待本章最后再讨论。

从烧烤业，看见地方创意

如今，烧烤也发展出区域性的手艺传统。在美国东南部大部分地区，烧烤主要以猪肉为主材，通常是烤全猪或猪肩胛肉。手撕猪肉在南方和部分中西部地区很常见，但除此之外很难找到地道风味。在芝加哥，猪肋排是日常食品；得州烧烤侧重腩肉、香肠、猪肋排，有时也烤牛肋排，尤其在得州西部。其他区域性传统包括烤山羊（得州南部）、烤绵羊（肯塔基州西部）和烤猪鼻（圣路易市东区）。

北卡罗来纳州东部的烧烤，不同于该州西部。东部传统是烤全猪，西部则烤猪肩胛肉。近年来，东部比西部更先改成使用燃气和电力的现代商业烤炉。传统的东部烧烤酱不含西红柿，而是用醋、胡椒、辣椒粉和盐。西部烧烤酱会添加番茄酱和伍斯特酱（Worcestershire sauce）[1]。东部烧烤通常较干，有人说是因为猪肉用机器切得比较细。东部也做不伦瑞克炖肉（Brunswick stew）当作佐菜，最初是用松鼠肉来做，现在通常用鸡肉、西红柿、土豆、洋葱、玉米和白扁豆等食材。东部也流行烧烤土豆。西部的卷心菜沙拉（coleslaw）通常是红色的，而且比较脆。1 号公路常被视为两种烧烤风格的分水岭，但随着时间过去，两地的差异逐渐模糊。

为什么要谈这些？因为烧烤与地方创造力有关。

即使经历了商业化浪潮，烧烤仍没有沦为快餐式的垃圾食物，始终与它的业余根源紧密相连。据统计，全美每年有超过 600 万美国人参加 500 余场烧烤比赛。孟菲斯烧烤赛，通常是美国规模最大的赛事，能吸引多达 300 个参赛团队和大约 8 万名观众。这种狂热爱好常常占据人们的闲暇时光，甚至成为一生的志趣。

在更早的年代，烧烤师傅常是业余出身，发迹后逐步成为大师。

---

1 又称"辣酱油""英国黑醋"，味道酸甜且微辣，质地透亮，呈黑褐色。

然而在这个领域，凡有杰出烧烤的地方，必有平庸的烧烤。反复试错也意味着一定会经历很多失败。烧烤师傅通常由替教会、替政治集会，或替朋友烧烤起家，一旦食物受到欢迎，那些技艺出众的师傅就会开餐馆，通过服务更大的顾客群体来改进他们的产品。最好的餐厅在竞争中脱颖而出，过程中培植一批学徒，后者常在学成后自立门户，开自己的烧烤店。

尼尔森·海德（Nelson Head）可能是华府大都会区最好的烧烤师傅。他成长于阿拉巴马州伯明翰，是吃烧烤长大的。起初从事房地产业，但后来决定进军餐饮业。他先向一位著名的烧烤师傅学艺，然后才创立自己的餐厅。他在华府试开过几个馆子，最后才迁至弗吉尼亚州伍德布里奇的现址，就在州际公路旁边，很容易接触到卡车司机和游客。就像很多其他的烧烤店老板，他有一种沉着、理性的气质，仿佛随时准备从严谨的应用科学角度去思考和谈话。

烧烤店常会取一个稀奇古怪的名字，符合我们对非连锁、草根产品的预期，例如"胖弟"之类的。在美国，名闻遐迩的烧烤店还包括南卡罗来纳州罗克维尔的"胖威利猪猡小屋"（Fat Willy's Hawg House）、加州范奈兹的"豪哥利·沃哥利博士烤肉"（Dr. Hogly Wogly's），或佛罗里达州奥兰多的"鲁爷霸气碳烤堂"（Bubbalou's Bodacious Bar-B-Que）。这些名字代表一种很刻意的人格化特征，以凸显产品的个性，营造一种"工匠"感。甚至连烧烤这个词的拼法，在很多餐厅都不一样，这是一种对同质化文化趋势的终极反抗。

早餐前的大火，好香啊

在得州乡间，传统炉不再限于本章一开始定义的那种露天烤炉，而是指用木柴烤肉的长形（10 至 20 英尺长）砖造烤炉，有金属格架用来摆肉，有烟囱可以排烟，还有一大堆木柴摆在附近。通常，火源集中在烤炉两端，因此肉是用间接热力烤熟的——但你仍然可以想象木柴堆得像轿车那么大，整夜熊熊燃烧的场景。这类烤炉多为数十年前手工打造，而非现代预制构件。相比而言，美国南方的传统烤炉通常嵌在墙里和建在地面上，但基本上用的是相同的烹饪程序。

传统烤炉最好的运作方式，是有人彻夜或花大部分时间看守。理想的情况是，这个人应该睡在大火旁边，定时醒来拨一下炭火，或确定没有不该燃烧的东西烧了起来。不是所有烤炉都如此严密监控，但不这样做的烧烤店老板会冒更大风险——因为他们得在晚上关掉部分或全部烤炉，烤出来的质量自然也会打折扣。

烧烤师傅用通风口和烟道将空气引进炉子，把烟排出去。光是正确生火这件事，就是一门日积月累的技术。此外，肉必须持续翻面，还得监控温度、挖火添柴。木柴不会每一次都烧得同样均匀，烧烤师傅必须不断调整窑中状况，比如添加木柴或拨弄火苗来控制温度。这种烹饪方式牵涉很高的劳动成本，不利于麦当劳或苹果蜂（Applebee's）等连锁餐厅的流水线式生产方法。

　　打从一开始，许多最好的烧烤店就习惯了大清早开门。因为传统烤炉式烧烤会在前一晚开始烤肉，老板们通常希望在第二天尽快卖掉烤好的食物。因此，非常高质量的烧烤餐厅通常在上午七点到九点之间营业，希望到了午餐时间可以卖掉大部分肉品。否则，经过一夜烧好的肉品，只会随着时间流逝失去新鲜度。

　　因此，午餐是个重要市场。毕竟在美国乡间，午餐顾客通常比晚餐多。人们外出工作，开着车子，寻找一顿大餐。此外，由于不确定每日需求量，餐厅老板通常宁可在午餐前开始卖，以确保做更多生意。这类餐厅比较不愿延长营业时间到晚上，因为越晚食物质量越差，他们不愿卖次等食物，因此在下午两点半或三点就打烊的烧烤餐厅很常见。这倒过来也鼓励客人们提早上门。热门的烧烤餐厅常在中午十二点或更早就已经客满。

　　一大早开门还有另一个原因，那就是通常老板必须一大早起来照顾肉；既然起来了，何不干脆开门做生意？得州洛克哈特最好的烧烤店，是在上午七点到十点之间开门。很多本地人或游客会进来吃早餐，通常点香肠，那是早上第一批烤好的肉。在 Kreuz Market 或 Smitty's，负责烤炉的师傅只需切一些肉下来给你；像这样一大早开门，通常不需要大量服务生或很多准备功夫——你自己把肉端到桌上，用手抓起来吃，纸巾已经摆在桌上了。

　　慢速烹饪限制了烧烤店应对需求激增的能力。郊区居民通常追求即时性，快餐的流行便印证了这点。如果苹果蜂的鸡肉三明治不够卖，他们很快就能补上。同样，美国大多数民族风味餐厅全天营业，提供十分钟内就能上桌的现成菜品。但最好的烧烤店往往随着时间推移逐渐卖光招牌菜。与其反复得罪忠实顾客，烧烤店更倾向于提早关门，也提早营业。至少它们会直接告知某些热门菜品已售罄。

不过在孟菲斯，烧烤餐厅通常不会早早开门或早早打烊，而是上午十一点半或正午十二点开门。主要原因是孟菲斯的烧烤以猪肋排为主。烧烤肋排需要的时间、空间及燃料较少，而当地的主要烧烤餐厅也已经改用机械而非传统烤炉。换言之，他们已摆脱一些传统的束缚，尽管这可能会让他们丧失顶级烧烤的手工技艺。而这反之又使得烤肋排在全美广泛流行，其他烧烤形式却未能如此。以Tony Roma's 餐厅为例，这家高端连锁餐厅提供了标准化但品质稳定的烤肋排。

北卡罗来纳州的烧烤找到一种令人不安的办法来解决新鲜度问题。大多数北卡的烧烤餐厅也很早开门，但主要是出于传统，而非经济理由。这些餐厅大都把食物预先烧好，然后冷冻起来或放在保温箱中。列克星敦第一烧烤店自豪地告诉顾客，他们的食物绝对不放过夜，但我和一起去吃的朋友听到这话并不感动。因为，他们有时会把今天现做的和昨晚卖剩的混在一起卖，因此永远供应无虞，但老实说质量不怎么样就是了。这种选择的经济效益显而易见，这也恰恰证明了真正的烧烤艺术多么不划算。北卡的烧烤店不早关、不缺货、出餐极快。所以如果你让我评判这场经典对决——北卡烧烤 VS 得州烧烤——基于上述原因，我必须支持得州。

什么是烧烤？其实我说不上来……

令人遗憾的是，世界最好的烧烤，恐怕不在美国。往南跨越边界到墨西哥，你对烤炉经济将有更多理解。

在墨西哥乡村，一些最古老的烧烤传统至今仍活跃着。一般家庭会为了某个特殊日子如婚礼或生日，烤一整头羊或猪。为了做烧烤，村民会在地下挖个坑，坑里铺石头，然后生火。肉类通常用龙舌兰叶子包起来放在火上。坑顶用湿土覆盖，让食物在里面焖熟。墨西哥名菜烤乳猪（cochinita pibil），即指坑烤猪肉，这道菜可以在美国一些较好的墨西哥餐厅看到。"Pib"是玛雅语的坑烤，不过美国的墨西哥餐厅卖的不是正宗烤乳猪，他们用香蕉叶包猪肉，放进烤箱里烤。

我曾在一个叫做圣奥古斯汀奥潘的墨西哥小村庄做田野调查，村民烤肉用的燃料，是硬甘蔗，里面有"芯"的那种。据说木柴在烤的过程中会裂开，这也许反映当地的木柴选择有限。有些墨西哥村民用木炭烤肉，但扔一些洋葱、蒜头、辣椒或牛至叶在炭火中增加香气。

圣奥古斯汀奥潘最著名的烧烤师傅是安赫尔·多明格斯（Angel

Dominguez），他也以用村子河岸边的黏土做陶器闻名。如果你去安赫尔的家拜访，你要么发现他坐在吊床上，微笑着踩他的缝纫机，要么被告知他去河边照料他的西瓜了。他是村民眼中的怪咖，部分原因是除了他以外，陶艺和缝纫两者都是村妇的专属领域。他回答问题总是缓慢且口齿不清，但炙热的眼神，昭示着他对创造艺术的全神贯注。

当心血来潮，或是需要用钱时，安赫尔会运用前哥伦布时代的方法和来自村庄四周百分之百天然的材料，捏出精妙绝伦的陶胚，然后放进坑窑里烤。如果他兴致不高，你给他再多钱也激不起他的工作意愿。如果你留下钱想要当作购买他作品的订金，只会被他当礼物收下。

掌握控制坑窑火的技术，他自然而然登上村子烧烤大师的宝座。他替村里的庆典活动（如节日、婚礼）烤山羊肉和猪肉，仅仅把包好的肉埋在燃烧的坑窑中，并在一旁照料以确保火既不会太旺也不会太弱。这些动物来自本村，烤前才由人工屠宰，那是我生平吃过最新鲜的山羊风味。

如果你问安赫尔，知不知道什么是烧烤，他回答不上来。对他来说，烧烤和他的传统陶器制作一样，是村子自古以来的生活方式，也是只有少数人能掌握的手艺。

烧烤朝圣的第一站，是……

至少就墨西哥中部而言，中型以上的墨西哥城市的烧烤店大都开在市郊，而不是市中心。那些最好的餐馆并不符合我们对餐厅的传统定义，但它们的价格也相当便宜，一顿丰盛的餐食通常不到 5 美元。食物在户外供应，也许在帐篷或雨遮底下。肉采用传统炉烤的方式烤制，种类很多，从羊肉到牛肉到猪肉，头和内脏都有，烤炉内通常铺龙舌兰叶。烤肉的时候，下面垫一个金属盘子盛接滴下的肉汁，肉汁用来做烤肉清汤（barbacoa consommé），配裹着烤肉的塔可饼吃。塔可饼可选择加辣酱或不加。

乡间凌晨出炉的烤肉由卡车清晨运抵市郊餐厅。这些店在上午九点到十点营业时就开始供应烧烤早餐。将烹饪环节置于偏远乡村降低了火灾的风险。这类传统墨西哥烧烤在伊达尔戈州、特拉斯卡拉州、墨西哥州最为盛行，莫雷洛斯州、格雷罗州等地也可以找到。政府监管松弛的墨西哥腹地允许烧烤艺术自由生长，即便偶尔有警方查问，贿赂就能解决问题。原始坑烤技艺在这里得以完整存续。

如果你要我只推荐一个地方，我会建议一个名叫"露比达"（Lupita）的经济小吃，它距离墨西哥城北边约一个半小时车程，近克雷塔罗州圣胡安里约，位于"Galindo Amealco（高速）公路三公里处"，但没有正式的地址或电话。该店的名片背后印着教宗若望保禄二世的彩色肖像，及一段关于正义、和平与爱的语录。它只在周末营业，有时烧烤在午餐时间就卖完了，之后只卖美味的馅饼。要去得趁早，因为这家店基本上是一个路边避风雨的亭子，他们摆好桌椅和炊具，就开始做生意。经营者是一位叫做露比达的墨西哥老妇，我费了一番唇舌才说服她，美国客人能吃辛辣的烧烤酱。这是烧烤应有的烹调方式，像这样的店还有几百家，散布在墨西哥中部各处。如果你热衷于烧烤朝圣，这类店应该是你的第一站。

不止在露比达，墨西哥烧烤店普遍遵循"售完即止"原则，最早下午一点就会打烊。有限营业时间使其无需在装潢陈列上过多投入。少数延长营业的店铺若非供应次鲜品，便是午后续补肉类。即便如此，这些店也可能在晚上七点就打烊了。

墨西哥同样存在次鲜烧烤。你在主流墨西哥餐厅可以吃到烧烤，但大多是用冷冻肉烤的。虽然这些餐厅不存在配送难题，但如同北卡罗来纳州多数餐厅，这种效率是以牺牲质量为代价的。

墨西哥还有一种烤肉方式（特别是猪肉）叫做"牧羊人式"（al pastor），是烧烤技艺的另一个变化版。肉用叉子串起来，然后放在一个侧面有炭火的直立烤炉中慢慢烤。牧羊人猪肉——一种迷你烧烤——可能烤一整天。这种技术类似希腊和土耳其的旋转烤肉（gyro），灵感来自阿拉伯饮食文化。在墨西哥，旋转烤肉方法最早出现在 1930 年代，由黎巴嫩移民带到普埃布拉，该地长久以来是墨西哥的美食中心。如今旋转烤肉已完全墨西哥化，对大多数外地人来说，它比更传统的墨西哥坑烤，还要像传统墨西哥料理。

传统烧烤比较好，还是机械烤出来的香？

人类都曾在历史上的某个时间点，开始用火煮食，食物也开始带了点烟火味。广义上的烧烤曾征服了世界，而如今不过是演变成许多不同的烹饪方法罢了。

今天在美国，很多烧烤餐厅现在已不在室外或室内烧一炉大火，而是采用容易控制的机械技术。员工可以高枕无忧地烤一晚上肉，知道温度和烹调速度有机器照顾，再也不需要守在餐厅监看烧烤过程。训练一个人操作机器，比训练他操作传统烤炉容易多了。午间前，肉类便能按预设程序完成烹饪。

机械烤炉有几种不同形态，通常肉被置于受控制的热源下，热力可能来自木柴、燃气或木炭。这三种燃料中，以木柴的地位最高，提供最佳风味但也最贵；燃气地位最低但最便宜。机械烤炉的主人，往往得面对用燃气取代木柴或木炭的诱惑。

烧烤也可以用熏炉（smoker），这种炉子是用装煤油或锅炉燃油的 500 加仑金属桶改造成的，里面安装摆肉的烤架。一个简单的熏炉可以卖到 1500 美元，更复杂的设备则高达上万美元。肉是摆在热源上方几英尺高的金属架上。这种熏烤炉温度不高，也不会产生明火。肉是同时用热气和烟两者慢慢熏熟。热力来源可能包括燃气、电、烟熏液、压力锅、密闭烤箱，甚至微波炉。

机械烤炉的诞生，促进了 1970 年代中叶及 1980 年代的烧烤复兴。

如今经营一家烧烤餐厅、加盟店，或甚至创立连锁店，都比过去容易多了。烧烤甚至打入了曼哈顿。现在，大多数都市区都有很多烧烤餐厅，通常全部采用机械烤炉。光是华盛顿特区，少说就有 15 个地方卖烧烤，虽然质量水平不如得州或更远的南方。机械烤炉虽然牺牲了美学与风味，却具备了流动性优势，至少普及了烧烤的概念，激发人们对传统技法的好奇。

对大部分机械化的烤炉来说，地方政府的监管不是大问题。质量合格的机械烤炉通常不会让肉或烤肉时滴下的油（两者皆易燃）接触到火，如果温度超过某个程度，烤炉也会自动停止工作，并发出警报。熟练的机械烤炉制造商已备妥文件，说明烤炉如何排烟，也有质量和安全验证，符合法定安全标准。烤炉食品已通过消费品检测，取得一切必要的证书。相较之下，传统烤炉完全拿不出这类证书，古老的露天烤坑就更别提了。

有"烧烤王"之称的迈克·米尔斯（Mike Mills）在拉斯维加斯拥有和经营的"曼菲斯冠军烧烤"（目前在同一城市有三家分店），是目前烧烤业现状的典型代表——餐厅内部一尘不染，员工形象专业，企业化运营，装潢讲究，每天以相当低的劳动成本生产大量烤肉。该公司的发源地，是迈克早年在伊利诺伊州南部经营的两家烧烤店；迈克被奉为传统烧烤技术大师，但他的事业版图更多靠的是现代科技。

随着机械化烧烤的普及，地域传统逐渐淡化。如今在卡罗来纳地区能轻易找到牛肉烧烤，而得州也可以看到猪肉烧烤。非核心城市的烧烤餐厅往往提供全国风味，例如，北弗吉尼亚州的 Willlard's 同时供应堪萨斯城、得州、圣路易斯及卡罗来纳风味，并明确以此为营销点，打造"一站式烧烤体验"。这类新派餐厅贩卖的是整体怀旧情怀，而非专精某派。其顾客群体虽来自各烧烤文化发源地，但光是单一地区的客源规模，不足以支撑全面的专业化经营。

长久以来，烧烤迷之间为了机械烤炉的功过争论不休。不过，用一点经济学原理，可能有助于化解争议。我们先来看两点事实。首先，许多著名的烧烤餐厅，尤其在美国南方，已改用机械化烤炉。尽管有些人会认为这些餐厅退步了，但更普遍的观点是它们都还很不错。

其次，有些烧烤纯粹主义者反对用燃气，认为这会给肉带来明显的燃气味。大名鼎鼎的烧烤师傅威尔伯·雪莱（Wilber Shirley）就认为放肉的位置很重要——传统烤炉是将柴火置于肉的下方，当肉的油滴到火上时，热力会减弱，使肉更柔软，而且肉上的脂肪有更长时间来增加肉的滋味。相反的，另一派则认为，柴火烤肉比较不规律，不能精确控制温度。传统或露天烤坑烹制的每道食物都有细微差异，这种不确定性可能使其达到更高风味峰值——无论其平均品质是否更高。

但是这样的辩论没抓到真正重点：重点不是用什么火，而是统计学上所说的"选择效应"（selection effect），也就是烧烤餐厅之间，存在着许多系统性的差别。比方说，传统烤炉餐厅较可能是手工作坊，较不可能是大企业。传统烤炉餐厅较可能有一位本身有多年经验，亲自在场指挥的老板，最起码也会有一位深受信赖的助理在场，并雇用训练有素和经验丰富的工人。传统烤炉比较难放任不管，否则无法确保整体质量维持在高水平，而且万一出状况，代价可能会是一场地方性悲剧，搞不好还会烧掉一个镇，而不只是得罪几个客人这么简单。因此，它必须有人随时监控才行。相反的，机械烤炉餐厅通常较企业化，可以服务更多顾客，也较可能用各种管理方法赚到钱。

此外，传统烤炉餐厅生产规模小，较可能开在乡间，吸引熟客与美食家上门；机械烤炉餐厅则较容易在城市或郊区立足，吸引较多随机上门的客人。不过话说回来，现在有越来越多的游客知道要找传统烤炉餐厅，就算要到偏僻的地方也无所谓。

传统烤炉餐厅很难走捷径，即使他们想这么做。他们没得选择，只能维持比机械烤炉餐厅更高的平均质量。与此同时，最好的机械烤炉餐厅如果真要用心把质量做好，确实可以做得非常好。

烧烤店，越来越像卖甜甜圈的……

北卡罗来纳州的列克星敦曾经有过这样一个对照实验：该镇有二十来家烧烤店，现在只有几家保留了传统烤炉技术，其他的先后在过去二十年间渐渐转换到机械烤炉，结果发现，并没有发生全面性流失顾客的情况。相反的，列克星敦的烧烤传统依然风行。谣传有些北卡餐厅保留一堆假木头来糊弄门外汉，但这个谣言没被证实。

纯粹主义者极力反对机械烤炉，有时极端到否定它们是"烧烤"，指责这些商家错把烘烤（roast）当作烧烤。

我自己并不排斥列克星敦的机械烤炉。这里的猪肉通常会涂抹味道很重的酱，掩盖了烹调方法。此外，传统烤炉的产品通常不是现烤现吃，可能会因为搁太久或在冰箱里存放过而有点干，而且未必总是热腾腾的，因为若拿去重新加热会使肉变得更干。换言之，就列克星敦而言，现代科技和经济效率对传统和机械两种烤炉的产品质量皆有限制。

何况，今天大多数美国人在家烧烤（其实是炙烤）都是用燃气，只消按几个钮或转几个表盘就行了。相较于传统烧烤得花上八至十二个小时，用燃气要快多了，也不必花钱买炭和点火液（两者都不便宜且不易操纵）。这种在家用燃气炙烤的习惯，也慢慢改变了消费者对产品的口味——也就是习惯了有点燃气味的烤肉。烧烤餐厅用燃气烹调，再也不是什么滔天大罪——甚至，根本不会被发现。

今天，有些烧烤餐厅变得很像甜甜圈店，尤其在大城市。各种卫生、消防和安全法规，使得传统烤炉更难以为继。真正露天、户外的烧烤店，在美国大部分郡县都是违法的。在烤炉上加盖铁皮屋顶，四周用纱门纱窗围起来，加上其他障眼法，虽然有助于餐厅规避法律，但使用这些方法之后，实在很难用可控制的方式烧大量的肉，也因此很难经营得下去。

拿蓝烟（Blue Smoke）餐厅来说，这是曼哈顿最早的烧烤餐厅之一，历尽千辛万苦才开成。光是申请手续就花了将近一年，其中最困难的，是证明餐厅有良好的排烟办法，安全无虞。蓝烟餐厅之所以能生存，靠的是服务上流社会的客人，这些人追求在曼哈顿吃传统烧烤的新奇感，并愿意花很多钱在饮料上。但大部分烧烤餐厅在相当小且低成本的规模上运营，不可能克服这种障碍。

在这样处处掣肘的环境中，传统烤炉不可能蓬勃发展。烤炉师傅的就业前景黯淡，消费者也渐渐习惯其他的烧烤方法，以致烤炉技术更难保持活力和发扬光大。

即使在乡间，法规也开始让传统烤炉更难经营。在整个得州南部，尤其圣安东尼奥市一带，牛头烧烤传统上是墨裔美国人的周日佳肴。早年，这道菜是在露天烤炉中烤十到十二个钟头，但卫生法规几乎排除了所有能做这道菜的地点。例如，得州拉雷多政府就规定，烧烤牛头必须用蒸汽压力锅代替传统的地下坑炉。不锈钢制的蒸汽压力锅更贵，结果是几家批发经销商取代了早期独立、业余生产的试验系统。买蒸锅和安装燃气管线的花费，以及伴随的保险规定，都增加了烹调成本，并使供应集中化。烧烤迷认为蒸汽技术远远不如坑炉烹调。遗憾的是，羊头烧烤的传统也在渐渐式微。上回我去圣安东尼奥（2009 年），问旅馆服务台工作人员哪里可以找到羊头烧烤，他却不懂我在说什么。这个烧烤传统迟早会完全消失，至少在美国。

酱料与佐菜，是美国烧烤的秘密武器

对烧烤而言，酱料和佐菜几乎跟肉一样重要。

在得州，烧烤酱不像其他地方那么重要（有时完全不用），其原料包括番茄酱、水、醋和肉汁。圣路易斯的烧烤酱比较辛香浓郁，以西红柿为底。北卡罗来纳州东部用清透的白醋酱，西部则用番茄酱染红烧烤酱。北卡罗来纳州南部用芥末酱，这个"芥末地带"贯穿南卡罗来纳州、佐治亚州、阿拉巴马州和密西西比州部分地区。南卡罗来纳州哥伦比亚市，是芥末风味的大本营。北卡罗来纳州部分地区和肯塔基州用一种稀薄的酱汁，味道像伍斯特酱。受美国管辖的关岛地区，用的则是洋葱、酱油和醋做的酸辣酱（finadene sauce）。

无论在美国哪个地区，烧烤酱（或粉）都可能含有很多成分，其中包括现成调好出售的烧烤调味料和调味酱、罗勒、红辣椒粉、芹菜籽、芫荽、肉桂、孜然、咖喱粉、小茴香籽、蒜头（通常剁碎）、生姜粉、芥末粉、墨西哥绿辣椒粉、洋葱、牛至、欧芹、红辣椒片、鼠尾草、龙蒿、百里香和白胡椒等；啤酒、百事可乐和伍斯特酱偶尔也会出现。烧烤厨师还试验过其他有争议的香料，比如众香子粉、月桂叶、丁香、柠檬皮和马郁兰。

烧烤酱及调味料通常被当作独门秘籍。它们是在一个友善但竞争激烈的大环境中，经一再试误研发而成的。大家不断试验新的配方，但新概念多半失败，较好的配方最后会进入餐厅，并影响其他的烧烤酱。好酱料往往来自很多人尝试发明新烧烤和烧烤酱的地方。

烧烤酱从来不是仰赖在地生产的食材。大部分的烧烤原料，都可以在食品杂货店买到。芥末、番茄酱和醋的重要性至高无上，视地区传统而调配。它们可以储藏，不讲究新鲜；事实上，有些烧烤厨师以使用预先调好磨成粉的调味包为荣，而不是使用新鲜香料。洋葱和蒜头通常买现成剁碎的，姜则是晒干磨粉，与中国或印度厨子喜欢用新鲜材料相反。

虽然如此，最好的烧烤酱还是无法销往美国各地。烧烤酱如果要制罐、装瓶和越过州界出售，成为美国国民食品网络的一部分，必须取得额外的管制许可。为了避免腐坏，必须添加防腐剂和化学品，才能够维持很长时间。除了需要管制许可，制造商还得面临万一酱料一两个星期后腐坏的责任问题。因此，最好的烧烤酱只供应当地使用，不配销全国。1948 年，亨氏（Heinz）食品公司推出第一个全国性烧烤酱，却遭很多传统烧烤迷鄙视。此外，大批量生产的烧烤酱往往不如小批生产的烧烤酱好吃；小批生产比较容易把控风味和质量，这正是顶级烧烤始终难以突破地域限制的重要原因。

佐菜也是一些美国烧烤餐厅的制胜武器。东南部的烧烤，最可能搭配卷心菜沙拉和炸玉米丸子。南卡罗来纳州和佐治亚州东部，则搭配米饭和肉末土豆泥；肉末土豆泥通常用猪肉和猪内脏来炖。弗吉尼亚州部分地区和北卡罗来纳州东部，常供应不伦瑞克炖肉，炖菜里可能包含野味、玉米、白扁豆、土豆和西红柿，组合方式各家不同；早年不伦瑞克炖肉是用松鼠肉做的。得州烧烤店可能供应土豆沙拉、孜然红腰豆、或甚至有德国酸菜或白吐司等搭配。

这些佐菜无一需要特殊的地区性食材，但有些佐菜（不包括白吐司）仍难以在全国范围复制，最主要是因为销往全国需要添加防腐剂。当烧烤餐厅是由一位在场的老板以手工作坊的形式经营时，佐菜最新鲜也最独特。因此优质佐菜与传统烤炉如影随形，虽然两者的质量在逻辑上多少有点互不相干。所以，与真正的炉烤料理密切相关的烧烤酱料和佐菜，明确解释了为什么最好的烧烤不能流传广远。

关于吃，最井然有序的结果，永远不是最好的

传统烧烤难以流传的法律障碍，大都与烟有关。从华盛顿州的环保人士到曼哈顿的公寓居民，大家都不喜欢吸太多烟。然而，各种烟熏食品的需求却在增长，如今上网订购高质量的熏肉很容易，

用联邦快递（FedEx）或优比速（UPS）就可以送到家。

也因此，低温慢烧的概念逐渐在美国高级料理中扮演重要角色。新机器掌握到传统炉烤的一些最佳特质，将之引进顶级餐馆，甚至是一般家庭里。真空低温烹调法，使很多食物可以用慢烧的方法烹调出来。你可以将食物放进一个真空密封的塑料袋，然后在精确控制的水槽中用低温煮熟。水和袋子基本上代替烤炉，如果做得正确，烧好的食物新鲜又美味。必要时，可以将食物冷冻储存，吃时再用慢火复热。

虽然使用不同的工具，真空低温烹调法复刻了烧烤的一些特点。袋中的水使食物可以均匀受热，代替拨弄和翻转烤窑中的肉。袋子封住肉汁，和烤炉的密闭效果差不多，而低温可防止肉变干。真空低温设备另外还有个好处，那就是让严格精确的烹调指示明确可行，助理厨师只要以某个温度加热袋子某段时间就行了。在名厨缺席的时代，这种设备确保食物味道一如预期。尽管如此，真空低温烹调法还是无法复刻烧烤的烟熏味道和酥脆质地。

开市客（Costco）有卖真空烹调形式的羊腱子（配迷迭香薄荷酱）；韦格曼斯和西夫韦两家超市的熟食部门也供应真空烹调食品。真空低温烹调法目前在顶级餐厅很普遍，一台良好的家用真空烹调机，售价 500 美元以下。

另外，许多异国料理餐厅也在烧烤的推广上助了一臂之力。有些古巴和菲律宾餐厅，如果提前通知，可以代客烧烤一整只当地风味的猪。传统的印度泥炉，则是用炭火（有些用燃气）高温烹调食物。巴西串烧（churrasco）是把肉串在扦子上，摆在明火上炙烤——美国大部分主要城市和郊区都可以找到巴西炉烤馆。孟菲斯闹市区的超人气餐厅之一，是巴西炉烤连锁店 Texas de Brazil，这家店的特色是改良了传统烧烤，而且他们的烤肉质量甚佳。并且意料之中的是，他们比美国其他地方的巴西炉烤馆更强调肋排。Fogo de Chao 是另一家巴西炉烤连锁店，在圣安东尼奥闹市区有一家大型分店。同样，它挑起是否应将其视为一种离经叛道的烧烤形式的质疑。这些菜肴的原始灵感来自阿根廷和巴西乡间，烹调方法接近传统烧烤。

烧烤纯粹主义者也许反对其中一些发展，认为它们不是"真正的烧烤"，但这种看法其实是被误导。1999 年，得州州议会投票通过洛克哈特市为得州烧烤首都。美食家钟爱这个地方，但洛克哈特市的烹调方法并非总是低温慢烤，它的烧烤方式是在传统烤炉中烤优质的肉，但通常是高温快烤，尤其是香肠和牛肩肉。洛克哈特烧烤源自德国，混了一点墨西哥血统，就像这个地区一样，分布着许多德国名字的城镇。

肯塔基州部分地区烤的是羊肉。巴尔的摩市有一种独特的烧烤——"炉烤牛肉"。不同于大部分烧烤，这种牛肉是炙烤，而非烟熏。除此之外，牛肉是半生的（全熟在烧烤世界更为普遍），肉的部位是后腿而非前胸。肉先切成薄片再烤，再度异于烤大块肉的典型烧烤做法。最后，这种传统是用芥末酱为主要调味料，上面还铺着白色生洋葱。这些烧烤店很多是开在一条特殊道路上——普拉斯基（Pulaski）公路，左邻右舍看起来是妓院和鱼龙混杂的舞厅。根据大部分死忠粉的说法，这也算烧烤，但也再度引起什么才算是正宗烧烤的争论。

关于食物，我们学到重要的一堂课是：最可预料和最井然有序的结果，永远不是最好的，它们只是更容易描述而已。流行与风尚是井然有序的，路边摊和烟火不是。

食物世界是美味而杂乱无章的，充满五花八门的风味，有时，还冒出美好古老的烟。

第六章

不容错过的亚洲美食

在亚洲，吃是个永无止境的话题

——

只要花点功夫

你或许能把几乎任何一家中餐厅

变成一家还不错的餐厅

　　世界上大部分人住在亚洲，世界上大部分食物是亚洲食物，因此，接下来把我们的注意力转移到亚洲食物是合理之事。假如我们想了解如何取得好食物、可能遇到什么障碍，不能不谈到亚洲食物。

　　亚洲文化特别重视食物。亚洲人的社交关系是围绕着饮食建立的，食物对亚洲人而言，不是那种一边做其他事情一边囫囵吞下的东西。去一趟中国香港或新加坡，你多半会听到人们热烈建议你去哪找最好吃的东西。食物在那里和天气一样，是一个永无止境的话题。每回去亚洲，我总感觉他乡遇故知。在那里，每一餐饭都重要。

　　有时候我会连着几个月——真的就是好几个月——只想吃各种亚洲风味，或者更准确来说是美国亚洲风味，毕竟我主要生活在美国。但这事可不容易。就算你是个懂行的，亚洲菜也容易让人犯迷糊、觉得难应付，要么太辣，要么有些食材实在难以下咽（我敢说没人会喜欢美国中餐馆里的海参）。所以该怎么办？要如何才能吃到亚洲美食？

　　中餐这事儿——尤其在美国——特别棘手。我打算把这部分留到本章最后。让我们先从越南菜入手吧！

首先，来谈谈越南佐料

我爱美国的越南菜，也爱加拿大的越南菜，加拿大的亚洲食物几乎永远在一般水平之上。就烹饪方法而言，越南菜很适合跨越国界，大部分北美洲的越南餐厅都是以越南顾客为主，这也是越南餐厅能够维持相当高标准的原因。

吃越南菜的重点，在于使用蘸酱和佐料。你不必事先全部搞懂——很多酱料只有摆在眼前才能让人辨清差异，而这些小碗碟总会出现在你手边。只管大胆尝试，主动询问用法比死记硬背调料搭配重要。各位食客，你需要放下身段，开口提问。

其中，一种很重要的佐料是鱼露，用青柠汁、鱼酱、糖和水调制而成；有时加上胡椒或胡萝卜丝或蒜末。鱼露是越南菜中最接近万能蘸酱的东西。我喜欢浇在碎冰上，用来蘸春卷，或淋在粉丝和越南虾仁豆芽薄饼上。另外，花生蘸酱是很多牛肉类菜肴的佐料，通常用番茄酱、花生酱、糖、芝麻、蒜头、沙拉油和一点猪肝和猪肉等食材做成。

使用这些调味品攸关美味，但你不必花脑筋记住细节，开口问服务生，他们会告诉你怎么做。如果服务生英文不灵光，他们会示范给你看。你只要把桌上的蘸酱和佐料拉到面前，指着它们，必要时打开盖子，做出困惑的表情，就可以了。

如果你不按这些蘸酱、小菜和佐料存在的目的使用它们，你的越南餐肯定比它原本应有的味道差很多。食物不是太干，就是太不协调。

第二个重点是：如果你点的菜不需要用到蘸酱、小菜和佐料，那你就点错菜了。你很可能吃到某种淡而无味的亚洲食物，也许不难吃，但跟有些带点越南特色的普通中国菜差不多。多数越南餐厅——即便是相对正宗的——菜单上都充斥着中餐选项。这恰恰是文化真实性的体现，毕竟越南本土的确有大量华裔群体，但我们何必纠结于此？在越南餐馆点中餐注定难以获得最佳体验。

当你能熟练运用各类蘸料配菜时，才算真正入门，这也符合在美国觅食的底层逻辑。观察这些配料的成分表会发现，诸如鱼露等核心原料都具备耐储运特性——这正是确保风味稳定的关键。正确搭配下，你将体验到甜、酸、鲜、涩的层层递进，偶尔夹杂一丝恰到好处的苦，构成完整的味觉拼图。

越南菜不曾在美国大受欢迎，美国是有很多越南餐厅没错，但顾客主要还是越南人。在我住的华府一带，我发现越南菜正从主流地位撤退。乔治城的越南餐厅不是生意变差，就是关门歇业，很多设在郊区的越南餐厅也已关门或缩小规模。相较于有"完整菜单"的越南餐厅，有一些卖越南三明治和汤面（Pho）的店（主要做午餐生意），倒是成功地扩散到非越南人聚集区。谈到汤面，里头混合了牛肉、面条、青菜和香草，可是道美好的午餐点心——别忘了加点佐料，尤其那瓶红色东西，能让汤面更辛辣，还有，挤点青柠汁。

　　大部分的越南食物无法蹿红，是一个值得玩味的现象，因为越南食物鲜少令美国人的味蕾不舒服。大部分的越南食物一点也不古怪，起码出现在美国菜单上的越南菜一点也不怪（北越人有时被指控爱吃狗肉）。越南菜甚至明显受到法国影响，你可以从越式三明治及法国棍子面包配咖喱的吃法看出来。照理说，越南菜应该更受欢迎才对，虽然对一般美食家而言，受欢迎可能意味质量下滑。

　　越南食物打不进大众市场，我猜想很可能是因为大多数人从未搞懂那些小菜、蘸酱和佐料的用法。而且很多人不愿开口求助，尤其当言语不通的时候。而没了那些蘸酱和佐料，越南食物之美就不大明显了。

　　我想鼓励美食家们多试试北美洲的越南菜。这些菜鲜少太古怪，也从来不贵，而且大部分非常健康——较少依赖油和油炸，不像很多中国菜。记住：重点在蘸酱、小菜和佐料。一旦你习惯这些调味料，你对越南菜的喜爱可能与日俱增。

正确的泰式烹饪，是件很严肃的事

　　不同于越南菜，美国的泰国菜变差了。它变得更甜——放了太多精制糖的那种甜腻——而且味道更淡、更不可靠。从绝对数字来看，现在优秀的泰式餐厅比过去多，但我不敢替目前泰国菜在美国的平均质量担保了。

泰式餐厅靠不住，部分原因是它们太容易把菜烧得太甜。咖喱常煮得太甜，泰式炒河粉也是，通常倒进太多精制糖（顺便一提，很多人以为泰式炒河粉是传统泰国菜，但它其实是相当晚近的发明，始于"二战"期间，不是所有泰国人都喜欢）。最好的甜泰国菜是甜中带酸，用凤梨或糖醋调味，但整体而言，泰国菜仍然偏甜，鱼露、虾酱或白胡椒粉放得太少。

泰国菜的第二个问题，是泰国人的服务精神太好了。不论在泰国或其他国家，我好像从来没有被一家泰式餐厅的服务生或带位小姐无礼怠慢过。餐饮环境中的泰国人总是殷勤礼貌（相较之下，言语不通的越南服务生经常搞不清状况或显得毫不在乎），这使得泰式餐厅比较容易获得大众青睐。

泰国菜看起来也健康。盘中堆一些河粉，或摆几块豆腐，或在菜肴上撒几根豆芽。泰式烹调很适合西蓝花和其他青菜，也很适合海鲜——比如全鱼，不管怎么烧都好吃。很多素食者看到蔬菜咖喱都会蠢蠢欲动；素河粉通常和有肉或海鲜的荤河粉一样好吃。再加上泰国菜的颜色很漂亮，绿、红、黄、橙五彩缤纷，摆在素色盘子上，看起来鲜艳夺目。

简言之，我认为泰国菜的问题是：它变酷了。这个趋势始于加州，1980 年代，一身黑衣的年轻人开始大批出现在好莱坞的泰式餐厅。这种风气蔓延开来，去泰式餐厅吃饭的美国人似乎比去中国餐厅吃饭的时髦。但事实是：时髦人未必有高超的食物鉴赏力。

泰式餐厅有两个最糟糕的发展，一个是出现大型酒吧和很多饮料，另一个是卖寿司。两者都显示这样的餐厅不认真看待食物，别进去。

不过，如果一家泰式餐厅以某种方式宣传自己为泰华料理，倒不是坏兆头。好莱坞部分地区有很多这类餐厅，特别是东好莱坞，那是全美国吃泰式料理最好的社区之一。泰华料理也许听起来像是在迎合大众，但通常这个词有不同的意义。它意味着在泰国境内食物分两大类，一类跟中国的少数民族有关，另一类无关。此类餐厅是在标榜自己与泰国华人文化有某种联系，主要是讲给泰国人听的。

一个了解泰式料理和泰式餐厅的好办法，就是研读戴维·汤普森（David Thompson）的《泰国菜》（*Thai Food*）——一本公认的最好的泰国烹饪书。你不必买，去图书馆借来看即可。事实上，你不必真的仔细研读，读十分钟应该就有概念了。随便翻到一页，尝试理解上面的食谱。甚至，想象一下自己按食谱做一道菜。

你会注意到两件事。首先，每一个食谱都涉及很多不同的步骤和食材，往往多达 30 个。其次，大多数食谱会要你参考其他食谱，例如做咖喱酱的食谱。后者本身往往错综复杂并牵涉很多手工步骤，而且常使用晦涩难解的食材。

我在写这段时，信手翻到了写咖喱鱼肠食谱那页（第 305 页），开头第一句就特别反讽："知道可以在中国食品店买到现成瓶装的鱼肠，真让人松口气。"显然，不是每个人都能松口气，而且"取得鱼肠"还不是最难搞的部分。这道食谱，包含 10 项食材，其中最冷门的是白色姜黄（不过似乎可用可不用），伴随的咖喱酱牵涉到 12 项食材，除非有很好的亚洲或泰国超市，不然很难买到。这还没完，其中一项原料是虾酱，制法在第 177 页。如果你想做真正的虾酱，需要不断拍打虾肉、裹上层层纱布并发酵长达六个月。照理说你还应该加半杯煮过的咸鱼，咸鱼的制法在第 176 页。你得用力将盐揉进鱼身，腌上一夜，然后在太阳下暴晒两天。食谱警告说："必须用品质最好的盐。"

懂了吗？正确的泰式烹饪，可是件很严肃的事。

有时我认为，汤普森这本书"陈义过高"了点。他另一本《泰国街头小吃》（ *Thai Street Food* ）还比较容易做。我做菜，比大多数人都认真，而且我家附近就有一家泰国超市，但我就是达不到这本书的要求。要跟着最好的英文烹饪书烧四川菜、越南菜或印度菜，我都没问题，我也能做出像模像样的绿咖喱鸡，但汤普森会让你觉得这种咖喱，只是雕虫小技。

多年来，我最喜欢的美国泰式餐厅是 Thai X-ing，我希望当你读到这本书时它还在营业。老板名叫托·威格史塔布特（Taw Vigsittaboot），来自泰国南部，餐馆是他家多搭出来的一间房。这个馆子自开张以来，大部分时间只有一张桌子。2009 年我去过之后，他们开始有了两张桌子，接着是三张。通常店里有厨师——就是老板本人——和员工一名，负责点菜和收账。他们只做晚餐，不做午餐。

这家小馆坐落在城里一个比较便宜、有点衰败的街区，叫做肖尔区（Shaw district，接近佛罗里达大道、U街和第六街交叉口，确切地址是西北区佛罗里达大道515号）。

如果你是临时起意要去，你可能会进不去，就算有位子，你可能还是得等两个小时以上才吃得到东西。原因之一是，这位老板烧的菜很多都是从头做起，他是汤普森食谱活生生的版本，甚至再加一等。这就是为什么，你必须提前一天以上点好菜，否则你可能根本不该去，因为你会在那里枯坐几个小时——假如你能找到一张空桌子的话。

这是泰国菜应有的烧法，但当然不是我们平常吃的泰国菜，尤其当烹调对象是更广大的客群时。这也是为什么，很多泰国菜流于过甜腻的原因。正确的复合味道，很难随叫随到。

有一年托告诉我，一个叫做美食频道的电视台联络他，想请他上节目，但他不确定他是否想去，因为他烧菜忙不过来，而且他已经有足够多的顾客了。"试试看嘛。"我说，企图在我看到需求的地方增加供给。他重复一遍，他忙死了，不感兴趣。（不幸的是，这本书完稿之际，我又去了趟这家餐馆，发现它已扩张，多添了几张桌子，食物有显著退步的迹象，我点的菜，约莫只有之前一半好吃了。）

关于泰餐，我有一个大胆的假设

如果你在寻找好吃的泰式料理，试着找类似 Thai X-ing 这样的餐厅——有个特立独行的厨师，习惯在较小的规模上烹调；或者，找一个肯接受特殊要求的厨师，这表示菜肴是从头做起（或多或少），并以正确烧法进行（或多或少）。如果你提出要求，很多泰式餐厅会答应，虽然你可能需要很坚持，才能找到适当的人来了解和执行你的需求。"泰式烧法"和"泰式辛辣"，是有用的两个词；而"非常辛辣"一词则不理想，它会给你烙上不懂装懂的印记。最后你可能吃到的是标准菜肴的非常辛辣版本，辣不是问题，但不会使菜的味道更丰富和更细微。

我也发现，别人推荐的泰式餐厅不怎么靠谱。你得拒绝错误建议的信息循环，找出一两家愿意跳出窠臼的泰式餐厅。一旦找到，我认为不管你点什么都无所谓——几乎所有东西都好吃，你可以不断回头，一去再去。我生命中不需要很多好泰式餐厅，但我确实需要一些能抓到要点的地方；在美国的多数大都市区，你都能找到这样的地方，花点工夫一定找得到。

我曾在泰国待了三周，发现了一个令人着迷的饮食天地。在那里，中等水平的泰式餐厅也许比你在美国吃的中等泰国餐食差，但最好的泰国菜却好得惊人。花点时间和泰国人聊聊，听从他们的建议，你会有很大的收获。这个国家有很多人对于某个餐厅或小吃摊的食物好在哪里或坏在哪里，有自己的深入思考。

在继续谈下一个亚洲食物之前，我想提出一个关于北美洲泰式料理的大胆假说。我不能证明它，但到目前为止它没让我失望过。这个假说是：去汽车旅馆的附属泰式餐厅吃饭。

这个建议听起来古怪，因为大多数人不会把泰式餐厅与汽车旅馆联想在一起。但你会发现，这样的组合其实零星散布在加州圣罗莎市和加拿大艾伯塔省埃德蒙顿市等地。

我认为这是有道理的，原因有二：首先，如果餐厅附属于汽车旅馆，通常不必付额外店租。当一个泰国家庭已拥有旅馆，开餐厅是副业，就不必靠迎合大众口味或压缩服务成本来付昂贵租金。如此，你也更有机会以较低的价格，吃到相当地道的泰国菜。

其次，这种餐厅多半是家族经营。从常规商业逻辑看，结合泰式餐厅与汽车旅馆实在没什么道理，但这正是关键所在。不同于加油站和洗车店的搭配，也不同于咖啡厅和书店的经典组合，住汽车旅馆的人，未必特别爱吃泰国菜。但泰国人经营的汽车旅馆与泰式餐厅之间，很可能拥有一个共同点：背后都有一个勤奋努力、力争上游的泰国家庭，而且家庭成员中刚好有人的厨艺不错，这恰恰是你寄期望于一个优秀泰式餐厅的特质。

想吃好的日本料理？赚更多钱就行了

讲到日本料理，当然少不了寿司等一系列日本知名美食，但让我们先从一些基本原则谈起。

与本章讨论的大部分料理比起来，日本料理有两个不同之处。首先，日本是一个高收入国家，因此，日本人大量移民美国，并不是为了逃离贫穷。很多来美国开餐厅的日本人，偏爱高消费地点，他们不想靠低廉价格和大量家庭劳力做生意。其次，大多数日本人来自城市，只对都市生活较熟悉。他们尤其可能移居到美国的主要城市或靠近这些城市的地方，例如新泽西州的利堡，不像其他亚洲移民，大部分聚集在偏远郊区。

这两个特征，也使得日本餐厅不同于很多其他亚洲料理。首先，真正的优质食物，通常不便宜。其次，最好的日本餐厅几乎总是开在大城市，而不在郊区。大城市意味着更高的租金，这是真正的优质食物不便宜的另一个原因。除此之外，很多优质日本料理需要优质食材，尤其是优质海鲜，无论是否拿来做寿司。总之，真正的优质日本料理不便宜。

因此，美国的日本餐厅存在一个相当简单的均衡状态。大城市如纽约、洛杉矶、芝加哥和旧金山，都有一流但非常昂贵的日本料理。在这些地方吃一餐，不论是否包含寿司，都能花掉你200美元。你可以找到比这些餐厅稍微差一点的选择——不算最顶尖但还是很棒——价格在 100 美元左右。

价格往下一些，则是成千上万家略逊一筹的餐厅。如果我是严格的美食家，我可能觉得这种等级的日本料理都不值得光顾，还不如在家吃沙丁鱼，省下钱来等下回挥霍在更好的日本料理上。

但我只是普通的美食爱好者。我家附近没有大型日本社区，所以我常去的，都是普通的日本餐厅，通常是为了以下的理由：为了跟朋友聚餐；就算是二流的寿司也还是对我的腰围很有帮助；为了提醒自己什么是真正的好东西；为了满足我对日本风情的喜爱；就算是次等白金枪鱼寿司仍然十分美味。这些理由足以让我不断光顾这些日本餐厅，就算我知道就食物而言，我不会百分之百满意。

日本餐厅中，很少有尚未发掘的璞玉。问题在于你愿意花多少钱，以及你的钱包允许你多久去一次。一分钱一分货，如果你想吃更好的日本料理，不必浪费时间去打听什么探店秘籍，先去赚更多钱比较实在。仅此而已。

觉得巴基斯坦危险？难怪你吃不到现烤馕饼！

一般来说，美国的巴基斯坦菜比印度菜好吃，而且好很多。

这两种餐厅里，很多核心菜肴差别不大。美国的印度料理很多源自印度西北菜系，因此你会发现印度餐厅和巴基斯坦餐厅的菜单有大量重叠。你不可能在巴基斯坦餐厅，吃到南印度菜系的玛莎拉薄饼（masala dosa）或孟加拉芥末咖喱，但你能吃到烤肉（tikka）、鹰嘴豆、菠菜泥、美味的饼和各式各样的咖喱。他们也供应很多美国印度餐厅都会卖的主菜，但不是"印（度）西（方）合璧"的那种，例如奶油鸡，而是像"haleem"一类的特殊菜肴，这是一道用肉、扁豆和香料小火慢炖的菜，质地平滑如糨糊。haleem 在印度部分地区也很普遍，但美国的印度餐厅不愿做这道菜，因为它黏糊糊的卖相不好，味道辛辣，还会招致消化不良的风险。一般而言，巴基斯坦餐厅比较可能使用新鲜香料，而非现成混合好的调味料，因此巴基斯坦菜口味更重，对我这个食客来说也更好吃。

为什么美国的巴基斯坦菜会变得比印度菜好？我认为与文化联想有关。很多美国人听到"巴基斯坦"，会想到本·拉登（Bin Laden）、无人战机攻击、恐怖主义、丹尼尔·珀尔（Daniel Pearl）[1]和贩卖核机密。对国际新闻较关心的人，也许还会想到汽车炸弹在卡拉奇爆炸和军阀割据的内战。而当美国人听到"印度"，更有可能想到甘地、"世界上人口最多的民主国家"、曾与披头士一起演奏的西塔琴大师拉维·尚卡尔（Ravi Shankar）。他们可能看过一些色彩明艳、载歌载舞的宝莱坞电影。

这些印象是否公允、有没有代表性并不重要，重点是：巴基斯

1　2002 年担任《华尔街日报》（*Wall Street Journal*）南亚新闻中心主任期间，于巴基斯坦遭到绑架和斩首。

坦的形象会让很多对吃外行的人退避三舍。这也就意味着：你应该去巴基斯坦餐厅，甚于去印度餐厅。如我前一章谈到的，对餐厅而言，顾客的素质通常比厨子的素质重要。我不相信印度厨师的厨艺不如巴基斯坦厨师，但他们能够发挥的空间相对有限，除非他们的顾客绝大多数是印度人——就像新泽西州爱迪生市附近的印度餐厅。

你也会发现，巴基斯坦餐厅比较可能在墙上挂宗教画像，或令人想到伊斯兰教的东西，例如麦加的照片。这是另一个优点，装潢越积极凸显宗教信仰，通常食物越好。很多巴基斯坦餐厅也不愿卖酒，这点让美国人不喜欢，但能使餐厅更重视巴基斯坦顾客，有利于食物的质量。

巴基斯坦顾客对饼的水平要求较高，进到巴基斯坦餐厅，常会让你枯坐二十分钟，等待完全现做的饼。美国的印度餐厅，则比较可能端给你一盘老早做好并搁在那里的薄饼（naan）。如果你想在印度餐厅点薄饼，要吃到新鲜薄饼最好的技巧，就是点别人最不可能点的口味，因为需要现做。如果餐厅让你久候，你应该高兴才对。

我爱吃印度菜，在印度旅行让我吃到一些生平（不论何时何地）所吃过最好的印度美食。印度的素菜特别好，你可以吃全素，且不必牺牲品质或多样性。每一个地区都有很多特色菜肴，是你不可能在其他地区吃到的，在美国当然更不可能。对于任何有西方水平收入的人，印度是世界的美食天堂之一，尽可能快点去吧。虽说如此，近年来我几乎不进美国的印度餐厅，尤其当附近有巴基斯坦餐厅时。

　　美国印度餐厅的平平无奇，原因跟泰式餐厅一样，是印度菜的流行以及流行所导致的餐厅迎合大众口味造成的。不过话说回来，这个趋势虽然不幸，倒也带来一些正面结果。印度餐厅市场越大，就有越多人下海创业。十五年前，在我住的地区，我必须开车去杜邦环岛唯一一家餐厅吃印度卷饼，然后等老板娘花四十分钟帮我做。如今，我可以找到几十家在卖印度卷饼的餐厅。

　　吃印度菜，我有以下几个原则：当你看到一家印度餐厅，不论是完全或局部供应印度地方菜，多半值得光顾。凡是招牌上写着南印度菜、克什米尔菜、孟加拉菜、祆教菜及其他各种地方菜的餐厅，你都应该尝试；很多巴基斯坦餐厅通常不会卖这些菜系。或者，如果你在一家标准印度餐厅，最好点地方特色菜而非奶油鸡。同样的，理由很简单：越少人听过或越少人可能有正面印象的菜肴，越可能是为了吸引相对消息灵通和经验丰富的食客。

　　孟加拉餐厅又如何呢？大部分孟加拉人经营的餐厅（数量不少）自称为印度餐厅——同样是为了吸引更多顾客。实际上，它们的确是印度餐厅没错，只是他们较可能供应一些牛肉类的咖喱菜肴，不企图复制在孟加拉国内可能看到的各式鱼类菜肴。如果你发现一家餐厅刻意标榜自己为孟加拉菜，不妨一试。或者，如果你在一家自称"印度"餐厅的菜单上看到一道孟加拉菜（例如牛肉咖喱），也不妨试试看。这里我一再重复的建议是：尽量避开那种在美国已经日益标准化的印度料理。

美国的韩国餐厅，为什么全都贵得离谱？

　　这是一个不容易谈的话题，因为大多数美国人不喜欢韩国料理。他们喜欢某些韩国食物，比如烤肉饭里的甜口牛肉或换个亚洲国家也能吃到的饺子。但他们不喜欢更强烈的韩国口味，很多韩国菜会用蒜头、红辣椒、泡菜、更多红辣椒、芝麻、更多蒜头、内脏，还有那怪模怪样的海鲜锅，里头有张牙舞爪的八爪鱼，触角上还滴着血红辣椒汁，冲击你的五脏六腑。很多蔬菜是经过腌渍和发酵的。它不像很多中国菜、印度菜和泰国菜那样吃起来柔和滑顺，吃得你通体舒畅。但我认为，韩国料理自成一派，其独特性也许甚于其他任何料理。这也许就是为什么，随随便便一家装潢简陋的韩国餐厅，随随便便一道你从未听过也不觉得诱人的菜，动辄要价 30 美元以上。它们凭什么？食物不是应该好吃吗？异国料理不是应该人人吃得起吗？

　　年纪越大，我越觉得韩国料理耐人寻味。在探寻美食新境界这件事上，我从韩国菜得到新启示的次数，几乎多过其他任何料理。但我有点犹豫是否要在本章写韩国料理，因为在我内心深处，我怀疑这本书的大多数读者可能不会真正喜欢它。不过，如果你敢尝试的话：

　　首先，你会找到你喜欢的韩国料理，譬如前面提到的烤肉饭。我喜欢烤肉饭，但不是发自内心地爱，它不足以引诱我上门。你也可以试试海鲜煎饼，蘸一点酱，还有各种石锅拌饭，将米饭、蔬菜也许还有肉放在碗里，拌入甜辣酱。

探究韩国料理的途径，是经由蔬菜。如果你能欣赏腌渍、发酵和泡在红辣椒水里的韩国泡菜，你就能欣赏其他很多韩国美食。不妨去逛逛连锁韩国超市，比如韩亚龙（H Mart）或乐天广场，买一些腌渍的菠菜、豆芽菜等其他你能找到的腌菜。

你只用继续吃那些韩国腌菜。迟早有一天，你不是放弃，就是上瘾。如果你上瘾了，就向韩国餐厅进军。经过一些摸索和实验，你会感觉自己来到美味天堂。

不用花太多心思寻找好的韩国餐厅。只要你喜欢韩国料理，大部分餐厅都不差。重点寻觅地方性或特色菜肴，如山羊肉料理、韩式粥、南瓜汤等。别点超过 20 美元一道的任何菜肴，没必要点那么贵的菜，因为如果你喜欢韩国料理，有很多更便宜的菜会让你喜欢。

如果你放弃韩国腌菜，好吧，其他的韩国料理也不用试了。

菲律宾菜，还有很多潜在宝藏

美国的菲律宾餐厅少得可怜，至少相对于住在美国的菲律宾人数（约在 200 万至 400 万之间）而言。菲律宾人很可能是仅次于华人的美国第二大亚裔群体，但根据一项统计，全美国只有 481 家菲律宾餐厅，约为中国餐厅数的 1%。

我吃过的菲律宾家常菜十分可口。我也听过可靠的报导：菲律宾购物中心有很好的美食街。不过，与其他许多亚洲国家相比，菲律宾人在美国并无特别强的餐饮业；也许因为他们重视在家吃饭，也许那只是一个难解的文化之谜。菲律宾的马尼拉购物中心有很多餐厅，不过却以拥有很多非菲律宾快餐闻名。菲裔美国人也似乎相当容易改变饮食习惯，改吃非菲律宾食物；也许因为菲律宾食物本身受到过中国和西班牙的强烈影响，给他们提供现成管道，通往非菲律宾料理。

很多美国最好的菲律宾餐厅，落脚在洛杉矶和旧金山。虱目鱼和炖牛尾——越浓越好——是体验菲律宾料理的首选。菲式卤肉（adobe）巧妙运用酱油和醋，酸香开胃，虽然有些食客（不是我）嫌它太酸。餐馆卖的菲式春卷（lumpia）通常不够新鲜，因此我不推荐在大部分公共餐厅点这道菜。我最喜欢的菲律宾菜是在弗吉尼亚州北部的一家药妆店，老板在柜台后面偷偷卖一些菲律宾家乡菜；我是住在药妆店隔壁多年以后，才发现这个秘密的。

总结一句话：菲律宾料理有很多尚未挖掘的宝藏，因此你最好结交一家菲律宾人，或去菲律宾乡野纵深带旅行。美国的菲律宾餐饮业不发达，我也看不出未来二十年会有变化。

那是中式炒面，还是加了酱油的意大利面？

根据专业期刊《中餐通讯》(*Chinese Restaurant News*)，目前美国有超 43 000 家中国餐厅。这表示：中餐厅数目是麦当劳店的三倍多！

不过，中国人可能会说：其实没有所谓的"中国菜"，而是有很多"中国地方菜"。此外，"中国菜"在世界上每一个国家，都有不同的版本。以下是一些中国菜做得相对不错的国家：

坦桑尼亚

印度

加拿大

马来西亚

这些选择相当多元，不是吗？事实上，它们之间有一个贯穿其中的共同脉络。首先，经营餐厅的华人，与"正宗"中国菜有比较强的联结，不论这个"正宗"的中国菜来自中国或新加坡。其次，这些餐厅都会以吸引华人顾客为目标，也可以说，他们的目标客群是经验老到、深谙中国菜的人。

下面列举一些中国菜通常做得较差的国家：

意大利

德国

哥斯达黎加

阿根廷

智利

这些国家本身就有很多美食，但不具备上述两个条件。德式中餐淡而无味，淀粉多，一大堆肉浸在无趣的酱汁中，大都以保守的德国食客为目标客层。虽然在一些德国大城市中——那些主要服务于德国精英的地方——你仍能找到不错的中餐馆，但总体上，德国的中餐大都令人失望。

意大利的中餐厅往往把中国面食当作放酱油的意大利面处理。哥斯达黎加首都圣荷西有一个中国城，当地的中国移民可以追溯到19世纪末，很多人似乎已完全丧失对中国食物的集体记忆，尽管他们能做出介于炒饭和传统哥斯达黎加菜肴之间的混合料理。

拉丁美洲是另一个中国菜乏善可陈的地方，巴拿马除外，因为巴拿马城地处国际交通要塞，曾有大量中国商人和商船注入。在北半球，你吃到好中国菜的地点是加拿大或加州主要城市的郊区。遗憾的是，美国必须列入中国菜整体不佳的国家之列。

长久以来，华人聚集的中国城为优质的中国菜创造了低租金环境，是品尝中国菜的好地方，但斗转星移，如今郊区商店街变得更重要了。现在，大多数中国城租金昂贵，专为游客吃中国菜而设（旧金山尤其如此），加上很多华人为了更好的学校体系而搬到郊区，如今中国城愈发冷清。因此，你必须去中国人聚集的城市边缘，如纽约皇后区的法拉盛，才能吃到好吃的中国菜。

我最喜欢的弗吉尼亚州中餐厅，是"老刘火锅城"，隔壁是一家巨大杂乱的廉价商店（叫做 Unique），店里的扩音器只用西班牙语广播（它也在"长城"超市隔壁）。由此我推断，"老刘"应该只给很低的租金。

湘菜、川菜、粤菜，怎么挑选？

在美国，大多数中餐通常被归为粤菜、湘菜、川菜等主要类别，此外你会看到很多菜看标榜宫廷、北京和上海菜式。但总体来说，这些名称颇具误导性，就像你千万别以为一家标榜卖"湘菜"的餐馆，供应就是正宗湘菜。让我说得更具体些：

湘菜：湘菜中有一些最美味的中国菜，如红烧肉，是我喜欢烧的菜之一。湘菜本身是一个复合概念，由一些地方风味组成，但整体而言可以用辛辣、有点油来形容，味道则比川菜更纯净和简单。

尽管如此，在美国挂"湖南""湘菜"招牌的餐厅，99%以上都没卖几样正宗的湖南菜肴。"湖南"两个字一出现，通常表示这家餐厅卖甜甜的、黏黏的、有很多酱汁的菜，与真正的中国菜差十万八千里。如果你真想在美国尝到接近真正湘菜的食物，我认为最好的选择是自己煮，或去一家正宗的四川餐厅，很多川菜馆的菜单上有一些不错的湘菜。

川菜：美国有两种川菜馆。第一种，就像上述湘菜馆，招牌上同时标示"湖南"和"四川"，而且有些招牌上的"四川"一词还维持"Szechuan"的旧拼法，而非"Sichuan"的新拼法。同样的，快闪。双菜系招牌，不是一个好指标，你充其量只能吃到风行于1986年的美式中国菜。

第二种川菜馆，是（或多或少）地道的四川菜，也是美国最好的中餐厅，菜品质量通常较高。我去过几十家这类餐厅，家家值得光顾。辨别这些餐厅的好坏，可以参考以下指标，如：用中文写的菜单（不是每一家都有）；用中文写在黑板上的特别推荐菜；担担面、很多菜肴会用"麻辣"调味（即花椒为主要调料之一）；五花肉、桌上有黑醋；宫保菜肴干爽少汁，酸辣口味；还有凉面。此外，顾客如果多是中国人，也是个好指标。

川菜馆之所以如此出色，还有一个重要原因：川菜的特点主要在调味料，包括辣椒，但更特别的是花椒。除了几年前美国政府禁止花椒进口的威胁外，这个小小珍宝在美国供应无虞，你可以在一些较好的中国食品杂货店买到。我家厨房有一大堆，它们绝对可以存放几个月甚至几年。任何时候我想做一道美味的川菜，只要炒热几粒花椒，把它们磨碎，混合一些现磨的黑胡椒粉、料酒和酱油，淋在我喜欢的蔬菜上（通常是芦笋或四季豆），用花生油快炒几下，就大功告成了。你可以用花椒做很多东西，它们出了四川省仍然美味，也很容易处理。基于同样理由，只要具备最起码的烹饪技术，就可能在你自己的厨房复制出一些相当不错的主要川菜。

一些其他极具代表性的川菜，需要用到新鲜面条（譬如担担面），面条可以现做，然后混合各式调味料。五花肉很重要，你可以在美国的大部分亚洲超市买到肥瘦适中的猪肉。如果选择较好的品牌，超市里的培根也可以作为替代。总之，这些关键食材都非常耐用，能够经受长途运输和冷冻考验。

川菜馆里不是每道菜都辣死人。如果你想吃美味又不辣的饺子，你在美国最好的选择就是去川菜馆。炒青菜或烧豆腐的道理相同，不论这些菜肴是否为正宗川菜。原因还是老话一句：顾客，是强大的力量。川菜馆有辛辣的菜肴把关，挡掉许多比较无知的顾客，通常都能更专心做出好菜肴，不管辣不辣、不管是不是正宗川菜。

我住的弗吉尼亚州费尔法克斯郡，有一家四川餐厅叫做"百川味"，会做出色的砂锅狮子头。那根本不是川菜，是用较肥的牛肉和猪肉做成肉丸形状，放在用茴香调味的高汤里炖。它的辛辣成分基本为零，有点像我在瑞典吃过的肉丸（事实上我曾带一些瑞典人去吃这道菜，他们都喜欢）。川菜馆是吃狮子头的地方，只因为他们习惯为挑剔的中国主顾烹调，这些主顾当然不是个个天天都追求纯正川味。

在川菜馆点菜，是有诀窍的。这些餐厅通常有一份专给华裔客人看的菜单，你一定要坚持看那份菜单，否则就白来了。另外，很多其他菜肴会用中文写在另一个板子上，可以请他们翻译给你听，或如果你胆子够大的话，不管三七二十一，点了再说。告诉他们，你想吃"家常菜"。如果你不怕辣，看看你周遭的中国顾客点什么，依葫芦画瓢。如果你怕辣，别向服务生示弱，否则你也是白来了。

粤菜：很多中国人认为，粤菜是最精致的中国菜，而且是唯一能够始终如一达到最高水平的菜系。它很可能最擅于利用中国沿海的丰富渔产以及各式各样的新鲜中国蔬菜。粤菜新鲜而含蓄，对食材讲究的程度和处理手法，可以媲美法国高档料理。遗憾的是，如果你在美国，大部分这些优点都不是好消息。

和川菜一样，美国的粤菜馆也分两种，但两者都不怎么样。第一种源自中式食物最早涌入美国的 1960 年代，这些餐厅的食物完全不辣，老板卖芙蓉蛋、鸡肉炒饭之类的杂牌菜和平平无奇的芥兰鸡片，这种被我称为"中美料理"的餐厅，为数众多。

第二种粤菜馆企图复制一些半地道的真正粤菜，但通常没有很成功。粤菜来自中国南方，那里有丰富的海鲜和蔬菜，而海鲜和蔬菜恰恰是美国食物供应链最不擅长的部分，想把精致与食材无懈可击的广东概念移植到美国，势必一败涂地。如果我想吃优秀的粤菜又不能出国的话，我最可能的做法是找一家坐落在纽约或洛杉矶等美国主要城市的昂贵餐厅。只要付的钱够多，我可以吃到新鲜的海鲜，只是感觉会不大划算。因此，我倾向于不吃粤菜，尽管经常嘴馋不已。

广式点心倒是一种通常负担得起，也大致还不错的食物。大部分点心既不依赖新鲜蔬菜，也不需要完美质量的海鲜。北美洲的广式点心可以做得相当好，是一个品尝粤菜之美，同时避免美国食品供应链陷阱的好办法。

万一你去了半地道的粤菜馆，最好的选择是点煲仔菜，有时在卖非粤菜的中餐厅也能找到这种菜。典型的中国煲仔菜，有萝卜牛肉、豆豉鲜蚝或豆腐海鲜。煲仔将这些味道融在一起，在最好的情况下，会带给你深度、由衷的满足感，如同你吃某些法国西南部料理时的那种感受。

中式自助餐？能免则免吧

当然，中国地方菜不止上述几种，但它们是美国最常见，宣传最多的主要菜系。你会发现，美国有相当数量的中国台湾餐厅，整体水平在中等以上，尽管他们卖的不见得是中国台湾美食。他们通常提供多种不同的中国地方菜系，顾客以中国台湾人居多。要吃宫廷菜，最好的选择是去那些稍显老派、讲究且价格昂贵的中餐厅，如曼哈顿的"顺利园"。至于来自中国西部的美味回族食物，最可能出现在加州或纽约，这类餐厅每隔一段时间便会冒出来一些，所以要趁机一试。你会看到一种不同风貌的中国菜，以面食而非米饭为主，使用的是大葱、孜然和羊肉。整体而言，如果你碰到任何你没听过或看过的其他类型的中餐，不妨一试，很可能它正针对某个专业群体，而这通常也是食物质量良好的预兆。

不论你面对哪一种中国地方菜，最不可取的是中式自助餐。印度菜适合自助餐形式，因为很多印度食物是用低温慢炖的形式烹饪，一些印度主要食材如羊绞肉，也非常适合文火慢炖。但很多最好的中国菜是大火快炒的，它们应该一起锅马上就吃（基于同一个理由，吃中国菜的速度，应该比吃其他料理如印度菜快，尽管大多数餐饮指南不会告诉你这一点，怕你嫌作者不懂餐桌礼仪）。中国菜搁太久，往往变得软塌塌、水分过多。我知道，不是所有中式自助餐都是如此，但根据我的经验法则，供应自助餐的中餐厅多半不值得尝试。

当以上方法都不适用于你时，我有个建议：只要花点功夫，你或许能把几乎任何一家中餐厅，变成一家还不错的餐厅。没错，我是说任何一家。你不可能把它变成一家无所不能的中餐厅，但你可以从中选出一两道好菜。

整体而言，美国的中餐厅是最不"保险"的餐饮场所。我的意思是，如果你不慎吃到一家糟糕的中餐厅（几率高得吓人），它可以很糟很糟。有意思的是，这些糟糕的中餐厅几乎无所不在。你可以在小镇、贫民区找到，也会在曼哈顿中区看到。

当你困在某地寻找好食物，看到一家"中国"餐厅就在眼前，而方圆数里内没别的餐厅，你心想："搞不好，这家卖的是真正的中国菜，也许比不上在成都或广州吃到的，但应该不会太差吧？"你窥视店里，看到有华裔服务生，感觉到一丝中国气息，心想："应该没错了吧？"我知道有人试过这个策略，结果通常上当。

碰到这种情形，我的经验法则是：每一家中餐厅都可以是一个好餐厅，只要它有一个中国厨师就行了。差不多所有在美国（和几乎任何国家）的中餐厅，都符合这个条件。重点是：你如何让这位中国厨师，替你烧出真正的中国菜？

老板，来一盘你拿手的豆腐吧

我曾在弗吉尼亚州一个叫做桥水的小镇遇到过这样的困境。我从北卡罗来纳州开车回家，途中肚子饿了，停在桥水镇，因为我找不到其他地方歇脚。一位我教过的博士生曾在桥水镇待过几年，他称那地方是"逆水镇"，十分嫌弃当地的食物。那是一个大约 5000 人的小镇，附近没有大城市。我有点好奇，想看看这地方究竟什么模样。

我开车到镇中心，看到一家中国餐厅——或许我应该说，是一家所谓的"中国"餐厅，它比较像一个有板凳让你坐下来等的地方，而不是一家真正用餐的馆子。果然，和很多小镇的中国餐厅一样，他们主要做外卖生意。我走进去，瞄一眼菜单——不出所料，没被打动。

接下来，我用的这个方法很简单：跟中国厨师好好聊聊，让他知道你很在乎吃。当时，眼看餐厅生意不忙，我要求跟厨师说说话；服务生从后面带来一个貌似厨师的男人。我用简单的句子重复对他说："我要吃麻婆豆腐，像你会吃的那种。"我重述了不下十次，中间还会补上如"地道中国菜""家常菜"或"四川口味""呛辣"等字眼。这些词汇当中，我猜想，最管用的是"家常菜"三个字。

这些话不是随便选择的。首先，我知道虽然他们的菜单上有豆腐，但"麻婆豆腐"一词不常从桥水镇的非华人口中吐出。我甚至试着模仿中国人说话的抑扬顿挫，虽然学得四不像，但或许他有发现我的努力。基本上，我是向他表示，我熟悉某个版本的真正中国菜。我要求跟厨师谈话这件事本身，也显示我真的很在乎这顿饭。我猜，桥水镇上没几个居民试过这一招。

其次，我估计这家餐厅很可能使用的食材很糟。像这样的小镇，能有多少人会坚持吃高质量的跑山猪？我不敢碰他们的虾，或许鸡肉还可以，牛肉不可能好到哪去。但是——豆腐就算差，能差到什么地步？那是一块你能冰几个星期的东西，多半不可能被搞砸。这道菜里有猪绞肉，绞肉比肉片禁得起乱烧。它不必嫩，而且肉的味道大部分被酱和调味料掩盖了。连我自己都可以用西夫韦超市的猪绞肉烧出不赖的麻婆豆腐，我估计他们的猪绞肉不会比我买的差。

于是，我就点了道麻婆豆腐。我这样点菜似乎让这位厨师很开心，当我的麻婆豆腐端上来时，味道棒呆了，算不上"人间极品"，但比弗吉尼亚州北部的中国菜好太多，甚至胜过曼哈顿的中国菜。所以，这个小镇上，如今至少有一家很好的中餐厅——如果你懂得扬长避短的话。

第七章

新一轮农业革命，正在发生

我们需要来自消费者的创新

————

我们不可能靠回到 1890 年的食物世界来解决问题

我们需要更多自控力

一场新的农业革命

胡安·卡米洛·阿亚拉（Juan Camilo Ayala）是墨西哥农民，住在圣奥古斯汀奥潘村，种了一辈子玉米。他每天早上起床后，就走到他的玉米田，用牛和犁耕田，有时也用驴。他没有其他任何现代农耕机器，六十出头了，仍担心收成，成天在田里劳碌。

他对何时会下雨有非常老到的见解。这个村子的大部分节庆或多或少都跟雨有关。雨水不足意味粮食不足，胡安·卡米洛有很多关于过去村民挨饿的记忆。

那是艰苦的生活。但如果没有玉米，胡安·卡米洛的家人，甚至他国家的整个文明，根本就不会存在。胡安·卡米洛的家人天天吃他种的玉米，玉米收获后不卖，而是带回家，晒干后可以在谷仓里贮存几个月甚至几年。这些玉米用机器磨成粉，再混合石灰和水揉成面，然后在平底锅上煎成美味的蓝玉米饼。1920 年代以前，磨玉米必须用石头做的臼，如今，机器帮妇女节省很多时间，但母亲、祖母或女儿中仍有人需照料炉火。

玉米，是人类聪明才智的产物

世界上至少有两个文明奠定在玉米之上。第一个是我们现在所说的阿兹特克文明（Aztecs），广义上，它涵盖拉丁美洲、中美洲和北美洲一大片地方。当西班牙殖民者科尔特斯（Cortés）率领的探险队抵达新大陆时，他们惊叹于当地的城市和运河，他们也见识到一些当时世界上最先进的农业。墨西哥居民没有太多肉可吃，因为他们缺乏牛和猪等大型家畜。但他们有西红柿、玉米、辣椒、豆子、南瓜和土豆，全部用科学方法育种、种植和栽培。这些农作物，再搭配少量的肉，构成充足的营养来源。

第二个基于玉米的文明，是现代文明。如果没有玉米（遑论土豆），英国的工业革命也许不会发生。在19世纪的工业进展之前，一个更缓慢的农业革命已经展开，构成了工业革命的基础。正是有我们能够生产更多粮食的前提，很多劳动者才可能离开农业，去尝试商业、科学和工程领域，这一切都带来创造与发明。随着新大陆及当地的农作物的发现，玉米帮助欧洲经济体从生存经济模式进展到渐进式经济发展模式。

即使到了今天，无数食品仍要仰赖玉米，不论以何种方式，不论是福是祸。美国人率先使用玉米糖浆，作为可口可乐、糖果、番茄酱和市售冰淇淋的原料和防腐剂。玉米糖浆使食物、汤和液体的质感更稠密，它又可以稳定食物形态、防止氧化、黏合成分、平衡湿度。玉米以各种方式出现在我们的生活里，包括美乃滋、肥皂、婴儿食品、口香糖、罐头和冷冻蔬菜、啤酒和红酒、饼干和面包、加工肉品、咳嗽糖、牙膏、口红、剃须膏、鞋油、清洁剂、烟草、人造纤维、皮革、橡胶轮胎、泡沫塑料（保丽龙）和尸体防腐剂等。

但玉米并非原本就生长在大自然中，未经人类干预。最接近玉米的"天然"植物，是大刍草（teosinte），一种强韧的中美洲野草，顶端有类似玉米穗的小草穗；看起来或尝起来都不大像玉米。纳瓦族（Nahua）印第安农人在如今的墨西哥地区，经过世世代代，培育出了更强壮、更好吃也更容易种植的玉米。我们今天熟知的玉米，早已是基因工程产品，因为它是农民刻意改变大刍草的基因构造所培植出来的作物，显然有别于野生品种，也不可能自然产生。换言之，玉米是人类聪明才智的产物，如同家犬的驯化（有人说，狗狗本身的功劳更大，因为它们自我改良的能力不亚于我们改良它们的能力）。最初的玉米培育，恰恰发生在胡安·卡米洛的家乡，靠近巴尔萨斯河，在墨西哥市和阿卡普尔科港之间。

玉米的培育经过几代才完成，基因检测显示，改造时间在公元前8990至8610年之间。胡安·卡米洛是玉米农，也是发明玉米的农夫和科学育种者的后裔。

玉米的驯化史是人类史上最重要的故事之一，而那些透过代际选育，发明玉米的纳瓦族农民，是人类历史上最有价值的科学家。就世界历史的重要性而言，他们的成就甚至让爱因斯坦黯然失色。

越来越少的农民，养活了越来越多的都市人

你可以认为胡安·卡米洛还生活在世界最早的绿色革命中。他所生活的村子的全名"圣奥古斯汀奥潘"的最后一词"奥潘"，在阿兹特克人的纳瓦特尔语（Nahuatl）中，指"绿色玉米秆繁盛之地"。我称这种农业传统为第一次绿色革命。

第二次绿色革命出现在 19 世纪中叶。在那次进展中，食物供应网变大了，突然被大量蒸汽和电力驱动的机器编织在一起。大约在 1929 年，W. P. 赫登（W. P. Hedden）写了一本里程碑式的书——《如何喂饱大城市》（*How Great Cities Are Fed*），叙述大规模的城市如何靠人数越来越少的农民养活。突然间，运输和机器变得重要无比。赫登追踪粮食从美国农村到纽约市的移动路径，他的报导让我们看见，这个新的食物世界离本地生产和本地销售的模式早已渐行渐远。

北美洲的食物革命，大致是这样发生的：以柳橙为例，一车厢的柳橙先从加州运到芝加哥，然后在印第安纳州哈蒙德的港口环线铁路移交伊利铁路公司。在哈蒙德的分类调车场，伊利铁路公司根据载货类别分类火车车厢，并安排恰当的前行列车。列车长度由目的地以及穿越阿巴拉契亚山脉时会遇到的斜坡决定。沿途，列车会定时停靠月台加冰，以维持车厢冷度；每一次靠站，就发一封电报通知纽约市的货运代理商。列车会抵达新泽西州克罗斯顿的终点站，位于哈得孙河西边约 3 英里处。由于火车平均时速不超过 25 英里，

整个行程需要几天。抵达终点后，车厢会被再度分类，部分货物也许会被进一步加冰。需要立即送货的东西，会迅速送到河边。

火车一抵达，曼哈顿的收货人会决定是否立即出售、接收货物或暂时存放在铁路调车场。经由电报再度交换相关信息后，再以调车机车将一些车厢拉到哈得孙河畔。然后相关车厢被推上一座浮桥，再推上有轨的驳船。拖船将载着车厢的驳船拖到河对岸，通常拖到指定的码头。第一批驳船通常在晚上七点抵达。成群工人已在码头等候，驳船一到就开始用手推车卸货，将空车厢留在驳船上。所有卸货工作将于第二天上午七点前完成，随后水果即可进入拍卖流程。买主用马车和货车运走他们标下的货物，运到纽约市的食品市场。

除了最后一程用马车，整个运输程序中，没有一步有可能在19世纪前半段发生。它也跟胡安·卡米洛从小用惯的供应链非常不同——胡安·卡米洛只是用驴子把玉米载回家，而他家离玉米田不到半英里路。

第二次绿色革命在过去十年，才传到胡安·卡米洛的家乡。今天，如果你去拜访胡安·卡米洛，你肚子饿了，等不及他们做更多的蓝玉米饼，他们就会从冰箱里拿出一包面条，加点水放在炉子上煮给你吃。面条是从伊瓜拉的一间商店买来的，伊瓜拉是离胡安的村子最近的城市。面条不如蓝玉米饼好吃，但它代表一个新世界，在此世界中，这家人永远不会挨饿，即使天不下雨，谷物歉收。直到1970年代，极度饥饿仍是这个村子的常态。如今，年轻人长得更高更快，但老人仍然矮小。妇女们有了更多的闲暇时间，部分是因为她们不必从早到晚做蓝玉米饼，而玉米饼仍然供应无缺。

一位不介意把手弄脏的科学家

以"绿色革命"之名载入史册的第三次农业革命，同样肇始于墨西哥中部，是由诺曼·博洛格（Norman Borlaug）发起的，我称之为第三次绿色革命。

博洛格是美国科学家，挪威移民后裔，潜心研究农作物产量的极大化。他加入了洛克菲勒基金会的一项计划，在墨西哥中部进行提高农业产量的工作。自 1940 年代中期起，博洛格陆续实现了几项重大突破，包括培育出可抗锈病的小麦作物、加速作物品种改良的"穿梭育种法"，以及研究高产抗倒伏的小麦品种。博洛格不将这些知识据为己有，反而尽量散播给更多的墨西哥农民。博洛格也不像一些墨西哥的农场经理，他乐于亲自下田"弄脏他的手"，而不只是坐在办公室草拟计划。

博洛格的绿色革命始于 1940 年代，但这并非某个天才单打独斗、孤军奋战的成果。博洛格确实是天才，但他的努力有其时代背景——基于想培育出更强壮及更耐寒的作物的理念，农作物的产量已历经数十年的不断改良。虽然美国农业生产力已持续上升了很长时间，但农业生产力直到 1940 年代才出现大幅度的加速提升。从 1880 年到 1940 年，美国的农业生产力以相当温和的速率每年增长约 1%。"二战"后，增长率趋势突然跃升至每年 2.8%，原因可以追溯到从 1930 年代中期开始的多项进步。

这些进步，是一个更广大趋势的一部分，趋向使用更多和更好的肥料、增加机械化作业、培育更好的作物和杂交品种、发展更大的农场，以及运用大规模类似企业经营的手法来种植粮食。博洛格的绿色革命，在经由杂交育种来操控基因物质方面获得了一些进步，但更广泛来看，那是美国技术持续改进的长期发展过程的高潮，并被改造应用在世界上一些更贫穷国家的农业中。

1960 年代初期，博洛格开始与其他国家的农业科学家合作，最主要的合作伙伴是印度和巴基斯坦。1969 至 1970 年，55% 的巴基斯坦麦田种的是来自墨西哥或从墨西哥衍生出来的小麦品种；印度则有 35%。当地农民迅速成为更多产的新作物的拥护者，印度和巴基斯坦的政治领袖于是允许改革继续进行。到了 1970 年，很多国家的谷物产量显著增加，包括阿富汗、锡兰（今天的斯里兰卡）、印度尼西亚、伊朗、肯尼亚、摩洛哥、马来西亚、泰国、突尼斯和土耳其。

这些创新的结果，拯救了几百万条生命，让几百万名儿童免于饥饿。自 1950 年至今，全球人口增长 150% 以上，同一时期粮食的实际价格下跌约 75%。直至 1970 年代，在博洛格的绿色革命广为人知之前，对于世界前景的标准预言仍是世界将面临大规模的饥荒。

虽然挨饿的人还是有，但现在这个世界被喂饱的人，多于以往任何时期。

这个进步，代表着土地负荷减轻的幅度，远大于表面所见。在美国，耕地比例在 20 世纪维持大致不变，甚至降了几个百分点。若非科技进步，美国必须开垦更多土地，相当于美国密西西比河以东的面积，才能满足不断增加的粮食需求。从全球角度来看，自 1950 年以来全球财富增加了 6.99 倍，全球耕地面积同时期却只增加了 1.32 倍。全球人均耕地面积在 1930 年达到高峰，这也意味着我们现在可以用更少土地，养活更多人。

这项发展的背后，有一个简单的机制：农企业极其迫切和贪婪地想要节省成本。成本可以被分为两种：一种是公司负担的成本，另一种是广大社会负担的成本，比如污染。有时当企业追求利润，的确会让社会负担高成本，比如排放太多污染物。但通常情况下，当企业想要节省自身成本时，也意味着他们会降低社会成本。这个现象在土地利用上最为明显：土地价格昂贵，因此农企业企图使用最少的土地来达到最高产量，其结果是减轻了土地与环境的负担。如今在美国，很多土地已重新造林，农企业的足迹正在缩小，而非扩大。

当下很多批评，针对的是商业化农业、大企业农业以及转基因生物等新科技。在这些激烈辩论中，追求平衡的观点太常遭到漠视。历史告诉我们：科技进步和农业商业化，为几十亿人的生活带来重大而持久的改善。农企业平台——我称之为现代世界的粮食基础架构——纵使有种种问题，也应该是有待加强和改进，而非被抛弃。

说我胖？那是你们有钱人的观点

首先，我们不可能靠回到 1890 年的食物世界来解决肥胖问题。这样说也许过于简化，但我们需要的是更多自控力。我所谓的自控力，是一种来自消费者自身的创新。美国社会肥胖问题最少的群体，是高收入阶层——我们这个食物种类繁多又供应充足的新世界的中坚分子。他们最有可能旅游、尝试新的食物、阅读有关食物的书，以及试图吃更好的食物。亚洲人和亚裔美国人，尤其可能是强烈喜爱甚至迷恋下馆子、烹饪和追求美食的群体。即使他们的体重在移民美国后逐代上升，他们却是最不容易过胖的群体。

肥胖问题是自控力不足与现代食物环境共同作用下的结果，外加很多营销手法和味道改良，让很多人不仅吃得过量，也吃错了东西。没错，美国的日常饮食环境是鼓励人们拼命吃，但有效防止肥胖的办法确实存在。防止肥胖与享用美食，能否鱼与熊掌兼得？当然能！

问题在于我们如何让自己展现克制力，这恐怕不是立法强制或征税办得到的。曾有三位经济学家研究向所有被视为"不健康的食物"征 100% 的税，但预期结果却是"BMI（体质指数）减少不到 0.2，不到平均 BMI 的 1%，仅相当于 1982 至 1996 年增加的 BMI 值的 13%。"换言之，征税对减重的效果非常有限。直观来看，这是因为食物——包括那些不健康的食物——已经相当便宜，占据我们预算的比例并不高。对不健康食物征收高额税，并不会迫使我们大幅减少摄入量。我们总得吃点东西，而 Frito's 玉米片依然在那儿；即使没有，也会有其他便宜且对健康不利的替代品出现。换句话说，改变必须来自我们自身，更可能是源自对优质食物更浓厚的兴趣，而不是依靠外部压力。

我当然明白，肥胖问题不易解决，而且我们应该避免病急乱投医。我们应向前看，迈向更强大和更美好的消费者创新时代，而不是向后看，退回食物更昂贵的时代。

我在"长城"超市买菜的实验，也促使我重新思考肥胖问题。因为我发现，除了少数拉美裔和美食家外，几乎没有任何非华裔在那里买菜。但我相信，如果只到"长城"买所有食物，几年下来，能让大多数非华裔甩掉很多肥肉，最起码，他们会有一个减肥的好机会（记得我对咸虾片不感兴趣吗？）。可惜，没人尝试这个方法。

因此我心想：很多美国人体重增加，完全是个人的抉择，只要能吃到更多的某种食物，他们心甘情愿增加体重。

我们常常能从 17 世纪和 18 世纪的许多画像中明显看出，过去的有钱人会以他们有能力多长几磅肉为荣。今天，我们的文化是，受过良好教育的有钱人往往会批评穷人，不愿接受他们的饮食偏好，这当然是用富人的标准来衡量的。

我确实认为，很多肥胖问题是重要的社会和医疗问题，但对肥胖的大惊小怪，也很可能是一种社会和美食上的势利眼。我们未必认同某个人决定让自己多长好几磅肉，但如果肥胖真的是个人抉择（在很多情况下我相信它是），我们不可能对抗和战胜它。

撇开肥胖的问题，当今世界主要的食品问题到底是什么？

它又如何契合这样的观点：现代农企业是一种相当有用且高效的体系？

真正的饥饿危机，藏在我们鞭长莫及的地方

不幸的是，吃不饱（而非过胖）至今仍是全球最刻不容缓的食物问题。即使不算饿死的情况，严重的饥饿仍普遍存在于世界某些地方。据估计，全世界有超过 10 亿人营养不良（malnourished），另外有将近 10 亿人营养不足（undernourished）。虽然我认为这些数字只是粗略估计，有夸大之嫌，但即使其规模减半，仍是一个非常严重的问题。

这些饥饿问题是什么造成的？原因通常可以归纳为没有钱、缺乏基础建设、错误的政府政策，以及民主制度的缺位。一直以来，会发生饥荒的国家，其粮食体系通常缺乏一个运作良好的大型农业

平台作为基础。

人口过剩被高估，是造成饥饿问题的原因之一。最严重的饥荒通常发生在乡村，而非城市。非洲是全世界最贫穷的地区，以全球标准来衡量，其人口密度并不算高。人口集中反而使穷人比较容易找到工作，比较容易乞讨，慈善工作更容易开展，而且人口越密集的地方越容易被外界关注到，政治上越难漠视。

很多饥饿问题，是发生在外界难以触及的地区，发生在战争或灾变之中。因为顺畅的道路，加上货物与人的移动自由，有助于将人与食物供应连接起来，使食物更容易进入，或使人更容易外出觅食。很多时候，造成饥饿问题的基础建设障碍，是政治性而非经济性的。例如，运送粮食可能需要花钱买通地方军阀，这种情形在阿富汗和索马里的内战时期屡见不鲜。

18 世纪时，世界上大部分与饥饿相关的人口迁移，是从拥挤的城市，流向新大陆的自由土地，后扩展至澳大利亚和新西兰。自由土地在当时很重要，部分原因是很多城市已变成传染病的温床。今天，富裕国家的传染病差不多都消失了，城市的经济基础建设更完善，因此，大部分与饥饿相关的人口迁移，反而是移往人口更密集的地区。自 19 世纪末以来，城市始终是迁移方向。以澳大利亚为例，其广袤土地与高度城市化现状形成鲜明对比，城市里满是第一、第二代移民。

民主制度有助于避免大规模饥荒，因为民主政府更可能紧急援助灾区，诺贝尔经济学奖得主阿马蒂亚·森（Amartya Sen），就以提出这个论点闻名。奄奄一息的婴儿会导致负面舆论，让执政者输掉选举，这成为支持民主的又一个有力论据。但谈到饥饿（不是那种哀鸿遍野的饥荒），民主本身并不像你想象中那么有效。今天，印度的饥民可能比全世界任何国家都要多，而印度自1940年代末以来就实施民主了。只有当民主制度结合财富以及农业上的基础设施和科技进步时，才能有效解决饥饿问题。印度在这些领域虽有进步，但仍有漫漫长路要走。光靠民主，不足以成事。

毕竟，民主政府也常会做出错误的政策决定。当饥荒来临，政府通常会实施价格管制、打击粮食投机，以及惩罚粮食运销网络。在饥荒时节，高粮价也许看起来不公平，也确实不公平，但合法控制的粮价更糟，施行管制政策的结果，往往是让粮食从市场完全消失。在人类历史上，用价格管控来解决饥荒的策略，从来没有成功过。

一场真正的危机正在成形……

最后，粮食问题的更长期根源，则是相对较低的农业增产率。从1970到1990年，粮食供给增加的速度比世界人口增长的速度快得多，部分要归功于博洛格的绿色革命。但自此之后，农业增产率逐渐放缓，尤其值得注意的是，非洲的农业生产力并未像其在绿色革命期间那样快速增长。自 1990 年以来，粮食生产增加的速度低于人口增长。在印度，粮食增产率同样显著减缓。

但不止印度和非洲存在问题，就连美国农业生产力的增加速度都大不如前。20 世纪后半段司空见惯的农作物产量飙升现象，如今不复存在，而且看不出何时会重现。

例如，1949 至 1990 年间，新的科技创新（非简单增加机械或劳动力投入）使农业生产力年均增长 2.02%。1990 至 2002 年间，该平均值跌至 0.97%，不及过去的一半。农业研发投资自 1980 年代起不断下滑，进一步的分析显示，35% 至 70% 的农业研发经费是用于"收支平衡"——防止各种农作物病虫害，而不是创新突破。不稳定的气候，从暴风雨到干旱到热浪和寒流，使这些基本问题更加恶化。

明尼苏达大学粮食与环境研究学者乔纳森·A. 福利（Jonathan A. Foley）说得好："过去在历史上，我们曾几度使世界粮食产量倍增，现在，我们必须再做一次才行。这一次的倍增最难，有可能办到，但不容易。"

生产力放缓，是当前世界最重要的食物问题，但你几乎从来没听过美食家谈起。我们这些美食家，太常过度关切我们自己的食物消耗模式（如空运芦笋的道德性），却见树不见林。表面上是利他主义，骨子里也许是一种自恋。我们关心的是怎样吃得更聪明，却不花时间担心真正值得关心的危机：科技进步减缓。当然，谈什么"农业增长率下降"太乏味，也不优雅，但这个话题应该存在于美食家们的脑海中，因为这才是当今世界的重大问题。

生产率减缓的结果，使得粮食市场出现了一些特殊问题：食物价格攀新高，并引发政治动乱（例如埃及因粮价发生政治动荡）。政治动乱未必是坏事，但高粮价当然是坏消息。经济学家罗伯特·J.塞缪尔森（Robert J. Samuelson）把这个问题称为"大粮荒"（the great food crunch）。第一次大粮荒，发生在 2007 至 2008 年，第二次在 2010 至 2011 年间。举例来说，很多国家（如中东的）一半以上的小麦依赖进口，谷价在 2010 至 2011 年的八个月内涨了一倍以上。典型的贫穷家庭，得花大部分收入在食物上，而很多国家的贫困家庭以面包为主食，因此小麦涨价对他们来说冲击巨大。2007 至 2008 年，米价也蹿升，在我撰写此书的 2011 年夏季，这种情况可能在第二次大粮荒中重演。

近年的粮食危机之所以爆发，有一些特殊成因。

我们可以把食物的供给和需求，视为两个数值之间的竞赛。供给的一端，是人类有效地以先进科技来生产食物，产能一直不断增加，虽然近期增速减缓。而需求这一端，是多少人需要食物，以及要花多少收入在食物上。对穷人而言，是吃更多的米、扁豆和面包；富人则是吃更多的肉（其实也间接吃更多谷物——因为谷物是重要的饲料）。

当供给端的新科技取得快速进展，从而使食物生产变得更容易时，市场会因供给增加而出现价格下跌。而当需求端快速变化（增加）时，食物价格会因为需求增加而提高。如果粮价总体呈上升趋势，一个可能性是需求上升的趋势快过于供给，而这正是目前世界发生的情形：小麦、米、玉米、黄豆，还有肉类的需求，上升得比供给快。

如今，很多国家在从事所谓的"追赶式增长"（catch-up growth）模式。过去种稻的中国农民，现在在上海工厂打工，赚更多钱，吃更多肉。他在追赶的，是富国的生活水平。

过去三十年，中国以平均每年约 10% 的增长率变得更富有，却并未以每年 10% 的增长率生产粮食。中国的制造业生产力比其农业生产力增长得快。在此背景下，中国持续增长的粮食需求，叠加其他全球性因素，共同推高了国际粮价，却未催生类似诺曼·博洛格时期使小麦产量倍增的农业技术革命。虽然未来可能会有中国科研人员实现此类农业技术突破，但在此期间全球粮价将持续高于历史常态。这不仅仅是中国尚未取得重大农业技术创新的问题，更深层的问题在于，自 1990 年代起，农业生产力增速从根本上就已经放缓，呈现出另一种"大停滞"。

拿玉米当燃料？真是够了

雪上加霜的是，由于使用生物燃料，尤其是用玉米提炼的乙醇，美国正在增加它的粮食需求。政府必须要求私营部门收购大量玉米，将之转化成汽车燃料。这个政策在玉米之乡艾奥瓦州深得人心，因此获得很多政治人物的支持，但经济学家和环保人士却一致谴责。因为如果我们将政府补贴计算在内，乙醇汽油的成本，其实比传统汽油贵很多。

悲哀的是，这种能源甚至并不环保。别忘了，花在种植和加工玉米上的能源，也是一笔环境成本，例如，促进玉米生长的氮肥，就是主要污染源之一。不管从哪个角度来看，除了玉米农和一些政客，尤其是那些在乎艾奥瓦初选的政客，乙醇补贴都是一个双输政策。

最大的受害者，当然是目前面对更高粮价的穷国百姓。对千千万万的他们来说，这真的是一件攸关生死的事，而美国却继续提炼无谓的乙醇，这是美国政治机能失调的征兆。2010 年下半年，美国玉米价格暴涨 73%，大部分是生物燃料需求造成的；目前有约四成的美国玉米作物变成生物燃料，直接导致全球数百万人口再度陷入食物匮乏的深渊之中。中国明智地在 2007 年禁止用谷物提炼生物燃料，不过现在有中国人转向对木薯原料的研究。

在经济停滞的贫困地区，粮食供给问题显得更严重。拿埃及来说吧，其人口从 1960 年不足 2600 万激增到当前超过 8000 万，但并没有比几十年前富裕多少。当全球粮价上涨，大多数的埃及人只能勒紧腰带。这些国家遭受的是无妄之灾：他们增长得不够快，追不上快速增长国家的需求所造成的更高粮价。

在某些国家——再度以埃及为例——粮食问题比过去还急迫。

但要据此推断世界粮食问题全面恶化，也是不对的，因为那不是事实。埃及的粮食问题，恰恰与整体食物情况好转有关，是全球肉类的需求升高，加上自己国家生产技术相对停滞等因素造成的。

一个解决办法，是埃及推动改革，开始更快速地发展经济。埃及可能已经踏上此途了，尽管在我写作本书时，埃及民主化改革的最终结果仍是未知数。但如果埃及真的成功改善了经济，将会更有能力负担更高的谷价，接下来，改革就该发生在其他经济增长落后的国家了。

除此之外还能做什么？当你读到这一章时，第二次"大粮荒"也许已经结束，但它随时可能卷土重来。原因之一，是美国和欧洲尚未找出新的农业大突破，此外，很多国家如非洲、印度和中东，未能改进他们的农业生产力，因此，我们仍处于岌岌可危的境况。

在埃及种香蕉，在也门种阿拉伯茶？别闹了

许多贫穷国家的农业市场，掺杂太多政治因素和太多错误的政策。例如对国内粮食的补贴，对水的补贴，对能源的补贴，经常乱七八糟地搅和在一起，造成食物市场失灵的恶性循环，并破坏当地环境。可以说，各国政府对农业领域的政策干预，堪称全球范围内最失当且最考虑不周的政策组合。

为什么要在缺水的地方种植需要大量灌溉的作物，例如在埃及种香蕉，在也门种阿拉伯茶？埃及要种香蕉，部分原因是为了帮助本土农民，部分是因为他们不信任其他国家在战争或危机时会送来粮食，但你怎么可能在沙漠种这么多香蕉？还有也门，怎么可能种这么多阿拉伯茶（这种茶叶有提神作用，大多数也门人喜欢嚼），耗掉他们10%的GDP？政府还补贴灌溉，以维持这些作物生长。当水被过度使用时，地下水位会不断下降，尤其在也门，据估计，不出十年，就会抽光经济上可利用的水源——恰逢它石油蕴藏量枯竭之时。抽水需要很多能源，因此也门也补贴能源，作为补贴水的手段。总之，许多发展中国家对国内农业、水资源使用及能源使用的补贴都过了头，结果既危害经济又破坏环境。

从1980到1992年，沙特阿拉伯将小麦产量提高了29倍，使该国成为世界第六大小麦输出国。将水和其他补贴全部计算在内，该国的小麦生产成本约500美元/吨。同一时期，国际小麦市场价格平均为120美元/吨。沙特阿拉伯这项计划的总成本至少为850亿美元，而且为了达到这个不明智的目标，政府还浪费了3000亿立方米的水，相当于尼罗河在埃及境内约6年的总流量。这些用掉的水，大部分是不能再生的。

最好的改革，应该是减少补贴和增加跨国贸易。理想的情况是，水资源相对丰富的中东国家，如叙利亚、黎巴嫩和土耳其，应该卖水给同地区的其他国家，只是政治因素使这个办法至今遥不可及。

但请注意，卖水并不意味着我们要把水装进卡车或轮船，然后运过地中海。有时最简单的方法就是在西红柿里交易水。食品市场实际上也是水市场。

解锁农企力，重塑印度餐桌

另一个重要的改革，是将现代农企业推广至世界更多地方。近年来，印度崛起为经济大国的论调甚嚣尘上，但该国农业生产大部分仍停留在手工劳作和小农经济阶段。印度农业生产率低，正是因为农业吸纳了一半以上的印度人口，产出却只占印度商品与服务总量的 15%。印度经济每年增长 8% 或 9%，但印度农业每年只增长约 3%。

在印度，现代化的大规模农企业很少获准成立，问题主要出在印度政府及其错综复杂的法律规章制度。印度有运输、储存和销售农产品的层层限制，有大型农业公司规模的上限，有外国人在境内投资的上限，有高效外国零售企业运营的法定界限，还有施加于食品等加工产品的高税率。在印度，你很难看到机械化大规模运作的现代农场，生产低成本的食物。印度法律使大公司很难直接耕作与持有大片土地，一个农场通常最多拥有 15 到 20 公顷的土地。所有这些限制的结果，就是农业仍然是印度经济中最落后的部门，农业投资增长率长期停滞。

农业的发展不足，直接反映在贫困数据上：印度 5 岁以下的儿童，有将近一半营养不良。问题不只是这些儿童现在受苦而已，长期下来，营养不良将使他们长大后较不健康、较不聪明，也较不能干。换句话说，即使食物问题在明日得到解决，这些问题的后遗症也将困扰印度几十年。儿童挨饿是当今世界的头号粮食悲剧，为了解决问题，我们需要更多和更好的农企业。2011 年，粮价正在攀升，而印度的粮价上涨速度超过世界上几乎任何国家。

你越仔细观察印度，越能正确评价农企业。1991 年以前，来自外商的直接投资，几乎完全被印度政府禁止，即使是 1991 年改革后，也几乎没有任何外资流入农业。尽管外国企业拥有更优越和更有效能的技术，但印度市场实在不值得进入。甚至直到最近，印度的农产品的零售交易及大多数的农产形式，仍禁止外商直接投资。2009 年，沃尔玛得以在印度设立分支机构。2011 年 4 月 1 日，印度才批准外商可百分之百直接投资于种子、农场、园艺和植物栽培。同年，有迹象表明，沃尔玛将获准开展零售业务，而不是只面对批发商。但是，别期待外资会大批涌入。谈到做生意的整体容易度，根据世界银行调查，印度在全球 183 个国家中排名第 134 位；谈到执行合约的容易度，印度的排名是第 182 位。

印度的土地租赁，也是一团乱。印度许多邦完全禁止土地租赁，包括比哈、古吉拉特、卡纳塔克、喀拉拉、曼尼普尔、奥里萨、拉贾斯坦、查谟和克什米尔地区及北方邦，这些地区通常没有法律厘定的土地所有权状，即使允许土地租赁，法律通常会置土地所有者于风险之中。一旦土地租给承租人，若干年后土地所有者即丧失部分所有权给承租人。

印度也有一些全世界最差的道路和最差的基础建设，任何曾在这些道路上坐车或开车的人都可以作证。即使是最好的道路，往往也车速缓慢，动物和非机动车辆到处可见，而且极其危险，尤其会碰到慢速引发的盲目超车。这是去印度旅行最恐怖的部分，因此如果可能，请搭火车。

路况恶劣，是印度很多农粮收成在运往市场途中腐烂的原因之一。根据《经济学人》（The Economist）的估计，超过四分之一的农产品被白白浪费掉了。而据印度政府首席经济顾问考希克·巴苏（Kaushik Basu）的估计，有三分之二的小麦收成在运往市场途中腐烂。这么多农产品被糟蹋掉的另一个原因，是从农场到销售终端，沿途少有或毫无冷却系统——想想在1929年赫登的《如何喂饱大城市》一书中，冷却扮演着多么重要的角色。

当你总结以上所有问题，就会得到一个结论：允许更多农企业在印度发展，可以拯救生命和减少饥饿，长远来看还能改善生活。是时候在印度进行下一场绿色革命了，而且这一回必须从法律和法院着手，铺上绿色地毯迎接大企业，包括外国大企业。

农业进步，往往依靠对自然的干预

在结束这一章之前，我想谈论一个话题，这个话题已成了一个政治敏感议题，饱受来自四面八方的炮火攻击，但它可能是下一场绿色革命的一部分，有拯救千万生命的潜能。这个话题即转基因生物（Genetically Modified Organism）。我不喜欢这个名称，因为它暗示着其他食物没有受基因改造（还记得胡安·卡米洛的玉米吗？），但似乎很难换种叫法。

"转基因生物"听起来阴森恐怖，仿佛你多复制了一个头，安在你新生儿的脖子上。但是，农业上的进步，向来靠的都是人为干预自然，真正残酷的是大自然本身，而不是商业工程师、基因拼接技术或孟山都公司（Monsanto）[1]。

就定义而言，转基因生物是指利用现代生物科技——通常是DNA重组技术——改变生物的基因物质所创造出来的新物种。

今天，转基因生物（以下简称GMO）已经带来巨大影响。1995年GMO被引进市场，到了2010年，已有超过1500多万农民在29个国家使用它们，尽管绝大多数的GMO作物生长在美国、巴西和阿根廷。目前，GMO占美国黄豆作物的94%，玉米作物的88%。如今广泛地种植，最主要的原因是它们更容易生长、植株更健壮，能

---

1 全球最大的农业生物技术公司，曾生产了一系列颇具争议的产品，如杀虫剂DDT、落叶剂（尤其是橙剂）等。

够以更便宜的成本为人类带来更多粮食。事实上，自 1990 年代中期以来，3 亿美国人及千千万万造访这个国家的人都吃过 GMO 作物，没有重要证据显示它们有害健康，或对环境产生严重负面影响。

在世界上其他国家，GMO 的普及程度远低于美国。GMO 在欧洲面临严重的法律限制，也间接限制了那些外销农产品到欧洲的国家使用 GMO，包括大部分的非洲国家和部分亚洲国家。这些欧洲法规在真正需要农业进步的国家，阻碍了进步。

GMO 可以使农作物更营养，比如在菲律宾研发的黄金大米，将维生素 A 放进稻米中，可以矫正数百万人的维生素缺乏症，目前却卡在由政府主导的试验流程中。有些高粱和马铃薯的培育，是用来产生更高的微量营养素的，而我们很容易设想这个趋势会散布开来。假以时日，GMO 技术有望延伸到玉米、黄豆、棉花和稻米之外。甜菜根、油菜籽和木瓜已经被 GMO 技术改良了。下一步可能是耐旱的木薯、抗虫的豇豆、抗菌的香蕉、抗滤过性病毒的地瓜和高产量的珍珠粟米。

粮食丰沛的国家反 GMO，却害惨了饥饿中的非洲

GMO 被贬为"科学怪食"（Frankenfood），但是它对环境的极大好处却很少被报导。在美国，基因工程已增加玉米、棉花和黄豆的

产量，减少对土地的压力，降低农药和杀虫剂的必要性。例如，过去棉花很容易遭到虫害，通常需要使用高剂量的杀虫剂，但基因改造后的棉花，使农民可以减少杀虫剂用量，至少在 GMO 普及的地方是这样。此外，科学家也正在研究新品种的玉米，使之不需要太多氮，可以减少施肥，从而减少肥料渗入地下水，并减少二氧化碳排放到大气中。

GMO 可能经由其他方面的进步，协助抑制全球变暖。吃草的牛会排放甲烷（即放屁）到环境中，加剧气候变化问题。它们吃的草含木质素，木质素刺激牛的消化系统分泌会产生甲烷的酶。最近，澳大利亚生物技术公司 Gramina 开发出一种转基因的新品种草，其木质素含量较少。农业生物科技界的龙头先正达（Syngenta）及其他公司，正在生产能够吸收更多氮的 GMO 作物，以降低氮肥对环境的负面影响。加拿大在研究转基因猪——"环保猪"，减少其排泄物中的含磷量，以限制猪粪外溢的环境成本。

美国国家科学研究委员会最近发表了一篇厚得像书的 GMO 研究报告，叫做《转基因作物对美国农业可持续性的影响》（*The Impact of Genetically Engineered Crops on Farm Sustainability in the United States*）。报告结论是：GMO 可以解决粮食危机，并减轻农业加诸自然环境的负荷。

既然 GMO 这么棒，为何推广受阻？答案很明显：它与民意有关，特别是欧洲的民意。1998 年以前，欧洲人并不特别反对 GMO 概念，在"疯牛病"恐慌爆发后，舆论才开始转向。欧洲人认为，GMO 是一种他们不能理解或控制的怪异科技。这种情形很像日本大地震后，民众印象中由辐射造成的死亡，远比海啸造成的死亡高得多，尽管事实上后者带来的死亡人数远超过前者；或者就像比起更有可能发生的车祸，人们更担心遇到空难。在欧洲各地，GMO 已被妖魔化，因而阻碍了世界更贫穷地区的农业发展。

欧洲大部分地区严格禁止并管制 GMO，无论是欧盟层面还是国家层面。尽管过去几年欧洲的态度有所软化，但大体上欧洲仍不是一个对 GMO 友善的商业环境。同时，文化问题也不容忽视：GMO 在欧洲遭到抗议甚至环保恐怖主义威胁，例如，转基因农作物试验在西班牙遭到破坏。

富国不需要 GMO，但穷国需要。这些限制的最大输家是非洲农民，也就是最需要新绿色革命的群体。根据一项生产指数，1970 年非洲农民的人均产值，甚至比 2005 年的还高。在非洲，务农的人数约占总人口的七成，因此，农业生产力的提升是大多数非洲经济体的重要课题。然而，非洲人怕失去欧洲市场，因此通常不敢种 GMO 作物。安哥拉、苏丹、马拉维、莫桑比克、纳米比亚、尼日利亚和津巴布韦，均曾拒绝转基因粮食援助，因为害怕"污染"他们的作物，并因此失去欧洲市场。加纳、贝宁和赞比亚，禁止转基因食物和作物。在非洲，只有南非全力投入这项科技。除此之外，布基纳法索也支持转基因棉花的技术。

大部分非洲国家，实在负担不起欧洲那套转基因监管要求——从安全检测到标签制度，层层关卡耗资巨大。实际上，欧洲的做法是要这个经常爆发食物中毒，连霍乱都防不过来的大陆，采取富国极端的 GMO 安全标准。这好比强迫每一个非洲人都要买防弹车，不准他们买较小和较不安全的汽车一样。目前非洲需要的是更多和更便宜的粮食，其次才是更好的食品卫生。GMO 本该是他们最不需要担心的问题之一。

有意思的是，连以保守著称的阿米什人（Amish）都接受了转基因。与普遍印象相反，阿米什人并不反对科技，他们只是不愿让现代科技威胁他们的生活方式。许多阿米什农民发现 GMO 能大幅减少农药的使用，于是欣然采用，并获得不错的收成。

关于 GMO，需要的是"改良"，不是"拒于门外"

当然，GMO 并不是完全没问题。就像大部分其他大规模生长的作物，GMO 同样会引起一些环境、经济和其他方面的问题。例如，GMO 会滋生抗除草剂的野草，但最理想的解决方法，是改良 GMO，而不是将 GMO 拒于门外——何况，非 GMO 作物同样也会引起相似的问题。

专利垄断是另一个问题。大公司把原住民世代种植的亚马逊植物基因注册专利，并反过来向当地农民收费。这种过度保护的知识产权制度显然需要改革。但与此同时，让我们正视真正的问题所在。就像我们不会因为亚马逊网站的"一键购物"功能的可笑专利，而否定整个电子商务——真正需要调整的是专利规则，而不是技术本身。

有鉴于此，你可能会纳闷：GMO 批评者究竟如何合理化他们的反对立场？蒂恰蒂夫妇（Laura and Robin Ticciati）写了一本书批判GMO，我从书中找到了这段具有启发性的辩驳：

主张 vs 事实

主张：基因工程可以喂饱全世界。

事实：世界现有粮食产量足以喂饱每一个人……大部分的饥饿不是因为缺乏粮食，而是无力购买粮食造成的。

蒂恰蒂夫妇不懂经济学，也不懂技术停滞不前会注定使某些人承受饥饿或饿死的命运。没错，给穷人更多钱可以帮助他们购买食物，但是，不论我们喜欢与否，世人没那么乐善好施，也看不出突然改变的可能性。在此背景下，降低粮食价格才是帮助穷人取得更多食物的有效途径，正如绿色革命的历史经验所示，GMO 通过增加粮食供应，从而降低粮价及喂饱穷人。不理解这个简单的机制，是一种可悲的经济文盲——这在关于 GMO 的评论中太常见了。

　　GMO 最大的问题，也许出在它们的实际效果不如最初所说的那么好。新的科技突破有时不易产生，因此 GMO 未来是否能有重大进展仍是未知数，特别是在生产力减缓的农业方面。但愿我们至少有机会看见，对 GMO 的持续投资与研发，能拯救数百万生命。世界人口即将突破 90 亿大关，我们需要新的方法来养活这么多人。我们需要向前看，而不是向后看。

第八章

你想吃出一个绿色星球吗?

那就多买一点菜，少开一点车

———

食物既不是主要的环境杀手

也不是最大的能源消耗来源

我们才是

谁是世界上活得最绿色环保的人？

是著名演员及环保主义者埃德·贝格利（Ed Begley）吗？埃德尽可能不搭飞机，非搭不可时，会买 5.95 美元的"碳补偿"（carbon offset）[1] 来抵消他搭机旅行的排碳效应。自 1990 年起，埃德将他的室内脚踏车健身器连接到一个电池上，用产生的电力来烤面包。他也宣称要把自己每周的垃圾量，减少到可以塞进汽车手套箱。他的房子装了一台风力发电机。他主持一档绿色生活节目，叫做《与埃德同住》（*Living with Ed*），在"绿色星球"（Planet Green）电视频道播出。

有一个"全球最环保人士"奖，其 2008 年的得主是德国人马蒂亚斯·格尔贝尔（Matthias Gelber）。马蒂亚斯旅居马来西亚，推广"绿水泥"概念。他声称传统形态的水泥占全球二氧化碳排放量的 6%—7%，占中国排放量的 10% 以上。由于水泥技术几乎几百年未变，也

1　碳补偿是一种环保机制，通过计算日常活动如搭飞机的湿度气体排放量，量化需抵消的碳排放当量，并资助植树造林、可再生能源等环保项目以实现碳中和。常见的碳补偿方式有许多种，例如植树、森林保护及清洁能源开发。

许是时候推动一场环保升级了。

有些资料宣称全世界最绿色环保的人是沃尔玛首席执行官迈克·杜克（Mike Duke）。沃尔玛自 2005 年起实施全面节能计划，涵盖货运、冷藏、能源、照明及卖场运营等环节。他们一年内少用了 48 亿个塑料袋，他们的卡车多运了 7700 万箱货物，却少开了 1 亿英里路。沃尔玛也要求旗下供应商寻找类似的节能方案，并寄出详细问卷，评估其每一项产品的能源可持续性。所有这一切都是以公司利润之名进行的。

我想提名的是住在中非地区的俾格米人（Pygmy）。俾格米人的人均所得暂无确切数据，但很多俾格米人仍然以狩猎采集维生。大多数俾格米人，至少那些留在俾格米部落的人，所有家当不过一背之载。他们猎捕大象的能力备受尊崇。俾格米人平均身高不足 5 英尺，他们给自然环境的压力非常少，而且也不是大象数目逐渐减少的主要原因。俾格米人平均寿命在 16 至 24 岁之间，很多俾格米族支系似乎濒临消亡。

以上这些人，究竟谁的路线正确？这是我从开始思考食物与环境关系以来，一直在问自己的问题。

关于"绿色饮食"或"绿色生活"的建议很多，但这些评论太常受到更大的政治动机驱使，不是误解食物市场如何运作，就是只想"感觉良好"而非追求真正有效的答案。看看最近讨论食物的卖座影片，如《大号的我》《毒食难肥》和《食物的未来》（*The Future of Food*），它们有一个共同特点：对其他人类在市场上做的选择——特别是他们对食物的选择——采取冷嘲热讽和多少有点自以为是的态度。然而，不论我们的食物市场有多少优点，有些地方的确需要修正。

一个环保布袋，至少要用 171 次

很多的政策或选择，能让我们自我感觉良好，我们常会倾向于选择这些政策，即使它们未必有效。

人类本能上需要与睿智、慷慨、仁慈、正直的人结盟。有爱心的人希望挺身而出，对抗残暴、无情、贪婪的人。当我们与有良知的人站在同一阵线，或与看似道德的特质联结时，我们感觉更好，但那未必是实现我们想要的实际目标的有效手段。

如果我们抛开陈腔滥调，看看正式的实验研究，会发现一些惊人（但也许不意外）的结果。例如，如果能够选择的话，很多人宁可实际浪费也不愿做某件感觉浪费的事情。在实验情境中，人们不喜欢那种"原来我买得比别人贵"的感觉，所以他们会投入某种浪费的行为，例如毫无效率的货比三家，以避免当冤大头。这种不惜代价避免"后悔"或"做得不够"的感觉，是我们的普遍倾向——也是我们天生拥有合理化能力的证据。

多伦多大学教授尼娜·马萨尔（Nina Mazar）与钟晨波关于消费者心理的研究发现，消费"绿色产品"并不会让我们变成更好的人。相反，这反而可能鼓励一个人更不道德。在一系列实验中，那些获准在"绿色商店"买东西的实验组，在后续游戏中有更高的作弊率和说谎率。也就是说，他们一旦以某种绿色行为求得良心平安，反而会在其他环境中变得更贪婪和自私。

当然，在实验室发现这个结果，不能证明在真实世界一定如此，不过我们都熟悉这样的心理机制：一旦我们做了某件好事，我们常放宽自己的标准，允许自己做点不大好的事情。我们可以把这项研究当作一种提醒：其实我们对于做好事、做好事的动机及最终结果，所知有限。

还有很多时候，我们会沉浸在罪恶感和自我怀疑中，以减轻自己的良心责备，然后继续做对环境非常不友善的行为。罪恶感能让大家更好受。安妮娜·吕斯特（Annina Rüst）是瑞士发明家和数字艺术家，目前在纽约州雪城大学教书，她对这种人性的缺点有敏锐的观察。2008年，她发明了一种仪器，包含一个半透明的腿环，可以监测佩戴者的耗电量。如果腿环监测到使用者消耗太多电，一个无线设备会将六根不锈钢刺轻轻戳进使用者腿部。吕斯特称之为"环保罪恶感治疗法"，并在她的网站提出以下口号："以刺针践行环保信仰！"这个发明想要警示我们的是：与其用自虐式行为赎罪，不如切实做出改善环境的行为。

很多人不喜欢买塑料品，不愿跟塑料沾上关系。塑料是人造的，而且通常不是"本土"的。制造塑料需要用到石油，是过度消费主义和现代生活违反自然的象征。我们甚至把"塑料"当形容词来用，批评某人的外表或性格不真实、不自然。

但塑料通常比纸或瓦楞纸环保。制造纸和瓦楞纸需要消耗很多能源，且堆肥过程中会释放气体；玻璃，你用的杯子、瓶子，在生产和运输过程中也会消耗很多能源。而塑料只是一直默默在那里，既不会腐烂，也不易分解，提醒着我们现代商业社会有多么过度浪费。这种话不中听，但整体而言，相较于其他相关选择，环保人士应该更乐于使用塑料才对。他们错在太担心与塑料的概念沾上边，太担心自己成了什么塑料俱乐部的一员。

据估计，制造一个纸袋所需要的能源，是制造一个塑料袋的四倍，而回收再利用一磅塑料所需的能源，比回收再利用一磅纸少了98%。我不希望你太计较这些数字，但塑料对环境的危害，真的远低于纸。塑料袋通常比纸袋耐用，但如果你实在不能忍受塑料，改进之道是学德国人，带你自己的布制环保袋去购物，不要改用纸袋。但你最好持之以恒，我看过一篇研究，环保布袋必须重复使用171次，才能跟塑料袋的环境危害"打成平手"。

这个不愿与塑料为伍的想法，还误导了我们什么？

多吃萝卜，少买进口花！

土食者，也就是那些主张为了避免运输过程所造成的污染，主张应该吃在地食物的人，追求的也是一种自我感觉良好，而不是其做法的真实有效性。

其实在绝大多数情况下，我们根本不需要太担心食物来自何方。运输只占食物全部能源成本的一小部分，根据美国政府的估计，该数据不会超过 14%。根据里奇·珀罗格（Rich Pirog，食物里程概念的创始人）的研究，运输只占食物全部能源成本的 11%。就能源消耗而言，海运尤其节能，因为会浮的东西比较容易移动。这方面最详尽的研究，来自卡内基梅隆大学的克里斯托弗·L. 韦伯（Christopher L. Weber）与 H. 斯科特·马修斯（H. Scott Matthews）发表于 2008 年的综合研究。其结论很清楚：食物对环境的冲击，来自生产，而非运输。

这里的元凶，是空运的食物，因为飞行是一种对环境特别不友善的活动。但问题在于空运，走水路远道而来的食物不该被污名化。

换言之，吃萝卜，别吃芦笋，因为芦笋通常搭飞机。吃"硬核"食物，即那些"硬核"耐寒的作物，这类作物可以种植在很多不同气候下，多半不是空运的。优质根菜类食物有羽衣甘蓝、胡萝卜、欧洲萝卜和韭菜。当我买到一本优秀的根菜类烹饪书时，如安德烈亚·切斯曼（Andrea Chesman）的《来自根茎地窖的食谱》（*Recipes from the Root Cellar: 270 Fresh Ways to Enjoy Winter Vegetables*），我吃硬核作物的食欲立即升高。

花也搭很多飞机，通常来自非洲或南美洲，往往绕道荷兰，因此如果你真想环保，不要买进口花，这是另一种反对空运的做法。

另一个解决之道，是少吃肉。前述韦伯和马修斯在卡内基梅隆大学所做的研究发现，一周有一天不吃红肉，对环境的帮助远超过餐餐吃在地食物。

向当地农夫采买，可能意味他要多开两小时货车送货，对环境的伤害可能超过买一串船运的香蕉。这主要是因为，本地农夫一次能够运输的商品单位数通常比较小，因此他供应的单位能源成本可能相当高，并且小额订单促使他多跑几趟车的可能性也更大。

换言之，谈到保护环境，在地饮食不但没有更好，往往反而更糟，而且有时根本难以实现。如果你住在美国西南部，被大片沙漠包围，要怎样只吃在地食物？就算有办法在一个地方生产出好几百万人所需的食物，也会给已经负荷过重的水资源系统添加巨大压力。

向本地农夫采买，虽然能让人感觉比较绿色环保，胜过光顾一家大型的跨国香蕉公司（该公司搞不好还有见不得人的丑闻）。但老实说，本地农夫不见得特别有道德。例如有时候，本地生产的苹果会在采收后，放进冷藏库好几个月才拿出来卖；冷藏当然会消耗能源，与其如此，还不如买从更远的海外坐船来的更新鲜的苹果。

好邪恶的孟山都？

　　许多提倡绿色生活的人，热衷抵制（boycott）策略。阿普丽尔·达维拉（April Dávila）是南加州的年轻作家，她看了电影《毒食难肥》后，决定抵制孟山都公司整整一个月；毕竟，该片将孟山都描绘成农企业罪恶的主要源头，她想除去她生活中的GMO。她读了一篇学术论文，显示GMO会对老鼠产生毒性作用；我也读了同一篇论文，但我看到的是研究员认为伴随GMO而来的杀虫剂，才是最可能的元凶，并非GMO本身。毫无疑问，我们必须对GMO更谨慎，但可以就这样不分青红皂白地抵制GMO作物吗？

　　这算得上是一场崇高圣战吗？无论如何，阿普丽尔发现她的计划执行起来不容易。孟山都掌握着全美55%的生菜供应链和大量糖料生产，甚至还有一些有机作物。她还发现，自己穿的衣服不能来自使用孟山都的种子种成的棉花，她吃的肉不能来用孟山都的转基因玉米饲养的动物，就连日常洗手都必须在自家净水系统下完成。

　　在这期间，她喝了很多有机绿茶，买了一些女童军推销的饼干，还喝威士忌及椰奶。一个月期限到了之后，她进入一段狂吃狂喝孟山都产品的时期，即使在狂吃结束后，事情也没那么简单。以下是她的计算结果：

　　孟山都这笔账：早餐干净，但整顿午餐很可疑。牛油果和

黄瓜是有机的，但不表示不是孟山都的，玉米薄饼和鹰嘴豆泥存疑。米是 Lundberg 这个牌子的，所以我知道这算"非孟山毒"［Nonsanto，原文照引］的良心货，甜菜也是有机的，但同样的，不确定它的种子来源，因此也可能是孟山都的。

读到这里，孟山都似乎不怎么邪恶了。孟山都之所以避不掉，也许是因为它的大部分产品没有任何危害世界的纪录。连阿普丽尔自己都承认，孟山都产品可能喂饱了千千万万饥饿的人，减少了除草剂的使用，此外，也许更能适应气候变化。她说，这是支持GMO "该死的好理由"。既然如此，干吗抵制？

我对大多数的抵制行为，都抱持怀疑态度。抵制是一种道德上受欢迎的做法，但往往没有效果，只是一种自我感觉良好的手段。相反的，最有效的抵制，通常是我们比较不可能抵制的时候。

分析显示，只有当被抵制的生产者不大赚钱时，抵制才最有效；反之，假如生产者赚很多钱，抵制最没有效果。这么说吧：除非抵制能排除万难，动员全世界大部分或全部的消费者，否则，有利可图的生产者即使遭到抵制，仍会继续销售其产品。

举例来说，美国和阿拉伯国家是新西兰羊肉的两大出口市场，假如现在有一群消费者，基于运送羊肉到世界各地会消耗很多能源的理由，要抵制新西兰羊肉，那么如果美国有足够多的消费者停止吃新西兰羊肉，理论上就会让羊肉价格下跌。这会对阿拉伯国家的羊肉采购造成什么影响？答案是：采购量会增加。也就是说，光靠美国抵制新西兰羊肉，可能成不了多少好事，未必会对羊肉的消费或新西兰的羊肉供应或长途运输造成多大阻力。

当一家供应商无论如何都要销售其产品——或者说，无论如何都有利可图时，通常抵制的效果最差。因为如果有一群购买者离开市场，销售者就会降低价格或扩大促销，设法让其他购买者来补足差额。用专业术语来说，当供应者拥有经济学家口中的"高边际报酬"时，抵制最不可能成功。

为什么美国国会不敢用金属刀叉？

对成功抵制的研究证实了上述预测。西北大学的布莱登·金（Brayden King）研究了这个议题，发现最可能成功的抵制，是针对那种商誉好、但正在衰退中的公司。这些公司担心进一步业务损失，因此会做出回应，在某种程度上消除抵制者的疑虑。

这种"找一家衰退公司来抵制"的想法，符合我指出的被抵制公司"无利可图"或"不大赚钱"的重要性。相反的，假如你抵制的对象是一家商誉本来就很烂的公司，这种公司通常会对你不予理睬，因为它反正已经名声扫地了。

这样的主张——特别是要去抵制那些已经很惨的公司的建

议——违反我们的道德直觉。很多人，出于那种自命清高的感觉，最倾向于抵制那种赚很多钱、商誉又差的公司。这样做，感觉自己很正义——毕竟，那些公司不就是恶棍吗？本来就是靠着剥削别人来为自己谋利，同时又破坏环境啊！

或许是。当然，很多人都不想跟赚钱又贪婪的公司同一阵线，但硬道理仍然不变：如果公司真的赚钱，很可能不管有没有抵制，它都会继续卖它的产品，除非全世界都加入抵制。而全世界跟同一家公司作对的情形，几乎永远不会发生。一家公司恶名在外，本身就已隐含一个为什么抵制不会成功的理由。

当抗议者抵制一家非常赚钱的公司，跟这家公司划清界限，除了让他们自我感觉更好之外，实际上使世界更美好的机会不大。

我听过最奇特的划清界限的故事，来自美国政府。我无意在这里替任何政党说话，我也不是任何政党的党员，但这个故事相当清晰地代表一些重要议题。

当民主党在 2010 年中期选举之前掌握众议院期间（2007—2008 届），他们做出了一项重大改革：在议会餐厅引进用玉米做的新刀叉——部分原因是这些刀叉可以轻易变成堆肥。这个点子很有争议：新刀叉花费更多，估计一年要用 47.5 万美元，而且碰到汤之类的热食会扭曲变形。我们不清楚到底是谁从中获得巨大利益。事实上，众议院内部报告显示，由于需要用卡车运走这些用一次即丢的垃圾，反而很可能更污染环境。然而，"使用可变成堆肥的刀叉"听起来却比较环保。

当共和党又赢回众议院多数席次时，他们也做出一项改变：新餐具改用最合乎成本效益的聚苯乙烯——一种用石油和天然气做的塑料制品。保丽龙回到众议院了，但在民主党控制的参议院餐厅，叉子仍然可以做堆肥。

你可能纳闷：为什么不用金属刀叉呢？悲哀的事实是，这个选项曾被研究过，但遭到否决，因为太多国会人员——那些为了改善美国努力打拼的人——会不小心带走餐具，然后从此不再归还。

你真的清楚自己的碳足迹？

我想起《金融时报》（*Financial Times*）曾经有一篇关于泰勒·布鲁尔（Tyler Brûlé）的专访。布鲁尔是穿着考究、品味一流的型男，搭飞机全世界遍地走一族，旅游和高档消费品的专家，是豪华国际杂志《单片眼镜》（*Monocle*）的总编辑，也是《金融时报》的固定专栏作家。这是他对环保的看法：

记者：你会对自己的碳足迹感到羞愧吗？

布鲁尔：总的来说，我不认为我的碳足迹特别大。我确实搭很多飞机，但我没有汽车，我在伦敦步行去大部分地方，而且只要可能（在欧洲和日本），我选择坐火车而非搭飞机。

我相信对很多读者——特别是那些熟悉布鲁尔公共形象的人——来说，这个答案实在没什么说服力。这位有名的有钱人，怎么可能没有大碳足迹？

布鲁尔也许对，也许不对（顺便一提，我应该从实招来，我曾替《单片眼镜》写过一篇文章，赚了一点稿费）。但这里要探讨的一个更宏观的角度是：我们不能简单信任自己的直觉。一般的个人消费者，很难知道自己的哪种行为会对环境造成最大的负面影响，很难"看到"自己所造成的真正环境成本。还记得香蕉、船和抵制的无济于事吗？就算一个人对自己所有活动的相关环境事实有全盘的认知，那样的知识也会随着时间及不同选择的成本效益变化而过时。大多数人，即使是知识渊博之士，都不清楚开一下午的奔驰车、买一扎空运的芦笋、吃一块牛排代替一片鸡胸肉，到底对气候变化影响了多少。

你可能认为，在产品上标示碳足迹是解决之道。这么做没什么不好，但不是令人满意的解法。消费者会忽视这类标签，供应者会尽可能粉饰太平。更根本的问题是，在评估互相竞争的资源用途上，标签不像价格体系那样，能传达涵盖整个经济体的信息。举一个简单的例子来说，生长在都市附近的作物，由于运输成本低，可能获得有利的标签。但假如农牧地都在都市近郊，就会把通勤者赶到更远的地方，对环境反而不好。

消费行为的吊诡之处在于：我们对产品的质量知之甚详，却对生产者的成本（尤其是环境成本）茫然无知。除了看价格，消费者其实不清楚自身购买决策的非环境成本，遑论环境成本。这是为什么他们向企业买东西——企业能想出最省钱的方法，去生产有价值的商品或服务。透过竞争性市场，企业出示价格，然后消费者根据价格去判断东西太贵或不贵。我从来不会伤脑筋去想，到底裁缝替我做一套西装要怎么做成本才最低，我只需要去比较西装的价格及它的最终质量，并据此做决定。纽扣成本、运输费用为这套西装增加了多少成本，我完全不在乎。

谈到制衣业，最有效的模型是让企业去操心如何用尽可能最便宜的方法做衣服——我们只需要看最后的价格。这是分工的一种方式，企业也依赖价格来获取他们需要的大部分信息，他们不追溯也不试图解决所有前期生产阶段的计算问题。一般来说，裁缝师不知道最好或最便宜的织布方法，但他会比较布料的质量与价格，然后据此做决定，就像消费者会根据西装价格做抉择一样。妙的是，当人人这样做时，市场倾向于将每个人所需承担的生产成本降至最低。

这些都是经济常识，代表的是持续数百年甚至数千年的做法。价格之所以重要，主要因为我们大多数人无法看到价格背后很远的地方，去估算真正的生产成本或想出最便宜的生产要素组合。我们仅凭价格，来节约资源的使用和成本。

回到环境议题。应对气候变化有两个方法，第一个，老实说，是让每个人都去记住"香蕉船碳足迹计算法"，并动态更新数据，这无异于以豌豆枪对抗坦克。第二个方法，是依赖价格系统（确切而言是通过修正价格），使之反映与环境损益有关的更多信息。这是依循经济途径处理气候变化的明智之举。相较第一个方法，第二个方法好比反坦克的火箭筒；唯有第二个方法才有机会成功。它透过价格体系运作，那是带给我们现代文明，也带给我们充裕食物的奇迹。

谈到评估环境破坏，现行价格体系多少有点失灵。以梅赛德斯为例，其社会和环境成本，但并未反映在它的竞争性市场价格上，尤其是尾气污染及其对气候变化的长期影响。市场经济仅节省了奔驰汽车公司的私人成本，但并未节省其制造过程产生的更广大的社会成本，包括对气候变化的影响。

在此背景下，依赖价格意味着对化石燃料征税，也意味着提高肉类税，因为我们吃的动物会排放甲烷（例如牛屁），加重气候问题。

这种税使消费者更容易遵守"绿色生活"。如果一种食品的生产和运输使用更多化石燃料，税会自动提高该食品的价格。消费者会因此少买，不论他们是否擅长计算什么东西最能帮助环境。这就是价格的威力——比给予重视环保的消费者一堆指示效果好。此外，这种税也能减轻消费者的动机负担。一旦税制建立了，消费者不必太关心环境，或完全不用操心。商品被征税后的更高价格会诱导消费者少买一点，表现得犹如他们关心环境一般，不论他们是否关心。

反正要加税，就加得绿一点吧

碳税确实会给政府带来信息负担，政府必须决定哪种东西要征税以及如何定出各种碳排放的税率。例如，政府必须判定污染严重的煤炭需要承担比油井更高的碳税。

理想情况下，美国应该与其他主要污染国同步实施碳税。更深层意义在于：美国正在快速老龄化中，因此联邦医疗保险（Medicare）及社会医疗补助（Medicaid）的支出将以惊人幅度全面上升；这个趋势已经开始了，即使美国限制人均联邦医疗保险支出，老年人口数目增加和平均寿命延长仍会使联邦医疗保险计划更加昂贵。结果很可能是：税赋必须增加，就算你和我一样，认为政府支出也需要大幅削减。

面对这个预算前景，我们应该征什么税？答案很简单：我们应该向那些造成负面环境后果的物品征税。即使征税未必有效，多缴税也总是痛苦的，但至少税能提供一些改善世界的机会。而且，碳税并不一定要反商业。如果我们愿意，我们可以用较低的企业所得税来抵消较高的碳税，从而在鼓励企业减少污染的同时，在总体上帮助企业。

在我写作此书的 2011 年，美国仍活在否认我们需要长期预算平衡的鸵鸟心态中，而且否认气候变化正在发生（至少在选举舞台上）。这个国家需要两记当头棒喝，事实上，相当幸运的是，这两记棒喝能以碳税的形式同时落下。

尽管目前碳税的前景渺茫，但美国人口的老龄化将对政府财政带来更大的压力。在不到二十年，甚至可能不到十年后，辩论的焦点将是增加税收与削减医保之间的选择。最终会如何解决这一冲突，我不确定。但老年人投票率较高，且在政治上相当活跃，这在一定程度上限制了可以削减的医保开支，无论我们是否喜欢，最终我们可能还得考虑增税。请记住，每年老年选民的数量都在增加；而在过去的几年里，共和党——在20世纪90年代曾尝试削减医保福利——有时却充当了医保捍卫者的角色。（记得那个著名的市政厅声明吗："告诉政府把我的医保还给我！"）

碳税只有在医保紧缩到来时才有可能真正实施，但无论当前前景多么渺茫，它仍然有一定的机会。鼓吹（而且真心相信）财政撙节的人，是环境最好的朋友，只是他们自己可能不知道。他们是替碳税铺路的人，一旦人民觉悟到，有些税无论如何非加不可，碳税的实施就会没那么痛苦。

但深层挑战依然存在：即使未来有新的绿色能源诞生，光靠它也不能解决气候变化问题。如果中美两国走绿色路线，很多石油和污煤会变得非常便宜，因为世界最大的两个经济体的需求大为减少。这当然是好消息，但那些化石燃料照样会被卖掉和用掉，流向越南、印尼、非洲、拉丁美洲或世界其他地方，总之，总会有人用掉所有剩余的宝贵石油。（这个情形很像上述抵制所遭遇到的困难，照这个逻辑看来，炸掉和摧毁一些油井会比征税有效，但那应该不会发生。）的确，由于能源价格上涨意味着食品价格上涨，我们不希望世界上贫穷的国家成为能源消费削减最多的国家。在贫穷国家，能源的边际使用比在富裕国家更有可能是生死攸关的问题。贫穷国家本就不会实施严格的碳税，也不应该实施。这意味着，在碳调整方面，主要的负担应当落在美国身上。

首要的愿望是，够好和够便宜的绿色能源可以快速扩张，以阻止其他国家不顾一切用光所有肮脏能源的需求。其次的愿望是，即使石油资源耗尽，也许有朝一日可以透过美国和中国领导的国际协定，使污染严重的煤炭变得不经济且不受欢迎。我们离此前景仍远，但它是这场博弈的另一个火箭筒。

好消息是——如果我能称之为好消息的话——碳税限制碳排放的效力，很可能与时俱进。例如，随着全球经济体开采和使用更多化石燃料，最赚钱（最先被使用）的供应来源会趋于枯竭。换言之，就石油来说，我们很早就使用现成的、"用吸管一吸就有"的得州石油和沙特阿拉伯石油，而用沥青砂提炼的石油到后来才用上（那是一种昂贵得多的技术）。今天，美国已经转移到更高难度的生产方法了。这表示未来化石燃料生产者的利润将进一步减小，因此也更容易引导从业者投资新科技。相反的，在沙特阿拉伯，只要这个国家还有易采石油，不管我们实施哪种能源税，都不会让他们放弃"吸油竞赛"。

把防止虐待动物法，应用到农企业上

最后，就动物福祉而言，征肉类生产税，可以减少以非人道方式饲养的动物数目。不是所有动物都是在不可接受的条件下被饲养，所以我们应该有针对性地征税。此类税收不必以增加财政收入为目的。一种"征"肉税的方法，是规定动物必须在更人道的条件下被饲养和屠宰。我的初步想法是，将目前适用于家庭宠物的防止虐待动物法，应用到农企业上。

这么做的话，结果会怎样呢？更高的肉价、更少的甲烷排放，以及无数的农场动物获得更好的待遇。我们必须付出的代价，则是少吃几餐肉，但总的来说，这是一笔划算的交易。如果我们用蔬菜而非垃圾食物来取代肉，甚至对我们的腰围还能有帮助。

有环保意识的经济学家和环保人士正在构思其他政策改革，以达到绿色能源和绿色食物的目的，这些改革包括：

· 加强支持海外绿化森林及其他碳汇[1]。

· 减少郊区开发项目对最小停车位的要求；此类规定会助长汽车使用和城市扩张。

· 放宽对城市地区高密度建筑的分区限制。城市居民较不可能拥有汽车或开长途车，因此他们更环保。

· 取消对大型农企业的一切补贴。我支持资本家，但我认为农

1　是指从空气中清除二氧化碳的过程与机制。

企业应该自食其力。除此之外，补贴玉米和豆粕本质上是补贴那些把玉米和豆粕当饲料的牧场主人。我们应该对牛屁征税，不是补贴牛屁。

·逐步取消水资源补贴，补贴水反而催生无效率的农业和过度使用水资源。

这些改变全都能促成市场的自动调整，不需要消费者去搞懂各种商品与服务的能源成本，消费者会根据利己行为来贯彻执行，不必依赖持续不断的利他精神和极端的环保意识。

结论是：我宁可替这些改革做宣传，也不愿花时间去计算我盘中芦笋的能源里程。（我现在真的比较少吃芦笋了，希望这能让你感觉舒服点。）

沙丁鱼、顶级鹅肝酱，以及洗碗机

此外，我还有一些来自个人层面的建议：

1. 让环保行为更有趣

我已成功培养了吃沙丁鱼的习惯。沙丁鱼不像其他很多鱼类，没有灭绝的危险，而且处于食物链的尾端。它们直接从罐头里拿出来，就很好吃了，随时可充当一餐。罐头可以保存很久，体积又小，因此我不至于太浪费。沙丁鱼也提供很多蛋白质，是很好的肉类替代品。你可以将其他处于食物链尾端的鱼列入你的选择，包括鲭鱼、胡瓜鱼、鳀鱼和鲱鱼。大部分小鱼都符合这个条件，青口和牡蛎也是。

2. 培养对有害环境食物的昂贵品味

除了让合乎道德的食物更容易享用和更便宜外，我也试图让很多危害环境的食物变得更难享用和更昂贵。如果我爱吃某种对环境有害的食物，又自私到不肯放弃，通常我会刻意培养对那种食物的昂贵版本的偏好。结果是我养成了更刁的口味，因此很难满足于质量较差的产品。同时，最好的产品不是太贵就是太难遇到，所以我也没法经常吃。

1990 年代中期，当我造访巴西南部时，我特地去吃当时我认为是全世界最好的牛排（后来我才知道神户牛排足以与之抗衡），结果却让我现在几乎不吃牛排了。去年我去布鲁克林的 Peter Luger 牛排馆（有时被视为纽约、甚至全美最好的牛排馆），美食家对它赞不绝口。它的确很好，我可以理解为什么有些人喜欢它，但整体而言我是失望的，尤其对价格。我毫无批评该餐厅之意，它实践了它对消费者的承诺——服务生有纽约式的健谈风格，牛排也很美味。我只是不再觉得这家餐厅的承诺很有价值，对我而言，它已不再是全世界最好的牛排（而且不便宜，午餐约 70 美元，附蔬菜和炸薯条），因为我有了新的评价标准。那次经验，帮我戒掉我的牛排瘾，下回我再想吃一大块牛排，会是很久一段时间之后了。我认为自己被解放了，就此而言，当时花的那 70 美元真是一笔好投资。

如果你想培养昂贵的品味，有很多昂贵餐厅和美食书可以帮你达到目的。例如，很多人都认为鹅肝酱的制作对动物太残忍。如果你认同，却无法完全放弃鹅肝酱的美味，不妨让自己尝尝某种非常顶级的鹅肝酱，顶级到让市面上别的鹅肝酱相形见绌。也许，将来那些"普通好"的鹅肝酱，会让你觉得——就像 Peter Luger 牛排现在给我的感觉——不过是一种吃不吃都无所谓的昂贵东西罢了。当然，这个建议对超级有钱人可能不管用，他们尽管去买最好的鹅肝酱，爱买多少买多少，不过，对大多数人来说，这仍是一个克服口欲的好方法。

3. 尽可能不吃精制糖

糖的提炼与加工，是另一个主要的能源消耗来源。一个降低环境成本的方法，是少吃或完全不吃垃圾食物。你不但省了钱，有益于环境，还过得更健康，有胃口吃可口的食物。当你用沙丁鱼罐头代替垃圾食物时，几乎人人都可受益——尤其是你自己，而且你再度证明：每一餐都重要。

4. 少浪费食物

很多食物我们都习惯了不吃完，最明显的例子是面包。市售吐司面包通常很大一条，而且对很多美食家而言，面包出炉一天或甚至几小时后就不好吃了，然后就会被我们扔掉。很多人买了草莓也会赶快吃光，因为草莓的保鲜期也很短。让很多食物在堆肥中腐烂，会释放甲烷到大气中，显著加重气候变化问题。我目前的食物计划是计算自己究竟浪费多少，以便以后少买一些。我从不浪费冷冻水饺或袋装扁豆，也许我应该多买这些食物。

5. 尽量减少开车次数

现在我去超市买菜，一次买的量更多，以减少我开车的次数。通常这表示下班回家途中顺便采买，或将采买与其他某个我必须开车出去的行程合并在一起。

根据美国农业部估计，就能源和污染而言，开车比吃饭更严重。餐饮服务业（包括餐厅和超市）的人均年能耗相当于 16 加仑汽油。因此，如果一个人能做到每年少加 50 至 70 美元的汽油，省下的能源大致可抵消一个典型美国人的饮食能源冲击。如果你是日常美食家，决心继续吃你喜爱的餐食，即使你吃的东西对环境有点不友善，调整驾驶习惯仍然可以大幅节能减碳。少开几趟车，我们可以做得比土食族还环保。

我们不可能做到零环境冲击，或产生和俾格米人一样小的环境冲击，因此我们必须聪明地选择战场。食物，既不是主要的环境杀手，也不是最大的能源消耗来源。我们才是。

第九章

边境上的料理东西军

哪里的墨西哥料理比较好吃

————

墨西哥消费者会冒险

而不是被别人的想法所束缚

最好的墨西哥食物汲取新旧两个食物世界的精华

构成无与伦比的曼妙组合

读到这里，你可能觉得要吃出绿色地球，太沉重了。

别太担心，享受美食本来就是以尝试新味道、新经验为乐。旅行，是一个好办法，逼自己走出枯燥的坏习惯，我说的不仅仅是为了去亚洲超市而绕道走另一条路。接下来两章，我要谈一谈异国饮食。喜欢旅行、也喜欢享用美食的人都会发现，一个国家的富裕程度和治理方式对食物有显著影响。我特别好奇的是：为什么在美国的异国料理，跟它们在家乡的味道如此不同？

我最百吃不厌的食物，就是墨西哥料理。我去墨西哥的次数多到数不清了（超过 15 次），那也是我冒了很多食物风险（例如感染食物寄生虫）的国家。我对食物的看法，大都来自探险和发现，而冒险进入陌生之地，有许多出乎意料的好处。

如果你只是随便逛逛，你会在墨西哥吃到一些不入流的东西。你会遇上很多墨西哥快餐、不重质量的墨西哥连锁餐厅、肉老筋多的墨西哥鸡肉，或充其量算普通的墨西哥家庭料理。美国的连锁墨西哥快餐店塔可贝尔（Taco Bell）——不论它有什么缺点——胜过你在墨西哥吃的很多馆子。如果你真的受不了塔可贝尔，好吧，墨西哥也有分店，只不过墨西哥人似乎视之为古怪滑稽的美国怪癖。

但是我在墨西哥也吃到过一些我生平吃过的最好的餐点，花费不到 5 美元，有时还不到 2 美元。在墨西哥的经历，是我满怀希望踏上我在本书开头提到的尼加拉瓜美食之旅的主要原因之一。

那么，墨西哥料理和美墨料理（我用"美墨"一词涵盖你在美国找到的各式各样的半墨西哥料理）究竟有何不同？为何两者差别这么大？即使是得州埃尔帕索（位于美墨边境，有七成居民是西班牙裔）的墨西哥式料理，也和边界另一边的华雷斯城大相径庭。

最后，为何墨西哥料理和美墨料理在它们各自国境内的差别如此悬殊？为何曼哈顿的墨西哥餐厅走的路线，跟休斯敦街头的塔可店或郊区的得州－墨西哥餐厅不同？芝加哥或洛杉矶的墨西哥社区食物，与埃尔帕索的烹饪传统大相径庭。在墨西哥，露天餐厅供应的菜式与首都墨西哥市的高雅餐厅风格迥异。南方的瓦哈卡的传统风味与更新、更工业化的北方城市的新派料理形成鲜明对比。

虽有种种地域差异，墨西哥社会并无专为少数客群服务的美国式观念，这可能是美国食客初访墨西哥的第一文化冲击。大多数墨西哥人认为，素食者很古怪甚至荒唐。我曾听到美国游客告诉墨西哥服务生他们吃素，服务生反问他们：那能吃鸡肉、猪肉或者鱼肉吗？墨西哥人会问素食者是否有某种健康问题。简言之，除了在一些潮男潮女圈，素食者是可笑的，那还是在素食概念被了解的前提之下。墨西哥的犹太人和穆斯林也比美国少，饮食禁忌可能出现在大斋期（Lent）期间，但除此之外，忌食观念在墨西哥社会并不显著。

我的美食双城记

我做了一个实验，我将之构想为"双城记"。我认为，只要到了边界，就可以更加了解墨西哥料理与美墨料理的异同。我想找到美墨两国最趋于一致的地点，即地理上和族裔上最接近的地方。因此，我要去得州。

埃尔帕索和华雷斯城是姊妹城市，分别位于一条共同边界的两边。两个城市有一样的气候、一样的地理位置、共同的早期历史，并发展成日益趋同的族裔构成。大约七成的埃尔帕索人口被统计为"西班牙裔"；根据一份调查，四成的埃尔帕索居民自称出生在墨西哥。如果我们将非法移民和少报漏报的情形考虑在内，墨西哥血统在埃尔帕索市的浓度恐怕比公布的数字还高。

两个城市原为一体，1848 年美墨战争后才分开。北边的定居点维持埃尔帕索的旧名，南边则采用华雷斯城的新名。在 1917 年之前，美方对来自墨西哥的移民很少设限。边境巡逻队直到 1924 年才设立，即使设立后，随便穿过边界的情形仍频繁延续了几十年。直到今天，仍有很多人住在华雷斯，但在埃尔帕索工作，持特别工作证每日通关。

尽管如此，两地仍存在两个显著差异。首先，两个城市分别在不同的法规下运作，包括食品监管制度。其次，埃尔帕索远比华雷斯富裕。因此两者提供了一个（粗略的）田野实验，供我们研究法律与财富对食物的重要性。

2006 年当我造访埃尔帕索时，这座城市出乎我的意料。那里的"墨西哥料理"，用我的鼻子或味蕾来判断，实在不怎么像墨西哥食物，尽管城里有很多墨西哥人和墨裔美国顾客。我尤其惊讶我在埃尔帕索能找到的墨西哥食材如此之少。如果你在美国吃美墨料理，可能只有辣椒或冬天的西红柿来自墨西哥，几乎其他一切尝起来都跟墨西哥不同。埃尔帕索也不例外。

相隔一道边界，牛肉滋味截然不同……

我们深入探究了墨美边境两侧烧烤文化的差异，却避开了一个核心问题：肉类风味的浓烈程度是墨西哥料理与美墨料理最明显的差异。相较之下，美国产品淡而无味。

墨西哥的牛主要以青草为食，因此它们的肉产生更强烈、更腥膻的味道。众所周知，吃草的牛，肉质比较坚韧，拿来做整块牛排往往嚼不动。但只要切、剁或分割成较小和较易处理的小块，肉质韧不是大问题。因此墨西哥的牛肉塔可或法西塔，如果烹调适当，会比你在美国吃到的好，墨西哥算是碎肉料理王国。

至于大片、整块的牛排，美国产品有显著优势，你会看到很多墨西哥牛排馆标榜他们使用的是美国牛肉。美国牛只吃商业生产的饲料，导致肉味较淡但肉质也更嫩。得州牛排更容易切也容易嚼，尤其当你面对盘中的一大块牛排时。平淡的味道可以用莎莎酱（salsa）[1] 或辛辣的阿根廷青酱（chimichurri）[2] 掩盖过去，两者在墨西哥牛排馆都是重要配料。

饲料的差异，出自一些基本经济考量。美国牧场占地较广，可以用更低的成本饲养任何牛只，牛犊通常放到田野吃草，但长大后被移入室内，圈养在规范的牛栏中。一方面，美国畜牧业在既定土地上饲养更多动物，另一方面，这些动物必须吃商业生产、以玉米为主的饲料，因为它们不常在外面吃草。加上美国政府大幅补贴玉米，因此鼓励牧场使用玉米饲料。墨西哥农民较穷，很多农场都是家庭农场，依赖本地牧草养牛。墨西哥的地价较低，意味较少需要合并农场以节省空间。此外，很多墨西哥农民无法取得维生素、抗生素及排泄物处理技术等令美国的工厂式农场能够获利的因素。

1　对墨西哥菜肴中常用调味料的统称，通常由番茄和辣椒制成，一般会用于搭配塔可等食物。
2　南美传统调味酱，以新鲜欧芹、蒜末、橄榄油、红酒醋及红椒粉为基础调制，呈现清新酸辣的复合风味。

当吊挂户外的肉变成十分可怕的颜色……

除了烧烤，墨西哥人还用干式熟成（dry aging）和户外风干的技术处理牛肉。事实上，有时他们将牛肉熟成到几乎变成绿色的地步。冷藏在墨西哥比较负担不起，直到最近，这个国家还有不少地方根本没有冰箱，因此他们只能用更古老的方法。风干熟成技术，仰赖的是随时监控和廉价劳动力。肉用钩子吊挂或以其他方式摆在户外。当部分肉变成十分可怕的颜色时，有人必须用刀把那部分刮掉并扔掉。无可避免的，有些肉会腐坏，引来太多苍蝇，或遭遇其他户外风险。干式熟成也使得牛肉重量显著损耗，说白了就是脱水和缩小。

我想读到这里你已经猜到了，对很多美食家来说，干式熟成的牛肉味道更香浓醇厚。

相反的，美国牛肉供应商依赖冷藏。他们采用真空包装的"湿式熟成"技术。这个方法能确保品质稳定，而且更容易达到卫生与安全标准，便于规模化生产。虽说如此，有些美国顶级牛肉餐厅还是采用干式熟成技术的改良版，因此也更昂贵。韦格曼斯超市供应一些干式熟成牛肉，尽管价格贵很多，有时你也能在全食超市和精品肉铺找到它。美国人平常去的巨人和西夫韦超市不卖这种牛肉。墨西哥的牛肉熟成方法，仅在墨西哥是便宜的。在美国牛排馆订购干式熟成牛肉，每磅可能必须多付 4 美元。

　　所有类别的墨西哥肉品，都是在比较宽松的卫生安全标准下生产的。供应商数目太多；墨西哥官僚太无能和腐败。在墨西哥，大部分的家庭农场未受严格检验。进口墨西哥牛肉到美国之所以困难，问题不在于关税（记得《北美自由贸易协定》[NAFTA]吗？），而在于 FDA（美国食品药品监督管理局）、USDA（美国农业部）及各级地方政府种种令人困惑的规定。此外，产品责任法也阻止食品供应商提供可能危害健康的产品。

　　墨西哥人偏爱比较肥的肉，如同他们普遍喜欢或接受他们吃的食物有较高的含脂量。带肥的肉好吃，也是摄取蛋白质的简单途径。经典形式的法西塔[1]使用"横膈膜肉"（skirt steak，取自牛的胸腹部之间），是牛身上比较肥的部位。法西塔最初是得州牧场工人的食物，当时的工人们将屠宰的动物整只吃掉，不浪费任何部位。墨西哥的法西塔通常维持用横膈膜肉的传统，但美国的法西塔已改用后腿肉、肩胛肉、牛肋条肉，或鸡肉、虾和鱼，甚至衍生出"豆腐法西塔"。在美国，法西塔的概念，已变成肉类边角料综合利用的代名词。美国人已不再吃较肥的横膈膜肉，尽管那些肉更有滋味。

1　源自墨西哥 – 得州边境的牧场饮食文化，传统以牛横膈膜肉为主料，经铁板炙烤后搭配洋葱、青椒与玉米饼食用。

在墨西哥乡下，看到猪睡在主人屋子里

此外，墨西哥的餐厅也没有要为客人提供低脂选择的压力。健康意识才刚刚进入墨西哥美食界，墨西哥也是一个远比美国不健康的国家，是世界上糖尿病发病率最高的国家之一。由于健康问题在较贫穷国家如此普遍，一般人不认为良好的饮食习惯能延年益寿或使他们免于疾病。既然如此，干吗不吃肥肉？

猪肉不是北墨西哥的日常食物，但纵观全国，的确是墨西哥人最常吃的肉食。再一次，我们看到边界两边的巨大差异。墨西哥的猪较可能自由放养，吃玉米长大，跟牛一样养在家庭农场或一间依附农舍的简陋猪圈；相反的，美国的"工厂猪"吃磨碎的动物内脏和鱼粉，主要因为那是大规模养猪最便宜的方法。

墨西哥猪肉味道更自然，口感更丰富，尽管未必跟美国猪肉一样柔软或嫩。美食作家彼得·卡明斯基（Peter Kaminsky）写道："猪不是反刍动物，它们没有第二个胃去消化它们吃下的脂肪。因此猪的肥肉蕴含了更多被猪吃下的橡实、黄豆、花生和玉米的隐约风味。如果肥肉好吃，瘦肉也会好吃。"

比较穷的国家通常吃猪肉多于牛肉，因为猪比较容易小规模饲养。猪比较会自己觅食，能靠垃圾维生，反之，牛却需要饲料或更大片的牧草地。在墨西哥乡下，看到猪睡在主人屋子里一点也不稀奇，这是为什么墨西哥人可以轻易烧出这么多美味猪肉菜肴的原因之一。

很多国家是在变富有之后，才从吃猪肉改成吃牛肉的，美国也一样。19 世纪时，美国人就是吃猪肉多于牛肉。猪肉更容易盐腌、防腐和储藏。腌制火腿至今在美国南方饮食占有重要地位。但大多数美国人喜欢吃新鲜的肉，而新鲜牛肉又胜过很多形态的猪肉。美国牛肉仅在冷藏车厢出现后才广泛被食用，如第二章所述，冷藏车厢得以让企业家将中西部的牛肉用火车运往全国各地，无需冒多少腐坏的风险。"一战"时，美国牛肉消耗量仍与猪肉消耗量不相上下。到了 1950 年代，在美国，牛肉的地位已确定比猪肉更重要。

北墨西哥部分地区——包括华雷斯城附近——是一个例外。不同于大部分的墨西哥，那里的牛肉比猪肉重要。在北方，土地是开放的，牛可以消化草中的纤维素，但猪不能。这是为什么美墨料理继续从墨西哥北方料理汲取大量灵感，而不引进偏重蔬菜、偏重猪肉的南方瓦哈卡料理的原因。

和牛肉的情形一样，墨西哥人不大在乎他们爱吃的肥猪肉对健康有何影响。美国猪肉含脂量越来越低；根据一项估计，现在美国猪里脊肉的平均含脂量比 1980 年代初期少了 42%。这是怕胖的美国消费者的胜利，却使猪肉丧失了大部分滋味和口感。

墨西哥人较可能用煎炸的方式烹调肉食，包括猪肉。去华雷斯城的食品市场走一圈，你会看到各式各样美味的 chicharrón，那是一种炸猪皮，类似猪油渣。不过，华雷斯市场的 chicharrón 不限于炸猪皮。你可以找到炸火鸡、炸猪耳、炸牛肉脆片、肋排脆片等——天晓得都是些什么玩意？在埃尔帕索及更广范围的美国，可没有这么多五花八门的油炸物，尽管全美各地的拉美食品市场都卖基本款的炸猪皮。

墨西哥人对油炸食品的偏爱有其历史根源。在墨西哥农村，燃气和电烤炉仅在近几十年才普及起来。许多村庄至今仍有很多家庭没有烤炉，排除了烘焙和炙烤的烹饪方法。汤、炖菜和莫雷酱（molé），都可以放进锅里在火上熬煮。除此之外，热火油炸仍是准备一顿热食的简易方法。墨西哥人甚至会为了更浓郁的味道，而把面食先下锅油炸。同样的，墨西哥人常用油煎他们的安吉拉卷（enchilada）[1]，而美国人则是用烤的。

墨西哥的鸡，通常肉老筋多

墨西哥的鸡多为散养，不喂添加剂、激素，也不像美国鸡那样经过基因改造。尽管如此，墨西哥的鸡肉普遍逊色于墨西哥猪肉的水平。鸡肉含脂量本来就比较少，因此自由散养增加不了多少风味。

墨西哥的鸡通常肉老筋多，肉量也较少。生长激素的使用，确

1　又称墨西哥辣肉卷，一般用玉米卷饼打底，配上咸味馅料，再淋上辣椒酱，佐以配料点缀。

实使鸡胸及其他重要部位的肉质更嫩。此外，墨西哥农民杀鸡时不采用出其不意、攻其不备的方法，以致鸡的身体对杀戮行为产生化学反应，使其肉质变硬。

墨西哥有很多美味的鸡肉菜肴，主要来自瓦哈卡市，那里的鸡是家庭肉食的首选。但大部分的功劳要归于佐料和调味，而不是鸡肉本身。这个地区的新鲜小鸡可以十分美味。但如果要比较北墨西哥与得州的鸡肉，我会选美国为赢家，尽管最美味的鸡肉菜肴在墨西哥。

至于墨西哥的海鲜，其质量主要取决于地点，甚至其决定程度比美国还显著。华雷斯城紧邻得州，不能代表整个墨西哥，它的海鲜选择也逊于美国。最好的墨西哥海鲜直接来自海洋或淡水湖，几乎现捞现吃。种类可能不多，取决于一个地区的自然条件。沿海地区有绝佳的海鲜。很多墨西哥内陆人一辈子只尝过一种鱼，也许是当地的罗非鱼，有点像鳟鱼。但他们吃的鱼通常质量高，因为捕到后几小时内就吃下肚。

墨西哥沿海社区的海鲜——就个别海鲜而论——比自然条件相似的美国沿海社区的好得多。蒂华纳的海鲜远胜过毗邻的圣地亚哥，也许昂贵的顶级市场除外。原因很简单：供应链长度与租金差异。蒂华纳的小吃店会在海边卖（或烧）鱼肉塔可，一份约 2 美元。鱼从停泊在店旁边的水中的船上直接送来，通常被迅速卖掉和吃掉。经营小吃店的人（或其家人）负责烧鱼。店里装潢简陋，全部设施不过是几张凳子和桌子。很显然,这地方大概通不过美国食品卫生检验。

类似的经营模式不可能出现在圣地亚哥。这座城市更高的租金意味着滨海地段被更高运营量、更高开支的活动占据。滨海餐厅需要高翻桌率,这通常表示必须有酒吧,必须花大钱装潢,必须营造优雅的气氛。这样一来,运营量必须相应提高,这表示他们会向规模更大且组织更好的供应商进货。这里的鱼经过加工、储藏、反复冷冻的程度远高于蒂华纳的小吃店。烹调和准备通常由一群受过(不完美)训练的员工负责,在匆促中处理大量工作。他们可能是过去常在蒂华纳海滩上吃鱼肉塔可的同一批墨西哥人。圣地亚哥的餐厅也许很好,但它缺乏蒂华纳鱼肉塔可可以现捞现吃的极度鲜美。

虽说如此,更长的供应链带给圣地亚哥更多不同种类的海鲜。圣地亚哥可以卖来自世界各地的海鲜,但蒂华纳及更广大的墨西哥城市比较擅长处理纯本地产品。

美墨两国也都透过超市及沃尔玛之类的大卖场,提供冷冻海产。在这个范畴,美国通常更胜一筹,这再度是由于美国在处理长供应链方面的专长。一般而言,美国的鱼比墨西哥的好,但谈到特定种类的鲜鱼,在墨西哥任何能取得新鲜货的地方,鱼都比美国的好得多且便宜得多。

肥奶酪与门诺派教徒

就像肉类可以使墨西哥料理比美墨料理更浓郁可口，奶酪更强化了这个基本差异。墨西哥奶酪比美国用的奶酪更黏稠、更美味、更浓郁。

美墨料理使用的是蒙特利杰克（Monterey Jack）奶酪、淡味切达（bland cheddar）奶酪，甚至是美式加工奶酪，而不是更浓更香的墨西哥阿萨德罗（asadero）奶酪和瓦哈卡（Oaxaca）奶酪。奇瓦瓦（Chihuahua）奶酪——通常是墨西哥门诺派教徒（Mennonites）制作的——在墨西哥北部特别流行。为什么顶级墨西哥主菜这般好吃，很大原因之一就是这些奶酪。

美国奶酪和肉类的平淡口感，也影响了餐食的呈现方式。美墨餐厅较可能求助于浓稠的酱汁，以便遮掩食物的平淡无味和奶酪的疲软无力。

在华雷斯城街头，手工制作的未杀菌奶酪随处可得。同样的奶酪不可能在埃尔帕索找到，除了偶尔非法进口的走私货——这些通常都摆在拉丁区的小食品市场。但未杀菌的奶酪更浓郁可口，风味也更多样。这种奶酪更受大多数美食家喜爱，却与大多数美国食客无缘。然而，在法国，未杀菌奶酪是最耀眼的地方特产。

美国联邦政府禁止进口未杀菌奶酪，除非已熟成 60 天以上。实际上，这等于对大部分的未杀菌奶酪下达封杀令，包括来自墨西哥的优质未杀菌奶酪，比如名闻遐迩的北墨西哥奶酪。简言之，最好的墨西哥奶酪不准进入美国。

即使这些法规废止了，美国的侵权法仍会有效阻止很多优质墨西哥奶酪进口和广泛销售。未杀菌奶酪的确会让某些人吃坏肚子，并可能感染李斯特菌或结核杆菌。不论这个风险是否比周末晚上开车的危险性高，大部分财力雄厚的主流食品零售商因为怕吃官司，都不愿卖这种奶酪。

不过，杀菌并非主要议题，因为包括在墨西哥境内，最好的未杀菌墨西哥奶酪已具备杀菌型。今天大多数的墨西哥人都已经在吃这种已杀菌的奶酪，而美国产品仍然瞠乎其后。

关键在于，墨西哥奶酪的手工生产本质提高了其质量。同时，这些奶酪很难大量生产，也很难维持固定、可预料的质量。很多手工奶酪必须迅速送到市场，并在几日内吃掉。这个特性可与本地产销网络配合无间，却不适合全国性的品牌和长途运输。美国奶酪经过更高度的加工，较可能添加化学物质和防腐剂。它们可以在超市或冰箱里保存更长时间，但防腐剂会使奶酪口味更平淡。美国奶酪不是用来在完全新鲜的状态下出售和食用的。

墨西哥的奶酪生产方法源自更古老的时代。举例来说，大约在19至20世纪之交，数千名门诺派教徒为逃避公立教育与寻求宗教自由移居墨西哥北部，他们大部分来自加拿大西部，但在此之前其祖先已经历从荷兰、普鲁士和俄罗斯到加拿大的长途迁徙。墨西哥大部分的门诺派教徒安顿在夸特莫克附近一块面积 65 万英亩的地方，位于埃尔帕索南方约 250 英里处。门诺派教徒凭借他们的欧洲背景带来农耕和奶酪制作技术，并在墨西哥这个新家发明出一种白色奶酪，以其所在州名奇瓦瓦命名，成为北墨西哥的日常食品。

这样一个科技落后的社群可以主宰整个区域的奶酪生产至今，很有象征意义。不是所有的墨西哥奶酪都出自门诺派教徒（这是北墨西哥特有的现象），但手工奶酪制作从未被大量生产取代。在美国，手工奶酪已东山再起，在特产专卖店和美食餐厅大受欢迎，但绝非美国超市或餐桌上的主要食品。

即使是非手工奶酪的墨西哥奶酪也倾向于更浓郁和更多脂。华雷斯城的沃尔玛有一个大奶酪柜，里面摆满了许多商业制造、非手工的著名墨西哥奶酪。阿萨德罗、奇瓦瓦、科蒂哈（Cotija）和瓦哈卡奶酪是主打商品。它们形状不一，有长条的，有圆形的，还有绳结状的。那里也卖美国奶酪，但遭到冷落。

反之，埃尔帕索的沃尔玛，尽管大部分顾客是拉美裔，却不卖墨西哥制造的奶酪。这里的奶酪区主打切达和蒙特利杰克奶酪（欧洲奶酪在埃尔帕索不流行）。和墨西哥不同，这里的奶酪通常是手撕或刨成细丝的，用来少量撒在食物上，而不是大块加在食物里头。这里也找得到墨西哥的阿萨德罗奶酪和凯撒蒂亚奶酪（queso quesadilla），但只有刨丝形式，跟切达和蒙特利杰克奶酪混在一起，装在卡夫牌塑料袋中。得州版的科蒂哈奶酪可以在熟食区找到，但华雷斯城沃尔玛出售的墨西哥奶酪，在埃尔帕索的沃尔玛是不卖的。

美国厂商从未在大规模销售墨西哥奶酪上获得多少成功。卡夫食品公司试验过一个墨西哥奶酪产品线，但后来放弃了，原因是特制化生产成本太高，难以获利。有些较小的特产公司在推广墨西哥奶酪上获得过一些进展，但未能改变广大美国民众吃奶酪的习惯。大多数美国人宁可选择比较淡的口味，部分原因是不愿吃大量高热量的奶酪产品。

好吃的墨西哥菜，要靠新鲜猪油

比较美墨两国的豆类，我认为最好吃的豆类在墨西哥，但不是因为豆类本身。豆类可以运输，不致损失多少价值。相反，差别来自烹调用油：顶尖的墨西哥烹饪术，使用的是新鲜猪油。墨西哥人不用罐头猪油，而是用高质量的肥猪肉来熬油。猪油增加了回锅豆泥（refried beans）的滋味和油润感、玉米肉粽的爽口，以及许多烘焙食品的香气。北墨西哥部分地区用牛油代替猪油，效果大抵相同。牛油被揉进面粉，以增加薄饼的香味。

美墨料理使用的，是比较没味道的植物油或固体植物油。美国也生产猪油，但经过加工，因此比较不新鲜，很多优秀的厨师都不用它来烹饪。它会使你的食物感觉油腻，味道平淡，并带有一种果仁味。几乎任何东西用墨西哥猪油来烹调都一样好吃，它也让墨西哥豆子和玉米粽子达到更高境界。最具声望的英文墨西哥烹饪书（如黛安娜·肯尼迪 [Diana Kennedy]、里克·贝利斯 [Rick Bayless]、帕特里夏·昆塔纳 [Patricia Quintana] 等人的作品）都推荐使用新鲜猪油，或偶尔用煎培根熬出来的油勉强代替。

不新鲜的美国猪油因为加了防腐剂，能够长久贮藏，不会分解或变质发出油馊味，适合大量生产并销往全国，并符合卫生与安全规定。墨西哥猪油是手工做的，随意用于烹调，不受监管。美国猪油非常适合大规模生产、全国性销售，符合健康和安全法规。墨西哥厨师通常宁可选择风味，也不愿粗制滥造。

美国的顶级墨西哥餐厅，通常用新鲜猪油烧菜。如同在墨西哥，他们的猪油是用肥猪肉熬的，一次熬一大锅可以冷藏几个月。也许美国的新鲜猪油不如墨西哥的好吃，因为墨西哥有更好的猪肉。但这种猪油的风味，仍比植物油更香浓和地道，使这些顶级餐厅的菜肴更接近正宗的墨西哥料理。更普遍的问题是，墨西哥式猪油不适合大规模烹饪。

有些更具体的问题限制美国餐厅使用新鲜猪油。猪油是猪的脂肪，素食者、穆斯林和恪守犹太教规的犹太人都不能接受。用猪油烧菜的餐厅，必须放弃这些人的生意。即使这些族群在某个地域人数很少，他们的存在仍发挥着商业影响力。基于法律和公关理由，用猪油烧菜的餐厅必须告知大众（记得麦当劳曾经用牛油炸薯条，所以薯条超好吃；结果遭到素食者的抗议而终结了这个做法，令许多日常美食家大为惋惜）。很多美国消费者不喜欢在知情的情况下吃下很多猪油，美墨餐馆有时甚至宣称自己不用猪油。

猪油对墨西哥烹饪法的重要性，有很长的历史渊源。早年，西班牙人企图在墨西哥种橄榄树，但发现太难（秘鲁的气候比较适合，橄榄油遂成为秘鲁料理的重要成分）。因此，殖民地的厨师必须用其他油来烧菜，猪油就成了很自然的选择。在 1562 年，教宗甚至还颁布了一纸特许状，宣布吃猪油不违反禁食肉类的斋戒规定，猪油的重要性可见一斑。起初，墨西哥原住民对猪油的反应是恶心，但他们很快就发现，猪油使玉米粽子及其他菜肴更可口也更营养。

从烹饪书中也可看出美墨料理在猪油方面的演变。1898 年出版的《埃尔帕索食经》（*The El Paso Cookbook*），被认为是在埃尔帕索出版的第一本烹饪书，或至少是我能找到一丝蛛丝马迹的最早一本。书中很多食谱源自英美或欧陆料理，但其中一章（含 59 道食谱）专门谈墨西哥菜肴，书上通常建议：要用大量猪油烧这些菜。

在美国，用植物油取代猪油及其他动物脂肪的做法始于 20 世纪初期。1910 年，宝洁公司（Procter & Gamble）将植物油变成一种可取得专利的商品。此后的几年内，一场全国性的广告战开打。如果我们读 1929 年第一本用英文写的墨西哥烹饪书，还能看到一些使用猪油烧菜的痕迹，但那时植物油已变得更普遍了。此后，植物油声势一路上升，猪油式微。

在20世纪70年代左右，美国人对健康的顾虑，强化了这个趋势。有些饶富趣味的研究，深入探讨了墨西哥移民经过连续几代美国文化的同化后，在饮食习惯上的改变。到了第二代，大多数墨西哥裔美国人开始普遍关注胆固醇议题，意识到吃猪油与健康之间的负面关系，或至少他们相信这个相关性是存在的。随着墨裔美国人在美国居住的时间变久，猪油、奶油、腌猪肉和香肠（及其他高含脂量的肉类）的消耗量明显下降。被同化的负面后果是，他们吃下更多的包装食品、零食和甜点，让玉米薄饼一类的碳水化合物被更大的糖消耗量所取代了。

关于猪油暂且说到这里，那么餐桌上的其他变化呢？

藏在墨西哥薄饼里的学问

美国薄饼一般都是由面粉做的，而墨西哥薄饼普遍是由玉米做的。在美国销售的薄饼约六成是面粉薄饼。

墨西哥人更倾向于将玉米与手工劳动相结合，他们用手磨玉米，再用手把磨好的玉米拍成饼。在墨西哥农村，新鲜的手工薄饼与大部分餐食一起上桌。

面粉薄饼可以在墨西哥北部找到，例如索诺拉、奇瓦瓦、科阿韦拉、新莱昂等州，但除此之外，传统墨西哥食谱较可能用玉米薄饼。

面粉薄饼是墨西哥无国界料理的先驱；发明面粉薄饼的人将本土的薄饼概念与欧洲的小麦作物结合在一起。但面粉薄饼只在遥远的北方（包括华雷斯城）流行，那里本土传统薄弱，西班牙的影响相对较强。在墨西哥其他地区，小麦被用来做面包和"托塔"三明治（torta sandwich），这种三明治已变成都市里的国民食物。

小麦（面粉）薄饼无法普及墨西哥全国。种小麦比种玉米需要更高的前期投资，例如小麦作物必须配备更多头昂贵的犁田动物。12月的栽种期和3月的成熟期都需要灌溉；在墨西哥试种的小麦品种往往收获量低，又容易染病；小麦收成后，将谷粒磨成面粉需要欧洲式的磨坊。此外，大部分的墨西哥乡下人排斥面粉薄饼，坚持吃他们心爱的玉米薄饼，不仅因为口味和文化，也因为经济理由——价格低廉及在家制作的便利性。

玉米薄饼，仍是民族自豪的象征。西班牙占领之前，玉米可能占墨西哥原住民卡路里摄取量的八成。整个19世纪，墨西哥精英阶层基于饮食、文化、经济发展，甚至道德等理由，鼓吹玉米和薄饼不如小麦和面包的概念。这场论战在墨西哥曾是欧洲化与本土化两派民族认同理念之争的一部分，但到了1940年代，反对派凋零，玉米薄饼（更广泛而言是玉米）被公认为墨西哥料理的主食。

近年来，面粉薄饼逐渐扩散至墨西哥各地，越来越受欢迎。部分原因在于为美国游客供应餐食的同时，也影响了墨西哥的食物。很多墨西哥人试吃过面粉薄饼后，就爱上了。随着更多墨西哥人移居都市，他们认同的是墨西哥这个国家，而不是他们所出身的农村社会；他们是以"薄饼"而非"玉米薄饼"为荣。口味较淡的面粉薄饼，更容易搭配同样味道平淡的美国化墨西哥食物，这种食物在墨西哥日渐普遍，部分是由连锁餐厅扩张所致。此外，逐渐机械化的农业与NAFTA共同改变了小麦和玉米的相对获利率。但更基本的原因是，一旦进口面粉变容易了（而且大部分的薄饼都是工厂机器做的），面粉薄饼即享有超越玉米薄饼的成本优势。例如，在1930年代，得州人就在薄饼工厂四处林立后不久，改吃面粉薄饼了。

美国人最常吃的玉米薄饼（如果还能叫这个名字的话）是炸玉米片。西班牙单词"fritos"（意为油炸面糊），变成美国品牌Fritos的注册商标。1932年，Fritos公司的创办人埃尔默·杜林（Elmer Doolin）在圣安东尼奥吃了一些炸玉米片，断定这个产品有商机。他花了100美元向一位墨西哥厨师买下食谱和一些设备。随着时间的推移，这个基本产品添加了越来越多的化学物质。

不过，美国人现在也吃更多传统形式的玉米薄饼。许多新移民，如萨尔瓦多人、洪都拉斯人和危地马拉人，主要来自传统玉米薄饼之乡。过去十五年，移居美国的墨西哥人来自农村的越来越多，他们也偏爱玉米薄饼。因此，美墨两国的薄饼消费习惯正在某种程度上趋于一致。

撇开原料玉米与小麦的差异不谈，边界两边的薄饼仍然不同。美国的面粉薄饼是用漂白面粉做的，颜色更淡更白。墨西哥的面粉薄饼则较为枯槁和不纯净。机械化更高的美国农业，生产出更标准化的产品。

至于玉米薄饼，美国玉米作物的品种较少且风味单一。这个差异可以追溯到 1920 年代，当时商业玉米杂交品种的培育主要关注机器操作的便利性、产量、成熟时间、谷粒均匀度、抗病性等特质。墨西哥的玉米品种比美国多得多，因此每个地区或有时每个村庄的玉米薄饼味道都不同。此外，同一个村子有数种玉米可做薄饼，尽管其中有些玉米主要是用来喂猪的。

富裕之后，反而想学穷人吃东西

在墨西哥农村，玉米薄饼更可能是手工制作，而非工厂生产的。如果一位母亲或祖母成天在家做薄饼，她放弃的来自外面的收入并不算多。如果她花同样的时间外出工作，赚到的钱可能不够买同样数量的食物。

尽管如此，薄饼制作程序仍然费时费力。首先，玉米粒必须剥下（这是男人的工作），然后浸泡在石灰水中，通常要泡一夜；石灰水产生氢氧化钙，增加薄饼的营养价值，补充缺乏钙质的传统饮食。（西方科学直到近年才了解这个玉米碱化程序具有防坏血病的作用，这是早期墨西哥文明对科学的一大贡献。）第二天早上，泡好的玉米必须磨成面糊。从前磨玉米靠人力，使用石头做的臼；现在通常由家用磨谷机代劳。将玉米粒注入转动的机器需要技巧，技术不好很容易切断手指头。磨好的面糊继而被拍成饼状。据说一张饼需要拍不多不少三十三下。拍好的饼摊在平锅上，然后在闷火（smoldering fire）上烙熟。火必须维持在适当温度，但没有机器协助。无论烙好的饼或拍好的面团都不能久放（不新鲜的薄饼通常被当作"勺子"来舀东西），因此薄饼必须现做，起码一天一次。做薄饼是墨西哥农村妇女一生最繁重的家务工作，但换来风味和新鲜度上的巨大报酬。那是我生平吃过最好的薄饼。

这里，我们再度看到食物世界的权衡取舍。如果你愿意投入大量的时间精力，确实能做到经常吃高质量的新鲜食物。但我们大多数人，甚至大多数的美食家，都不认为值得天天这么辛苦。我们宁可吃省时省事的食物；而在一些比较贫穷的社会，制度和技术条件，使得很多人无法选择快速和简便的食物。所以，我们会在贫穷的环境发现特别美味的食物。但这些地区一旦富裕起来，就会倾向于选择更大的便利性。于是我们看到有两种人吃最新鲜和最美味的食物：一种人相对贫穷，他们别无选择；另一种人相对富裕，他们花很多钱，企图重建穷人运用了几百年的食物供应网。

薄饼工厂不采用手工制作技术。最重要的是，工厂用预先包装的、多少有点脱水的生面团来做薄饼，而非用玉米现磨。生面团在1949年引进墨西哥。新鲜的玉米薄饼应含大约40%的水分；这种湿度在冷冻和任何距离的运输过程中都不可能保持。此外，已做成饼状的生面团是用滚筒和翻面机压出来的，不是用人手拍的。手拍的方法被认为能产生正确的厚度和质地，并能按原料的特性做出调整。

在墨西哥，手工薄饼通常比较厚、比较不规则，而且味道更香浓。美国薄饼几乎完全用机器制作，虽然省时省事，却牺牲了这些优点。从好处来看，较干较薄的美国薄饼比较容易煎，因此更适合做吐司塔塔（tostada）[1]以及相关菜肴。

另一个美墨两地薄饼趋同的迹象是，墨西哥从 20 世纪初开始迈向薄饼工厂化。墨西哥最早的自动薄饼工厂在 19 世纪末就建立了，不过运作效能较差，直到 20 世纪改良设计后才有所好转。这个迈向机器生产的趋势在墨西哥政府补贴薄饼价格后加速前进，直到 1999 年才停止。补贴使许多邻里小型薄饼工厂能够维持营业，让它们得以与墨西哥食品业巨擘——Maseca 牌脱水薄饼粉竞争。就像手工薄饼比机器薄饼好吃一样，本地的机器薄饼也比全国性品牌的更好吃更新鲜。薄饼容易腐坏和发霉，因此全国性品牌的味道较淡也更干燥。但越来越多的墨西哥餐厅改用工厂生产的薄饼，只因这样做更便利、成本也更低。

美国的薄饼生产也趋向集中化。美国最早的小型薄饼工厂于 1920 年代在圣安东尼奥市开始运营，更大规模的工厂则于 1960 年

1　玉米薄饼上堆着蔬菜和肉做的各种馅料，有点像披萨。

代晚期进入该产业，供应薄饼给 El Chico 连锁餐厅。今天，美国仍有数百家薄饼厂商，大部分是小型、家庭经营的工厂，位于得州或加州。

有些美国境内的拉美小市场，为了服务它们的移民顾客，正重新卖起手工薄饼。这些薄饼需要冷藏，因此很快变干，但味道更浓。上等餐厅供应精品手工薄饼，但价格不菲。例如在圣菲或纽约的"西南"美食餐厅，就可能吃到手工薄饼。新墨西哥州的薄饼厂商目前正在试验巧克力、蓝莓、香蒜等不同口味的面粉薄饼。

简言之，薄饼世界变得更多元化。美墨两国的趋势都是：大部分售卖的薄饼是机器制造的，不过手工薄饼的供应也变得更有弹性。

墨西哥的水果很好吃，当地人却负担不起

西红柿完美诠释了水果和蔬菜在美墨边境两边的大致状况。美国供应链必须使用冷藏设备，破坏了很多食物的味道，尤其是西红柿。

两边的辣椒差别不大，但墨西哥的品种更丰富，不过在美国也可以找到足够多品种的辣椒来复刻很多墨西哥菜肴。你可以在家烘烤辣椒，然后加水捣成泥，制成相当接近真正墨西哥产品的辣椒酱。

可预料性对于供应的重要性，有助于解释为什么墨西哥辣椒能

打入美国市场。辣椒很容易储藏数星期或更久，而不致丧失风味或价值。餐饮行业和食品供应商可以定期批量采购。万一送货延误或商品质量不达标，仍有存货可用。

游客常会对墨西哥的水果印象深刻，例如坎昆市的新鲜菠萝，质量常让人称奇。在华雷斯城较好的餐厅，可以喝到你在美墨餐厅喝不到的更多更好的果汁。但大部分这些水果是大多数墨西哥人负担不起的。许多墨西哥人只吃本地生产的水果，如西瓜、橘子、番石榴、桃子、木瓜、芒果、菠萝，还有仙人掌果（tuna）、野樱桃（capulin）、曼密果（mamey）、红酸枣（jocote）、南斯果（nance）、榅桲果（quince）等，依地区而定。这些水果质量好又新鲜，但通常是季节性的，而且只在该国部分地区买得到。超市卖的优质水果，又贵又稀少。

如果你夏天到埃尔帕索和华雷斯两地的沃尔玛逛一逛，会发现墨西哥店缺少美国店的黄樱桃、红樱桃、西瓜、梨、葡萄柚、杏、桃、蜜桃和油桃。虽然墨西哥店称李子来自美国，但美国店的李子更大也更好（较少伤痕和不新鲜）。墨西哥的沃尔玛店有更好的木瓜选择（美国店的木瓜数量少且有伤痕），但除此之外，埃尔帕索在水果竞赛上大幅领先。优质的墨西哥地域性水果，不适合摆在沃尔玛大卖场出售。

华雷斯城不是墨西哥最好的水果产地，因此上述比较有失公允。这个情形跟海鲜的故事如出一辙。外地来的水果通常需要大量运输、冷藏和仓储，由于华雷斯和埃尔帕索都不在热带地区，两个城市都要仰赖水果运输，而美国供应网运作得更好。有些墨西哥水果极其优秀，胜过你在美国超市能买到的任何水果，尽管未必赢过美国小型农场的水果。大体上，墨西哥的食品市场不是一年四季都能提供种类繁多的水果。

比较美墨两国的蔬菜，可以得到大致相同的结果。墨西哥有各式各样优质南瓜和可食用仙人掌，但美国人全年能吃到更多不同种类的蔬菜。美国蔬菜的质量也较整齐划一，这是应用更多农业科技的必然结果。墨西哥蔬菜生长得较不规则，不但容易碰伤，还可能在买回家后腐烂。

即使墨西哥的蔬果令人满意，但因为尺寸和质量上的差别太悬殊，不符合美国市场的要求。餐厅不愿看到一个顾客盘中的配菜，比另一个顾客盘中的大。他们也不喜欢收到货后，还要做很多拣选分类工作。美国食品的长效控制网络，在耐久性、规律性和可靠性上占尽优势。

墨西哥的供应链也比较不规律且难预料。运送蔬果必须跨越不同的州，而运输工具通常很差，商品也要面临定期的防疫检查。检查人员的贪腐增加了成本，并可能延误或终止运输。向治理更好的智利购买蔬果，通常比依赖跨很多墨西哥州界的运输容易，尽管智利的距离要远得多。

销往美国的西红柿贵三倍，但最好的，还是留在墨西哥

还是说回西红柿吧。

西红柿的英文"tomato"源自墨西哥纳瓦特尔语的"tomatl"。和其他一些从纳瓦特尔语衍生的词，如"ocelot"（豹猫）、"chocolate"（巧克力）一样，字尾的"tl"音不见了，变成西班牙文"tomate"，再变成英文"tomato"。西红柿有很长一段时间不是美国人普遍吃的食物，但西红柿种植在19世纪初开始流行，从此成为美国人的主要食品。

墨西哥西红柿的大规模出口始于1880年代，但1920年代是一个分水岭。当时墨西哥西红柿生产者开始使用标准化运输技术，例如将西红柿装箱，使之容易运输。从此，墨西哥的西红柿生产走出手工领域，迈入现代资本主义。到了1990年代中期，西红柿占墨西哥蔬果产量的22%以上。和美国不同的是，墨西哥可以一年四季生产西红柿，纯粹因为其境内有更温暖的气候。从12月到次年2月，在美国卖的西红柿最可能来自佛罗里达州或墨西哥。

墨西哥的西红柿运销网，原本是设计来将最好的西红柿运到美国，但实际上很多最好的西红柿（从美食家的观点来看）却留在了墨西哥。批发商收到装箱的西红柿后，会开箱取出西红柿，并按等级分类。下一步则是由工人（通常是年轻的墨西哥女孩）用手挑出最好（最大、最坚实）的西红柿。这些西红柿不但吸引美国顾客，

而且能在最少损伤的情况下包装及运输。拣选的人员也会寻找没有擦伤、瑕疵和疤痕的西红柿。最适合出口的西红柿，应该有赏心悦目的形状。

一颗墨西哥西红柿一旦被选中出口美国，身价立刻翻三倍。但那颗西红柿会经过进一步处理。最重要的是，它必须在不高于 50 华氏度（10 摄氏度）的温度下冷藏。部分是为了防止西红柿在长途运输过程中腐烂，部分是因为法律如此规定。USDA 会派人在两国边境的墨西哥侧抽验卡车运载的西红柿，倘若有任何西红柿被验出高于 50 华氏度，则会被拒绝入境。一颗西红柿温度过高会使整车的西红柿连带受到怀疑，因此西红柿必须冷藏。但低温会破坏西红柿的风味和新鲜度。此外，大颗的西红柿含有很多水分，这也会使它的风味变淡。

通过检验的西红柿被送进美国边境仓库，可能再花几天时间才抵达美国超市，这期间西红柿一直保持低温贮藏。如果你愿意做个简单实验，不妨把一颗好西红柿放进冰箱冷藏两天，然后再尝尝它的味道如何。

当出口美国的产品在冷气间"沉睡"时，"次等"（通常较小）的墨西哥西红柿早就被吃下肚了。墨西哥本土的西红柿在水果市场出售，如你在瓜达拉哈拉市或墨西哥市看到的。西红柿会被迅速运往市场，尽管有瑕疵，但味道更接近自家种的西红柿。最差的西红柿，则被拿去做动物饲料。

小论在美国还是墨西哥，这都不是唯一的西红柿供应链。两国都有自家种植的，或是在农夫市集出售的西红柿。但谈到标准的餐馆供应，消费者在墨西哥能买到的西红柿会更丑、更美味。

这一切差异背后的本质原因是，墨西哥消费者可以大着胆子冒险，不会被他人所认定的好东西的标准给束缚。最物美价廉的墨西哥料理在墨西哥，并且比美国的好上十倍。出色的墨西哥料理很难烹调，你只要试试在巴黎寻找好的墨西哥料理就知道了。几乎不可能找到。

墨西哥料理在墨西哥那边可以比在美国这边好这么多，真正原因是什么？我认为墨西哥是一个横跨两个食物世界、同时享有两边优势的国家。墨西哥有足够的科技和现代化程度，去管理现代食物供应链、经营良好的餐厅，并提供美食多样性给食客。与此同时，墨西哥仍然大量保留更具手工性质的食物生产方法。这个国家有大型农企业，但并非只有农企业而已。最好的墨西哥食物汲取新旧两个食物世界的精华，构成无与伦比的曼妙组合。趁你还能吃到，尽情享用吧！

第十章

吃，旅途的一部分

出门旅行，你总能找到一顿美食

———

旅行时的用餐不只是填饱肚子，也是探索
它是创造一场探险、一个回忆、一次与当地文化联结的机会

约迪·埃滕贝格（Jodi Ettenberg）吃遍全球，一次去一个国家。她的方法是：挑游客罕至的地方，住非常便宜的旅馆，结交当地街头食物商贩，拍尽美景，尝尽美食。她最棒的照片，不是风景就是食物，包括当地集市、小吃摊、大排档和路边小馆子。

这种生活，并非一时兴起。她以前是律师，是加拿大蒙特利尔人，在纽约两家律师事务所工作了五年，但自始至终脑子里都在盘算着如何存够钱旅行。她对旅行的迷恋始于中学时代，那时她在学校看了一部 PBS 纪录片，是关于西伯利亚大铁路的。2008 年，28 岁的她终于辞了工作，除了一个背包——里面是压得密密实实的衣服——和一张银行卡，什么都不带就上路了。

自此之后，她去过的国家包括南非、蒙古、中国、俄罗斯、多米尼加、菲律宾、马来西亚、印度尼西亚、泰国、缅甸和老挝，更不必说一趟穿越南美洲的旋风之旅。她浑身散发强烈的好奇气息，她的目标是"像海绵一样吸收一切"。她说，"目标的浓度"使她继续走下去。斯里兰卡、印度和尼泊尔，是她计划未来要去的地方，但她坦言自己并无长远规划。同时，对她而言，这些旅行不是度假，而是她的人生。她在信上告诉我，她坚信，旅行可以帮助我们保持清醒，意识到人人都是"大千世界的一分子"。

不只是填饱肚子，也是一场探索

约迪在博客[1]里记录她的理念，畅谈诸如"我在缅甸最糟的五趟巴士之旅""曼谷军事镇压""勿杀毒蜘蛛之停泊岛生存指南三部曲"等话题，并附带照片。

她成了一位省钱吃饭达人。一来，她希望当律师存的钱，能撑得更久；二来，在旅途中，约迪发现：最便宜的餐食，往往最好吃，尤其在亚洲。还有一个原因是——这也是她要强调的重点：学习和吸收当地信息，使我们在文化上更相通，更紧密与他人联结。约迪这样说："随着我在亚洲旅行越久，越发现我的行程都围绕着食物展开。"事实上，很多亚洲社会本来就是围绕着食物而组织起来的，因此她与亚洲似乎很速配。

她的博客文章中我最喜欢的，是那些谈老挝食物的。这个不以美食著称的国家，却让她在短短三周（不够长，依她之见），几乎天天发现珍馐。她对老挝的汤的描述尤为动人："清淡的鱼汤，汤里有

---

1 她的博客网站地址：www.legalnomads.com。

粉丝、香蕉花心丝和豆芽，缀以薄荷叶和芫荽"；另一道是"浓郁骨汤加上现煮的猪肉、新鲜香草、炸蒜头和弹牙的粗米粉"；还有一道是椰奶烩猪肉丝汤。这一切都有精美的照片为证，如同她拍的烤茄子蘸酱（jaew mak khua）——她的最爱。这些汤的平均价格，不到5美分。全部是手工制作的，用新鲜的食材从头做起。

老挝烤肉与法棍面包也让她着迷。最后，约迪在她的博客写道："老挝菜远不止于此——我甚至还没谈到它的特色菜，例如辣肉沙拉（laab）或复杂的肉冻，紧紧包在香蕉叶中，还有各式各样的炖菜和我从未见过的鲜甜水果。"

约迪几乎在每一个她造访的国家都能发现好吃又便宜的食物。如果有任何人称得上创新的食物消费者，非约迪莫属。即使在俄罗斯，一个不以美食闻名的国家，她都爱上了那里的肉馅薄饼、鲜红西红柿和火腿面包，所有这些都是她在横贯西伯利亚的快车靠站时买来的。"基本上，"她建议，"我觉得这里最美味的食物，是在列车停靠站叫卖的那些，或来自莫斯科或叶卡捷琳堡的出租车司机食堂。沟通的确有困难，但一旦我找到人帮我翻译，那必然是我在城里吃过的最好的食物。"我的经验也是如此，不论你在哪里，最好的餐饮建议，往往来自当地交通工具的驾驶和运营者。

约迪领悟到，当你旅行时，外出用餐不只是填饱肚子，也是一场探索。它是创造一次探险、一段回忆、一个与当地文化联结的机会；也是界定你的旅行，甚至你的人生意义的机会。旅行让她懂得，饮食是一种创造性艺术。

由于身材娇小，身高仅 5 英尺，又是女性，约迪也随身携带一只防身哨子，她曾在缅甸吹哨子，吓退一群流窜掠食的猴子，并随时准备用于其他的潜在危险。

我的旅行习惯不像约迪那么极端，但任何旅行者或游客，都要面对许多相同的课题，也就是如何在路途上、在一个陌生地方，吃到一顿佳肴。我依赖网络攻略，用手机提前规划，或多或少知道去哪里用餐。但当我们为工作或休闲旅行时，常需要随机应变，当下马上寻找好食物。网络未必能提供我答案，有时是因为我不识当地文字，有时是我想靠实地观察来验证网络上的信息。无论如何，不靠网络协助的探索，是最有趣和最可能让你回味无穷的经验。更长期而言，当你需要依赖网络时，实地经验是解读网络信息的最佳基础。

我认为，约迪的经验反映了一些基本原则：无论人在哪里，你几乎总能找到一顿很棒的美食；身为消费者，创新很重要；你所能找到的美食，可以相当便宜。支配食物的基本经济原理，在任何国家都一样，只是应用方法各异其趣，就像我们在墨西哥看到的。在这一章，我想带你游览世界的一部分，示范我如何应用我在第一章提到的基本原则——食物是经济供应与需求的产物，因此我们要找的，是供应品新鲜、供应者富有创意、需求者消息灵通的地方，从而找到便宜又好吃的美食。

日本：东京四大层次，你最爱哪一种？

不论在食物还是其他方面，东京也许是我去过最令人着迷的地方。我去过两次，每次从东京回国，都感觉像从另一个星球回来。东京拥有先进资本主义社会的一切便利，几乎任何事物的运作方式都和美国不同。当一个陌生人会归还你遗失的皮夹、当厕所会对你讲话、当你这个讲日语的外国人不被信任，你该如何理解这样的社会？当然，东京也有许多需要被破解的食物"密码"。

人口的高密度形塑了这个城市的商业结构，包括餐饮业。在距离市中心几小时车程的范围内，有数千万潜在顾客撑起空前密集且种类繁多的商业活动。由于公共交通工具快速又可靠，东京居民通常愿意通勤，搭长途火车或地铁（光是一个新宿车站每天就有超过300万人进出），这些人大部分是东京大都会区的潜在顾客。人们居住的空间通常很小，因此习惯外出娱乐，包括用餐。

就实质购买力而论，东京区为食物市场带来的人潮、金钱和智慧，超出世界上其他任何地方。

日本经济的供给面，包括餐饮在内，都扎根于专业化。如果你是一家异国餐厅的主厨，精通这种料理是你的责任。你应该日积月累地钻研该料理的精髓，甚至去该料理的发源地学习正确的烹饪方法。你应该知道该料理的一切，并用最高标准来评判它。这种近乎偏执的职业精神限制了跨界自由；日本不是一个你能一夕间从"墨西哥料理大厨"变成"汽车业务员"的国家，反之亦然。从食客的角度来看，这是完美的境界。我在六本木一家一流的新加坡餐厅吃过饭，主厨自豪地宣称，他为了学习烹饪去过新加坡30多次。

东京餐饮业分几个不同层次，不过，我不敢说这就是它的全貌。

第一层：日本料理——走进去就对了！

美国人习惯一家日本餐厅就能供应所有日本料理，从天妇罗、寿司、拉面到炸猪排，等等，无所不包。但是在这里，有一个好用的经验法则是：找一家只卖某一类食物的餐厅，然后进去吃。我发现，你通常不必费劲去研判餐厅好坏，东京大部分日本料理餐厅都非常好，因为挑剔的日本顾客早已替你把好关。

跟大家的想象相反，日本并不是一个好食物非常贵的国家。在日本，不难找到价钱在10至20美元之间的美食。如果你爱吃面，你可能花不到5美元，就能吃一盘一流的炒面。他们的美食超市的确有100美元一颗的哈密瓜，或1000美元一顿的寿司晚餐，但大体上，这个国家的食物价格非常合理。

话说回来，很多日本餐厅很难找。即使在东京，会说流利英语的人并不多；日本话很难学；门牌地址不遵循任何连贯顺序；很多餐厅设在购物中心、高楼或地下室里；总的来说，当你在东京找路时，你会发现这个城市毫无章法地四处蔓延。旅游指南是否告诉你，该在"新宿地铁站"下车？说得容易，但新宿站有60多个不同出口。

每个出口都会把你带到地面世界的不同区域，而且不是每个出口都容易找到。学会问路，是你必须跨出的第一步。

我认为，在日本找餐厅有以下几个方式可参考，尤其在东京：

·到一个好玩的街区，到处走走，东张西望，直到你看到一家好餐厅。

·在正确的地铁站下车，从正确的出口出来，就算要问路无数次。大多数的日本人懂一点英语，能帮一些忙，尤其如果你手上有日文地址的话。即使餐厅只在几条街外，你可能仍需"问"路五次以上才到得了。别泄气，也别忘了很多餐厅在地下室或肉眼看不到的地方。

·取得正确地址，印在卡片上，搭出租车去。车费很贵，而且司机也常迷路，但花钱让你可以气定神闲坐在车上，看着他焦头烂额地找路。

第二层：异国料理——一丝不苟地复刻

在东京及日本其他大城市，你能找到几乎所有种类的异国料理。我去过大约 75 个国家，其中日本最可能完全（一丝不苟地）复刻一道菜的本土烹调方式。换言之，你能在东京找到很棒的墨西哥莫雷酱。

中国菜是例外。华人移民社区在日本存在已久，中华料理不再只是模仿本土风味。相反的，已演化出明显的日式风情。和风中华料理更强调面条；点心受日式饺子（gyoza）影响显著；许多中国地域特色和创新消失了；豆腐、日式茄子和火锅尤为常见。尽管如此，这些菜肴采用高质量食材，通常做工讲究。日本的中华料理自成一派，整体而言远胜过美国的中国菜，主要因为它更清淡、更优雅，而且更注重食材的质量。

第三层：精致餐饮——避开，除非你很有钱

有时候，有些东西会让你惊艳到永远在你心中排名第一。我认为我这辈子吃过最精致的一餐是在东京——位于表参道购物区的 Pierre Gagnaire（一家巴黎米其林三星餐厅的东京分店，后来迁至东京其他区域）。就味道、原创性和服务质量而论，我认为这家店胜过我在欧洲吃过的任何昂贵餐食。它不便宜——200 美元，但在巴黎一顿类似餐食可能要 300 美元。滑稽的是，它甚至不被视为东京最好的餐厅，很多人不会把它列入前五名，当时米其林只给它两颗星。我提前不到 24 小时打电话预订第二天的午餐，抵达时发现餐厅一半是空的。他们也派给我一名供我专用的服务生，能说不错的英语，尽一切努力让我感觉宾至如归。

换言之，如果你想吃顶级法餐，跑一趟东京，不失为一个省钱又省心的办法。

你也能找到很多日本餐厅，以非常昂贵的价格，供应寿司、怀石料理及其他特殊和风料理，一顿晚餐可能花掉你 1000 美元以上。

至于晚餐的菜色，我只能假定是绝美寿司或其他日本特产。很多这类餐厅是用来谈生意或建立商业人脉的，我建议你避开这些地方，除非你很有钱。

这个建议听起来也许奇怪：如果你打算花大钱在东京吃饭，我不认为你应该花在日本料理上。我认为你应该花在法国菜、意大利菜，或者中国菜上。也许我花得不够多，因为我在东京只试过150美元的精品寿司午餐，如果我吃过1000美元的寿司餐，可能我也会推荐，但它是否比在筑地鱼市场的优质寿司餐厅或一般寿司小店随便一顿35美元的寿司餐好很多？我不确定。"非常非常好的日本料理"的问题，在于它必须跟"非常好的日本料理"竞争，而后者也"非常非常好"。如果你喜欢挥霍金钱在食物上，日本是一个好地方，但要注意你多花的那些钱是花在哪了？事实上，通常你不必大出血，就能吃得很好。经济学强调的，是比较总收益与总成本之后所做出的最佳选择，在东京，你真的不必花很多钱，就能吃得非常非常好。

顺便一提，约迪·埃藤贝格在给我的电子邮件中，提供了她自己的日本餐饮建议：居酒屋。撇开烧酒不谈，她描述这些地方充满"神奇的体验，有不可思议的气氛和热闹好玩的酒吧轻食，如五花肉炒卷心菜、迷你乌冬火锅和各式串烧。价格通常比其他餐厅亲民，而且你可以随心所欲挑选你要的餐食"。

第四层：低价位洋食——去美食街逛逛吧

这是日本餐饮一个耐人寻味的层面。在东京，标准西餐可以有非常高质量的，也可以有很古怪和极端的。

先从好的讲起。有回我太太和我在东京主要购物区表参道附近逛街，逛到下午两点半，虽然我们看到很多餐厅，但大部分已结束供应午餐，不再接受新客人。我们越来越饿，越来越急切地找地方吃饭。

最后，我们决定犯一个似乎不可饶恕的错误：在一条主要购物街上，我们挑了一家全天不打烊的意大利餐厅。它位于主街的二楼，店内充斥着十几岁日本女生的尖叫声。我们饿昏了，还顾得了什么。

我点了一份简单的意大利面，没想到它令我满意的程度，不输我在意大利中北部（比如帕尔马或博洛尼亚）吃过的许多意大利面。结账时，我付了大约 10 美元。

我并不是想说每次误打误撞都有好结果，但有时这档好事会发生在日本。不过有时候，你也会吃到意大利面拌瓶装番茄酱，而非新鲜西红柿做的酱，这是在东京吃西餐有趣的地方。当然，他们用品质很好的瓶装番茄酱，不是劣质番茄酱。

我建议你去逛逛随便一家日本大型百货公司的美食街。你会发现，有琳琅满目的摊位在卖法国和意大利美食，尤其是糕点等烘焙食物，尝尝看。日本人热衷于意大利和法国风味，且成果斐然。巴黎有一所烹饪学校，完全用日文教学，向有潜力的日本大厨传授法国烹饪术。我认为，当今世界最好的法国料理，或许就在日本。

总之，去日本旅行绝对错不了。在日本都会中心，经济活动——尤其零售业——已触及人类历史上的新高，包括食物。

新加坡：小吃的天堂

新加坡是我最喜欢的美食胜地之一，主要因为他们有很棒的小吃。这个国家普遍富裕，居民经常外食，而且其土地使用政策确保摊贩不会被上涨的租金赶跑。中峇鲁市场是我去过最好的市场，你可以在书店买一本介绍小吃及当地招牌菜的旅游指南。

这里的小吃摊集中区，叫做"小贩中心"，遍布各处，但你可能已经猜到，最好的通常不在市中心。但你在大部分地区的摊位都能买到一盘美味佳肴，分量够你吃个八分饱，而且只要两三美元。以新加坡的人均所得跟法国差不多来看，这样的价格便宜得惊人，而且以我的口味来判断，那是我生平吃过最好的食物之一。

很多小贩中心设在商业区外，通常在一个大铁皮屋顶底下。摊位可能有50多个，供应中式、马来和印度料理。这里的中式料理是典型的新加坡风格，掺杂印度和马来元素，强调海鲜和面条。例如，鱼头咖喱是新加坡的原创，咖喱酱来自南印度，但使用鱼头的灵感来自中国，印度人用的是去骨鱼片来做这道菜。辣椒炒螃蟹是新加坡的经典菜品之一，融合中国（豆瓣酱）、马来（辣椒）、印度（酱料质感）和西洋（番茄酱）风味。

大部分的小吃摊专攻少数几样菜品，常以一道菜或一道菜的几种近似版本打响名号。因此，虽然其供应的菜品选项丰富，例如蛋炒饭、粥、马来风味煎面包（roti john）、烤黄貂鱼等各式选择，但通常要到不同的摊铺去点餐。

小吃摊也展现了新加坡的文化融合。即使是中式料理，也是几种非常不同的中国菜系的混合体。烧腊、点心和汤面，来自粤菜；占新加坡数量最多的华裔群体：福建人，善用大蒜和酱油，主打浓香卤味（尤以猪肉为甚）。新加坡烹饪中广泛使用的猪油实质上具有闽南风味。福建文火慢炖的汤和烩菜，特别适合小吃摊制作与销售；潮州菜的影响则体现在清蒸、清汤和海鲜料理中，像鱼丸、鱼饼和粥这三大新加坡人的日常食品，就是来自潮州菜。新加坡人吃辣椒，除了与马来菜有关，也与四川及其他中国内地菜系有关。在新加坡，"辣椒"通常不是单一调料，而是由厨师调配出来的辣椒混合物，不论是涂酱、蘸酱或佐料都一样。

海鲜是新加坡小吃的核心。这个国家三面环海，有便利的海港和机场，进口海鲜很容易。而且，吃海鲜也不冒犯该国两大少数族裔——穆斯林（不吃猪肉）和印度人（不吃牛肉）的饮食禁忌。无论就气候或可利用的土地而言，新加坡都不适合种很多蔬菜。

最好的厨师通常花多年功夫钻研，先将他们的拿手菜练得尽善尽美，才敢进驻小贩中心。摊主通常在现场，亲自掌勺或至少在旁监督。由于很多不同类别的摊贩就在附近，一个摊子只要专攻两三款主要菜品即可。食客通常会在一摊买蚵仔煎，然后到另一摊买叻沙（一种椰奶咖喱汤面）。这种专业分工，加上严格的质量监控，就是新加坡食物如此美味的另一个原因。新加坡的小贩中心，集合了几乎所有我期待优质食物会有的核心特质。新加坡的体制不同于东京，但两地的食物网都发挥了高度专业化的长处。

最大的问题是等待时间。这种摊贩不易随着需求升高而扩大供应规模，因此要早点去，否则要排队半小时以上。

幸运的是，新加坡政府在很多地区都保留土地给这类小贩中心，所以尽管地价大幅上涨，在法规限制下，都不能轻易将原址改建成大型购物中心。这种制度，是给我们这种爱吃人士的一大笔补贴。我还听过一个说法，说新加坡政府之所以保留小贩中心，是因为他们认为廉价、现成的餐饮可让大家有更多时间工作，从而促进国家经济增长。

小贩中心非常干净。新加坡政府会派食品检查员四处巡查，评定每个摊位的卫生等级。在新加坡，人人都知道在小吃摊吃饭是安全卫生的，客人可以亲眼看到后厨的烹调过程。这里大多数的摊位都会被检查员评为 B 级，坊间一个流传很久的笑话是，A 级代表花太多精力在清洁、花太少时间在真正重要的事情——也就是食物上；同理，C 级或更低等级的摊位，卖的东西最好吃。

如果你不相信，我只能这样说：我从来没有在小贩中心吃出病来。我这辈子只有两次真正吃坏肚子，头一次发生在我在1980年代中期第一次去墨西哥时，当时我只在"正规"餐厅吃饭，但还是吃出病来。第二次是几年前，我住在苏黎世的喜来登饭店——没错，瑞士的苏黎世，我犯了一个错误，吃旅馆自助早餐的（生）烟熏鲑鱼，结果惨到无以名状。

所以，吃街头食物吃出病来，并不是我的最大顾虑。那些我从不碰的垃圾食物，比路边摊危险多了。街头食物有个特点：你可以看到食物的制作过程，而且这些食物通常以当地食客为销售对象，而当地人知道哪个摊位供应的东西好——在食物市场上，我们不可能找到比这更好的监控系统了。我不是说，你绝对不会从街头食物吃出病来（但非街头食物有时也会让人吃坏肚子）。我要说的是，如果你想尝街头食物，最理想的地点，是整洁有序的新加坡。

印度：最好的食物在……旅馆

外包到印度，是目前的全球趋势，但鲜为人知的是，印度的主要承包商必须建立自己的基础设施。你可以在印度主要城市，看到这些自给自足的企业"孤岛"，有自己的发电机和供水系统。从企业经营的角度来看，这不是理想的安排，却能有效运作，而且有其必要性，因为印度政府供应的基础设施对很多大厂商来说不够可靠。

我就是循着这样的理解，去寻找印度美食的。印度，有令人惊叹的饮食文化，尤其对有钱人来说。但它对你的健康而言，有很多危险因素。综合考量后，我认为对大多数游客（包括资深食客）而言，最好的印度食物在印度旅馆（别笑）。

印度有很多全世界最奢华的酒店，这些富丽堂皇的建筑，为宾客打造一个独立且完整的世界，包括自主供电、自来水处理和食物基础设施。由于酒店极度重视声誉，它们连供水系统都要自己负责。

任何一个印度大城市的前五家高级酒店，都会有几间质量卓越的餐厅，供应地道、卖相佳的当地料理。我通常不推荐自助餐，但如果你在一家高级印度酒店看到印度式自助餐（印度料理通常是炖菜，特别适合自助餐形式），多半是美味且极度新鲜的。高级印度酒店也摆"摊"，通常在餐厅内，由手艺高超的厨师坐镇，模仿真正的路边摊，应客人要求复制优质的地区性街头食物。换句话说，你可以品尝本地的街头美食，它就在你眼前烹调，不必担心会吃出病来。

这些酒店餐厅，比外面大部分食物贵很多，但以欧美标准来衡量仍然负担得起。如果你熟悉印度街道，你可以用绝对便宜的价钱吃得非常好，但我对印度街头料理的信任有限，或许因为我读了太多关于印度城市供水政策的资料。印度的家常菜一般很好，因为很多家庭雇有优秀厨佣。我建议你设法品尝到一些；如果你在印度有朋友，这应该不难，他们家有佣人的几率很高。

印度也很可能是全世界吃素食最理想的国家，就算你不是素食者也值得一试，我发现印度旅馆餐厅很多一流的菜品都是素菜。至于中国菜，印度主要城市最好的两三家中国餐厅，可能是世界级的；除此之外，非出自印度或其邻近地区（如尼泊尔）的料理，都是能避则避。因为近年来印度才对世界开放，烹饪非印度料理的经验大都不足，除了中国菜。我也推荐甜品店，尤其在加尔各答。

法国：巴黎是最不理想的用餐城市

有人说，法国拥有全世界最好的食物，也有人说，法国美食帝国摇摇欲坠。这两种说法都并非空穴来风。一方面，法国有才华横溢的大厨，以鹅肝酱与奶酪推车为符号，为全球品味高雅的受众重塑经典。另一方面，法国是一个陈旧、腐败、过度管制、创新不足的等级体系，在西班牙与英国的崛起中节节败退，甚至她的顶尖厨师因摘不到被过度吹捧的米其林之星而自杀。迈克尔·施特恩贝格尔（Michael Steinberger）甚至写了一本书：《告别旧日辉煌：食物、红酒和法国的衰落》（*Au Revoir to All That: Food, Wine and the Decline of France*），系统论述了法餐的颓势。

为什么有识之士对这么容易检验的菜肴和餐厅，存在如此有歧义的看法？这真的只是个人口味问题吗？

我的看法是：两派观点都正确，因为他们各自摸到大象的不同部位。换言之，法国料理既欣欣向荣，也摇摇欲坠。今天，法国料理存在明显的矛盾：巴黎的高档餐厅越来越多，但平价美食的质量每况愈下。

简而言之，支持优质料理有两种不同的方法。第一种依赖紧密联结的本地优质食材供应网络，并靠供应商提供优质原料与灵感，形成鲜活的烹饪传统。例如，餐馆可与屠宰场、渔船和睿智的老奶奶密切联系，汲取基本食材与食谱灵感。巴黎有个区叫做拉维莱特，是昔日屠宰场和牲口市场所在地，从前好餐馆林立，供应肉类和内脏。如今此处只剩普通街区，唯一亮点可能是它的科学博物馆。

第二种支持优质料理的方法，是依赖手工生产，只是通常得付较高的代价。这好比雇毕加索来帮你画肖像——是个好办法，但你必须付天价。在餐饮业，这些更高级的美食，往往占据昂贵地段（毗邻博物馆和豪华酒店），而且通常靠游客的需求维生。总而言之，旧街区已然消失。食材偶尔来自当地，但通常是用高成本运输和储存方法从外地匆匆运来。烹饪知识更多以商业形式流通，更少"弥漫于空气中"。法国大厨飞往世界各地，督导数家餐厅；全球取代在地，灵感来自追随名厨见习，而非向当地的老奶奶或周日家庭聚餐取经。

随着巴黎地价上涨，如今每一平方英尺[1]的商业用地都按严格的

1　1平方英尺约等同于 0.0929 平方米。

标准使用，这表示，大部分食物供应链，都被挤出市中心。一家星巴克、互联网咖啡馆或服装店需要靠近许多游客，但食品供应市场则不需要。近年来，将市场设在较远的地方，并通过卡车将物资运送到市中心的做法，其成本更低了。

一个关键的转折点出现在 1968 年——历史悠久的巴黎中央市场（Les Halles）宣告关闭，标志着食品优质生产模式的更迭。曾经的中央市场与右岸主要景点仅咫尺之遥，而如今的汉吉斯（Rungis）中央食品市场则坐落在奥利机场附近，位于巴黎环城高速公路之外。在其原址上，中央市场曾持续运营近八个世纪，几乎从未间断，作家左拉将其比喻为"巴黎的胃"。然而拥挤的场地和周边社区的有限拓展空间制约了发展：中央市场仅占据巴黎市中心的一个小街区，即便这样仍显局促。相比之下，新建的汉吉斯市场拥有 40 座巨型仓库、2.5 万个停车位、现代化冷藏设施，以及大量配套办公楼和餐厅，规模远超从前。作为自诩全球最大的生鲜食品市场，汉吉斯不仅体量惊人，其运营品质也堪称顶尖。

中央市场曾是个人化的小规模交易场所。冷藏设备稀缺，场内机械化运输举步维艰。主要的销售模式是运来少量新鲜食材并立即在市场上出售。周边街区以小酒馆、咖啡馆和餐厅闻名。如今的中央市场已被俗气的购物中心占据，沦为市中心最乏味的区域之一，堪称"垃圾场"。

中央市场的关闭在多大程度上是这些变革的成因，又在多大程度上只是更广泛变迁的表征？我倾向于后者——其关闭是时代变迁的表征，但就本书的讨论而言，这已无关紧要。无论如何，巴黎正在逐步告别社区化的食品生产模式。如今，巴黎最优质的美食主要服务于日本游客、中国商人和美国软件创业者。随着本地食品市场被挤向更偏远的区域，富裕游客的涌入及其购买力，使巴黎成为全球流动美食家的圣地。高端餐饮市场成本攀升、商业气息更浓、更依赖全球营销，也更强调融合来自世界各地的食材与理念。

但这里有一个更微妙的观察——用经济学术语来说，叫做品质的边际成本在上升。意思是，最好的食物比过去贵，但质量中等的食物，却反而越来越便宜。一般而言，较富裕的人会坚持购买优质食物，较贫穷的人则放弃了美味，只吃便宜东西。这个现象可以视作一种"士绅化效应"（gentrification effect）[1]，只不过是就食物而非房地产而言的。在巴黎已经很难找到物美价廉的食物，就像在曼哈顿或伦敦很难甚至不可能找到物美价廉的公寓一样。这是这些城市取得整体成功的标志，但它还是让一些人的生活变得更加艰难，尤其是那些经济拮据的人。

还有另一种看待方式。如今，更多人比以往更喜欢巴黎的米其林星级餐厅，但普通食物却变得异常便宜。巴黎人只有在真正感兴趣的情况下，才会为更好的食物付出更高的价格。这让我们得出结

---

1 原指城市化进程中由房地产投资等因素所带来的社区变迁，如更多富裕居民及企业迁入，也可译作"中产阶层化"。

论：在巴黎，食物更加精美了，但你必须为顶级佳肴支付比以前更高的溢价。这意味着，如果你只是在香榭丽舍大道上随便吃一顿饭，可能不会有什么特别的体验。我宁愿在圣地亚哥的郊区吃饭。

除此之外，法国的劳动力市场僵化且监管过度，如今很难用低廉的成本雇到工人：工时是受管制的，昂贵的福利是法定的，而且不胜任的工人很难开除。这不只是食品业的现象；整个法国劳动力市场大都如此运行。这使得生产物美价廉的食物变得难上加难。由于工人工资高，又拿的是"铁饭碗"，餐厅及其他企业倾向于雇用靠得住的工人。这解决了可靠性问题，但不利于创新，也不利于价格。劳动力成本居高不下，意味着大部分食物相当昂贵。

房地产因素同样关键。在巴黎市中心很难盖房子，或修改旧建筑，因为很多老房子是古迹。这有助于维持市容，但不利于食物。法国人不会想在奥赛博物馆旁，开设充斥廉价异国料理的美食街。我不是说这些法规应该被修改（它们确实有美学上的好处），只是为大家解释巴黎餐饮市场何以在某些方面如此萧条的另一个原因。

好的一面是，对普通食客来说，现在巴黎有更多种类的异国风味料理，虽然通常不在市中心，而是开在市容较差的街区，供应从阿尔及利亚、美国得州、墨西哥、印度及法国留尼汪岛等地来的料理。高效率的现代供应设施（一如汉吉斯食品市场所象征的），带来了这些丰富的选择。更便宜的食品加工，意味着更多的食品种类，虽然质量参差不齐，其中包括更多垃圾食物和更多廉价、次等食物。

这种多样性也包括一个更高效的供应链，不论是当地超市或小食品店。如果我生活在法国，尤其是在巴黎，超市仍是很好的美食选择，一些卖奶酪、面包和水果的小店甚至更佳。这些地方通常没有游客，食物质量保持在较高水平。

至于在法国吃得起的餐厅，我推荐地价比巴黎便宜很多的其他地方。同样 40 美元的餐食，在尼斯或斯特拉斯堡，甚至市中心，会比在巴黎右岸或圣母院旁边好很多。

所以，我有一个关于法国饮食的简单原则：除非你愿意花很多钱，否则巴黎是全法国最不理想的吃饭地点。

对于畅游法国各地的人，我有另一个建议：买一本米其林餐厅指南，但只参考它推荐的最便宜的餐厅。你要找的，是那种获得一副或两副叉子但没有星级的餐厅。

没错，无星的！星星是代表烹饪成就的最高境界没错，对照之下，叉子表示餐厅具有某个值得注意的特质，在指南中用"舒适自在"一词，来定义获得两副叉子的餐厅（我称之为"双叉店"）。这种定义虽然语意模糊，但可说是精确概括。

无星级餐厅不但更便宜，也更容易订到位，而且更可能供应传统的法国菜。米其林的星级评定，通常注重烹饪创新和主厨的综合实力。创新很好，但身为游客，大部分法国食物对我来说已足够创新，或至少其优质的烹调手法对我来说大都是新的。我不需要额外创新，相反，我还企图避免创新。我要的，是完美的法式炖牛肉，是烧得好的传统菜肴。

所以，我是米其林指南的信徒，我认为它对传播法国及各地美食的贡献良多。只不过我使用该指南的方式，跟许多死忠粉不同罢了。我去过法国很多次（应该超过二十次了），有时候只是短暂停留，所以我待在法国的全部时间加起来不到六个月。虽然这已经比大多数游客多了，但对我来说，法国料理仍有很多东西是新的，我不需要寻找最新的东西。

选择评价较低但依然很棒的餐厅，可以让你避免米其林指南及其星级制度的背后，所可能牵扯的贿赂和欺骗风险。别忘了米其林指南本身的财务状况：指南本身是赔钱的（据估计，一年亏损2100万美元），但它的名字和形象，倒是替拥有指南的米其林轮胎公司赚了不少钱。

在巴黎用餐，还有一个终极问题（至少对游客而言，尤其是午餐）：如果你只是在城市漫步且想找个好地方吃饭，你很难找准时间。我发现，大部分好餐厅在中午十二点半一开门就会客满。因此，我的第一个建议是：一定要提前预订。第二个建议是：如果你真的没空预订，而正好在十二点三十四分看到一家看起来还不错的餐厅有空位，赶快进去。多逛十五分钟去找更好的地方，很可能让你得不偿失。如果你没法在去巴黎前提前研究和预订餐厅，我建议你干脆去卖奶酪、面包和水果的小店，解决你的吃饭问题。

英国：伦敦是一个公务接待用餐的美妙地方

伦敦有种类繁多的美食，但几乎都很贵，即使在金融危机让英镑贬值之后也是如此。除非你愿意忍痛掏钱，否则还是别去吃。如果你爱吃炸鱼和薯条，新西兰是上乘之选，英国不是。甚至连英国酒吧里的食物，现在都变成了一种昂贵的精致料理。伦敦是公务接待用餐的美妙地方，自掏腰包的人很难在那里吃得痛快。

给一个主要城市和旅游胜地下如此结论，似乎有点草率，但你其实没有多少选择，除非你去有点远的伦敦东区，试试巴基斯坦、孟加拉和印度餐厅。如果你去比较好的印度、葡萄牙、中国等异国餐厅，可能花不到 50 美元就能吃到一顿非常可口的美食。伦敦是在欧洲吃米其林星级泰餐、印度菜和中餐最好的城市。这些地方不便宜，但比法国的同级餐厅便宜多了。

就整个英国而言，我倾心北方的巴基斯坦、孟加拉和印度餐厅。通常一个城市越衰败破旧，来自印度一带的料理就越好。以破败的布拉德福德为例，这里曾是 19 世纪的制造和纺织中心，但今天它的某个街区像刚打完仗一般，而我在那里吃到了生平吃过的最好的巴基斯坦料理；主街区的餐厅绝对安全，可以放心造访。

德国：一个怀才不遇的美食帝国

德国美食被低估了。说到德国菜，你可能会想到一盘油腻的肉，配上土豆，由一位结实的巴伐利亚女侍端上来。或许，你只想到了慕尼黑啤酒节和狂欢痛饮。

但更深入探索，你将会发现宝藏。德国紧邻法国，身处欧洲自由贸易区，从而能够获取一些优质新鲜食材。德国是一个富裕的国家，其服务业形态多元。德国人有擅长精密制造的悠久历史，所以他们怎么可能统统是糟糕的厨师？当然不是。

此外，欧盟的自由迁徙条款，使德国很容易从其他国家输入厨师。再加上德国已脱离"欧洲僵化症"（eurosclerosis）[1]的宿命，成了一个充满活力和动能的经济体，吸引来自世界各地的移民。尽管以全球标准来衡量，西欧很少有便宜的地方，但以区域标准来衡量，你绝对可以在德国找到许多经济实惠的美食。

德国的新鲜食材可以媲美法国，且常胜过法国，但缺乏消息同样灵通或同样在乎饮食的顾客。这表示专注的美食家可以找到好食物，但必须花更多心力。这也表示，拥有好食物的餐厅比较不拥挤，价格也比较亲民。

德国有出色的米其林星级餐厅，虽然比不上法国的顶尖水准，

---

1 德国经济学家赫伯特·吉尔施（Herbert Giersch）在 20 世纪 70 年代创造的一个术语，用来描述欧洲可能因政府的过度监管和过于慷慨的社会福利政策而导致的经济停滞模式。

但跟法国典型的米其林星级餐厅一样好。根据 2011 年的统计，德国有超过 200 家米其林星级餐厅，其中 9 家是三星级，其数量在欧洲排名第二，仅次于法国。这些餐厅能取得很多跟法国同行相同的食材，而且主厨通常来自法国。但他们的价格可能只有法国同级餐厅的一半或更少，也更容易在没有预订的情形下走进去。就算是顶级德国餐厅，往往也可以在一天前或甚至一小时前打电话订位。

为什么德国餐厅既比法国便宜又更容易进去？遗憾的是，德国消费者重视饮食文化的程度不及法国消费者，因此平均水平较低。很多德国人真的如刻板印象一般，只要有肉和碳水化合物就满足了。幸运的是，游客不必拘泥于平均水平。德国有无数藏在角落的鲜为人知的餐厅，这些餐厅中的很多都非常优秀。顶级德国餐厅较少受外界影响，这可能意味着压力更少、创意更多。

德国米其林餐厅服务水平卓越，鲜少傲慢自大，因为那样的态度会得罪德国客人。客人们的穿着打扮，也通常不像法国米其林星级餐厅那么讲究，因此身为美国人的我，在德国的米其林星级餐厅通常感觉更自在。基于这一切理由，造访德国是一个实现你吃米其林星级餐厅愿望的好办法。

比米其林星级略次一些的德国餐厅和小饭馆，也常有很棒的蔬菜、蘑菇和鱼。我在德国吃过最好的美食，大部分来自西南部比较便宜的餐厅，尤其是黑森林区的乡村餐馆。光是花一星期从一个村子晃到另一个，就构成一次美好的老饕假期。这些当地食物带有法国风味，毕竟从法国的科尔马和斯特拉斯堡到德国西南部的大部分地区还不到一小时车程。野味、莓果酱及野菜沙拉通常十分出色，那些野菜是从附近田野现采的。

总之，德国是一个怀才不遇的美食国家。此外，在德国超市买面包、奶酪和（尤其是）香肠，几乎不会让你失望。

德国最好的异国料理，通常来自不曾大批移民美国的族群。不久前，我曾在柏林居住和教书，待了大半个夏天。我在当地吃过最好的异国料理来自格鲁吉亚和斯里兰卡。前者吸引大量格鲁吉亚人，后者却有更多德国顾客。斯里兰卡餐厅之所以棒，部分是因为他们对"跨界"进入主流美食不抱希望，因此干脆推销他们地道和辛辣的菜肴给见多识广的德国顾客。我也找到好几家墨西哥人经营的墨西哥餐厅，供应正宗的墨西哥料理，比我在弗吉尼亚州北部和洛杉矶大部分地区吃过的墨西哥料理都要好。要小心的是中国菜，大部分德国的中餐厅受到许多德国菜影响，味道过于平淡且淀粉过量。

德国的土耳其料理被高估了，原则上，你应该寻找面对很多竞争的异国料理，但对土耳其料理来说这个原则只有部分适用。德国有很多土耳其餐厅，部分原因是土耳其人是德国最大的少数族裔，是数十年"外劳计划"（guest-worker programs）[1] 所带来的结果。有些土耳其餐厅相当好，但我不建议随机选择，你要事先打听好该去

---

1 该计划允许外国工人暂时于东道国居住和工作，合同期满后即返回本国。

哪一家。

德国土耳其餐厅的潜在问题，与德国快餐业的成效不彰有关。麦当劳从未在德国建立和美国一样的稳固基础，一来是因为德国人对这种食物的质量存疑，二来是很多德国人视之为美国化的象征，并且相较于美国，德国家庭用餐较少以儿童为中心。

因此，德国人就必须发展自己的快餐。很多德国人会在街头买香肠吃，但香肠不足以满足快餐需求，这个缺口大部分被土耳其食物，特别是旋转烤肉填满。在德国，土耳其料理通常是快餐，且品质普遍下滑。太多德国的土耳其料理，使用品质不佳的肉，再淋上黏糊糊没味道的酸奶酱裹在面包中草草了事。

顺便一提，旋转烤肉通常被视为土耳其料理，但其实是由一位住在柏林的土耳其人发明的，从一开始就针对德国市场。我不是说这种食物一定不好，只是须加小心。当你在德国吃土耳其料理时，确定你吃的不是德国快餐。

最后，柏林值得多谈一点。以城市规模和政治重要性而言，也许除了莫斯科之外，柏林可以说是欧洲高级餐饮业发展最落后的城市。这个城市没有多少商业阶层，起初因为纳粹，后来因为东德共产主义。柏林曾是德国的商业中心，但那是 20 世纪初期的事，距今久远。昂贵的餐厅通常靠企业家和金融家支撑，但如今德国的金融中心在法兰克福。柏林也不像日内瓦、布鲁塞尔或华盛顿——有富裕的国际组织来支撑它的高级餐饮业。

柏林拥有的，是非常便宜的租金，因为这个城市的商业气氛稀薄，工作机会不多。有很高比例的人口不是在政府机构任职，就是在领取政府发放的生活补助；许多年轻人住在那里，尝试在艺术、设计、音乐等领域闯出名堂。这样的人口结构，滋养了文化的蓬勃发展，却使城市本身缺乏经济活力。但这座城市最初是作为一个重要的商业中心而建设的，导致它遗留了大量闲置空间。这里的租金非常便宜，即使在今天，也不难找到月租 300 美元的体面公寓，这在纽约或伦敦是不可想象的。它也造就了西方世界无与伦比的活力文化氛围。同时，这里也有美味可口、种类繁多的民族餐厅。在饮食方面，柏林与巴黎市中心几乎完全相反。

瑞士：印度薰香味，是便宜食物的信号

一般讨论瑞士料理时，人们习惯将它分成不同的语言区，但我觉得这个方法会误导大家。撇开食物，我从两个非常基本的观点谈起：

1. 瑞士所有东西都好。

2. 瑞士所有东西都贵。

这两条铁律对食物也不例外，无论针对哪个语言区。我去过瑞士境内的每一个州——很多州还不止一次——各个令我印象深刻。

价格与质量在这个国家成正比，一分钱一分货（和伦敦一样），因此很难找到经济实惠的东西。瑞士币值几乎永远被高估，因为它非常稳定，因此有非常多的投资客视瑞士为"避风港"。很多人希望存些钱在那里，以致将汇率推往不利于游客的方向。金融避难所的身份，对廉价食物没好处。

不过，我仍有几个诀窍可建议：

·瑞士主要城市有一些素食／另类餐厅（多与印度宗教／佛教有关）。这些餐馆通常又好又便宜。如果店里有一股薰香味，别担心，那是帮忙维持低价的部分原因。

·瑞士食品店是买奶酪、面包和冷盘肉的好地方。这些东西也不便宜，但在瑞士吃一顿自制野餐，配上绝美风景，也堪称完美。

·瑞士的烹调太常使用奶油酱了。他们有全世界最好的奶油酱，但我一趟旅行吃一次就够了。如果我不慎吃到一道有点平庸的菜，问题通常出在瑞士奶油酱上——买家自慎（caveat emptor）。

·瑞士接纳了很多斯里兰卡移民，因此斯里兰卡餐厅相当好，口味相当辛辣，价格也比其他大部分餐厅便宜很多。这些餐厅多开在大城市的近郊。

意大利：想吃得又便宜又好？尽可能远离大城市

大多数美国游客较可能去罗马、佛罗伦萨和威尼斯，不幸的是，这三个城市正好是意大利食物最差的城市，恰好是因为吸引了太多游客。这些城市并无食物不良的历史纪录——问题真的出在游客潮、旅行团和大型观光群体。餐厅才不管游客吃了满不满意，即使是那些消息灵通的游客，反正他们多半不会再来。旅游业和高租金，联手拉低了这些地方的食物质量。如果你在其中任何一个城市的市中心，随便走进一家样子普通的意大利餐厅，你有很大概率会吃到既平庸又相当贵的餐食。

我的这条建议对你会很有帮助：尽可能远离市中心，唯有避开游客和高租金，才能吃到一些美食。在佛罗伦萨非旅游景点的街区，托斯卡纳料理非常非常好，只是越来越难找到。如果你决心好好吃一顿，乘短途火车或出租车出城。你花的代价一定值得。

如果你还是去了威尼斯，你可以在 *Time Out* 城市指南中找到一些不错的当地美食，或者可以在米其林评出的"双叉店"名单上找到它们。威尼斯餐厅供应本土及各式地方菜，主要吸引当地食客（加上一些独具慧眼的法国人，这也是好兆头），虽不便宜，但相较于大部分其他餐饮选择并不贵。这些地方的共同点是不好找，至少就徒步和认路而言。我的意思是，它们非常难找。在威尼斯，任何地方照理说都不会太远，但找这些餐厅犹如穿越迷宫。不过，这样做很值得，因为他们端出来的食物可能比当地米其林星级餐厅的一些菜肴还美味，价钱更便宜。总之，在威尼斯，凡是容易去的地方都不会太好。你也必须提前预订才有机会进入，否则就守在门口等它开门。

还有罗马，这个城市够大，人口又稠密，因此仍有许多不太远的边陲街区，值得一去。我在罗马吃到过一流的埃塞俄比亚料理，这很可能是我尝过最好的。

在意大利要吃一流食物，恐怕要去比较冷门的城市，我在都灵、热那亚、博洛尼亚、见加莫、特伦托、那不勒斯、帕尔马、帕多瓦等地吃得最好，稍后再来谈西西里。如果一个意大利城市没有你叫得出名字的著名地标，那么多半有上乘美食，价格又负担得起。总的来说，一旦你略过上述三个美食"废墟"，意大利是全世界食物质量最一致的国家。你不需要太多建议就能吃得很好；只要确保你是在没有游客的地方觅食就行了。其他的，就随缘吧。

和在法国一样，你可以在意大利加油站或高速公路休息站，找到相当不错的食物。它可能排在意大利美食排行榜最后一名，但仍然胜过很多美国的意大利菜。上回我去意大利，下飞机后的第一餐就是在前往阿尔卑斯山参加会议途中的一个高速公路休息站吃的。那儿的男人穿得像黑手党，女人打扮得花枝招展，脚踩恨天高。那顿饭很便宜，时间约晚上十点半，我点了一些搁在保温灯下的面食。那是我在意大利吃过的最差的一餐，但仍然比得上北弗吉尼亚最好的意大利料理。在意大利，不管一个馆子看起来多破旧或低级，仍有很大概率端出一些非常好的食物。

西西里是全欧洲我最爱的美食天堂。这里烹饪水平极高，优质食材充裕，价钱便宜（以欧洲标准来衡量），而且很多特色菜肴是你在其他地方吃不到的。想象一下欧洲、阿拉伯和中世纪食物风味影响的交融，薄荷、橙子和开心果仍是食物中的重要配料，优质海鲜和意大利面随处可见。风味浓烈直接，乳清干酪好到不可思议。甜品可以媲美伊斯坦布尔或加尔各答。西西里的每一区域都有自己的特色菜。

我曾在巴勒莫待了六天，时值八月，大部分主要餐厅都关门休假（欧洲许多地方在八月皆如此）。朋友和博客读者推荐的地方全部闭店，只有一个例外。我带去的米其林指南毫无用武之地。但那一周仍是我这辈子吃得最爽的一周，虽然我只是四处闲逛，看到还在营业的餐厅就进去。顺便说一下，西西里岛的米其林星级餐厅密度较低，通常不超过几家。对此，他们感到庆幸。问题在于，如果你再给另外三四家西西里餐厅颁发星级，那你就不得不给其他三四百家餐厅颁发星级了。法国人可不会这么做。

我只有一餐突发奇想，改吃印度菜，主要出于好奇。当时，我在一个移民社区的巷子里漫步，无意中吃到一种"融合"料理——印度薄饼（dosa）里头包着西西里沙丁鱼馅，好吃到令我销魂。西西里料理之美，不论我怎么夸都不嫌多。除了亲自去西西里和尽可能待久一点，你不需要进一步建议。准备大快朵颐吧！

西班牙：除了西班牙菜，不妨试试拉美餐

西班牙美食早就名声在外，尤其是高档餐厅和塔帕斯（tapas）小吃店。我想换个角度聊聊，主要针对西班牙的城市：西班牙的异国料理，远比我们印象中要好得多。马德里和巴塞罗那有很多来自南美和拉丁美洲的移民，他们占据这些城市的整片街区，虽然旅游指南不会告诉你这一点。你可以找到出色的厄瓜多尔、玻利维亚、秘鲁及其他拉美料理，比你在美国大部分地区吃到的好。那里的菜肴也相当便宜，尽管有些西班牙人会说那一带不安全，但以美国标准来衡量，我倒觉得相当安全。这是在西班牙跳出常规觅食方式的好办法，你将享受到优质西班牙食材的一切好处，不必再吃一轮过咸的小菜、火腿和腌鳕鱼干。我不是说你会吃腻西班牙菜，但我有时会——不管我有多喜欢，这些地方是我换口味的去处。我发现不必做任何研究，尽管走进一家拉美餐厅，大概率不会踩雷。

土耳其：别理昂贵的食物，朴实最好

你可以选择在简朴的环境里吃传统菜，也可以多花点钱去装修精致的馆子里吃"改良版"。但在伊斯坦布尔吃得好的要诀，是走朴实路线。世界级的新鲜食材，在这里任访客选取。

街上有无数小馆子供应海鲜（煎胡瓜鱼是我的最爱，其次是鲷鱼或海鲈鱼）、茄子、蚕豆、各式各样的烤肉串，包括撒了漆树粉（sumac）的辛辣烤肉串，还有炒青口、炸生蚝、西红柿奶酪沙拉、羊脑、炸烤土豆、土耳其饺子（好吃但很难找到）及其他佳肴。小馆子通常专做几样菜，这是象征质量的指标。在这些地方用餐，一盘小份的菜肴花费在 6 到 10 美元之间，所以不妨多点几样尝鲜。你在度假，忘记你的腰围，敞开了吃土耳其饭后甜点。我喜欢含开心果的甜点。

避开所有靠近主要观光景点或位于旅游饭店集中区的餐厅，尤其是苏丹阿赫迈特。避开主干道上的大部分餐厅——甚至包括土耳其餐厅。避开有海景的海鲜餐厅。寻找离大马路不远，小馆子林立的街区小路，最好是游客罕至的街区。如果你点小份菜肴，吃完一家可以再去另一家续摊，一顿饭吃两三家馆子不成问题。

我最喜欢的伊斯坦布尔小馆子是牛肚汤屋，虽然我通常不喜欢牛肚。你舀一勺蒜汁到汤里，撒些红椒粉，加点辣椒油，再抓一撮绿色香草，简直绝了。有些牛肚汤屋做早餐生意。

除非你已尝过所有经典菜肴（这需要不少时间），否则改走高档路线或追求创新划不来。这里餐饮市场的逻辑是根据游客的社会地位去做餐厅分类和差别定价，而非基于食物质量。如果你在乎的是食物本身，别付更多钱给烹饪花招。在更贵的餐厅，食物仍看得出来是地中海料理，但偏偏不是传统做法。

走朴实风和廉价路线。这里的好东西已足够好，最好的东西也好不了多少。

我在土耳其比较偏僻的地方寻找美食时同样幸运。我和妻子最近去了一趟科尼亚，公认的土耳其最宗教化的地方之一。这里人口约75万，坐落在土耳其农业心脏地带，除了著名的伊斯兰教苏菲派神秘主义诗人鲁米之墓，其他景点很少。这些都是廉价美食的处方，该城果然不负所望。我喜欢美妙的酸奶汤，也喜欢当地的特色料理之一"etli ekmek"，样子像一片薄披萨，上面有牛肉，吃的时候卷一条细长的青辣椒在里面，再撒一点辛辣的红辣椒粉调味。这些都只要几美元。同样，要诀是寻找纯本地食材，加上老练的厨艺，还有服务消息灵通的常客的意愿。土耳其不只是度假胜地，也是全世界吃平价、一流食物最好的地方之一。

当然，世界上还有很多地方我没谈到，但不管你去哪里，当你在旅途中挑选一个地方吃饭时，你应该回到同样的原则，请容我再复述一遍：食物是经济供应与需求的产物，因此我们要找的，是供应品新鲜、供应者富有创意、需求者消息灵通的地方。

第十一章

回家，动手煮吧！

在家烹饪的材料与价值

———

饮食上的革命
唯有在每个人心里和头脑中赢得一席永久之地
才有可能成功

请亲朋好友到你家来，分享你学到的食物知识，是最值得的经历之一。前不久，我们请了大约 60 人来家里共进晚餐，包括我妹妹和她的伴侣，他们大老远从新泽西开车到弗吉尼亚。我们希望让大家宾至如归，为春暖花开的宜人气候和这场聚会增色。

谈到办派对的用品，我是开市客量贩店的忠实粉丝。我们去那里采购了纸盘、一大块奶酪和汽水——包括墨西哥原产的可口可乐。但除此之外，我们还做了一些事，让我们的客人大开眼界。

首先，我开车去我最喜欢的加油站——附设 R&R Taquería 餐厅的壳牌加油站，位于马里兰州 95 号公路旁一个特别破烂的地方。这家餐厅的老板来自墨西哥市，过去做飞行员，后来决定开馆子烹调地道的墨西哥料理，包括凉鞋饼、牧羊人塔可和青椒酿肉。他做的菜是这一带最好的，而且非常便宜。我买了两大桶热汤——羊肉汤和辣椒浓汤——放在汽车后座。我知道，这两种汤都很适合第二天再加热来吃。

我们家通常由我掌厨，但这回是我太太和女儿负责准备食物。这回有很多俄罗斯客人（我太太出生在莫斯科），因此她准备了各式俄国沙拉。这些沙拉非常适合派对，至少对俄罗斯客人而言。宾客中比较年长的俄罗斯客人很快就将沙拉一扫而空，感觉像回到老家。

在家吃，不等于每道菜都得自己煮

这里要说的重点是：家庭料理与外面的食物，虽然未必能彼此替代，但却是可以互补的。想要请客，你可以从外面买回足够一大群人吃的主菜，然后用一些你的拿手菜或自己准备的食物来补充。当你不必烧一整桌饭给 60 个人吃时，你就不太会感觉压力大到受不了，这样一来，也许你就有余力能亲手做点东西，否则你可能根本不会找朋友来你家用餐。让劳动分工——也就是外购商业餐饮——成为你的烹饪技术的好搭档，而不是敌人。

最后也最重要的一招，是雇来我们最喜欢的玻利维亚流动餐车 Las Delicias，在我们家的车道埋锅造饭五小时。这辆餐车做的不只是玻利维亚料理，还是来自科恰班巴区的特殊菜系。我们预先付款，请他们准备几道玻利维亚主菜：花生汤、麦汤、西尔潘乔。"硬汉皮克"（pique）[1]，还有查尔克风干咸牛肉。风干咸牛肉最受欢迎——这是干燥多筋的咸牛肉条，混合甘美多汁的玻利维亚白奶酪。大多

1　全称为"pique macho"，以炸土豆为基底，上面铺上烤肉、香肠、鸡蛋、西红柿、洋葱、甜椒等食材，佐以煮熟的鸡蛋切片做装饰。

数客人过去从未吃过，并且一吃就爱上。他们回家时，还在津津乐道。

再强调一次重点，这些菜容易预先准备和大量储存。当宴请很多客人时，你要注意一个关键问题：想好什么菜可以做得多，同时又能保持美味。否则，只是挑选你平常喜欢的菜，然后以为它们能通过大量制作的考验，你的希望恐怕会落空。

找外烩这一招，有很多很重要的优点。比如，外烩服务者会带走剩菜和脏碗盘，这使我们更容易准备和端出自己的拿手菜，并利用厨房空间摆放大量水果和饮料。经营外烩的老板娘风趣迷人，也为整场派对增添热闹的气氛。

总的来说，如果你打算请外烩，运用你的常识：别挑选那些价格昂贵、服务平庸的宴席承办者，他们供应的鸡肉如同橡胶，咬都咬不动。相反的，遵循廉价劳动力和低工资的原则，去异国超市和餐馆打听一下，问问有谁在做异国料理外烩；或是有没有哪家墨西哥、海地、阿富汗、韩国或印度的小餐厅，愿意为你和你的宾客烹调和运送一顿便宜的美食？我们知道 Las Delicias 玻利维亚流动餐车，是因为我们在那里吃过很多次周日午餐。很多厨师都热衷于赚外快，他们会卖力工作讨你欢心。

以上谈的是大型的派对聚餐。如果平常只是我自己下厨，烧给四到八人的小团体吃，我会运用我的墨西哥料理知识，同样基于一些简单的经济原理。根据第九章的内容，以及我们对外出用餐和食物供应链的了解，这里有一些如何在美国做更好的墨西哥菜的法则，提供给家庭大厨参考：

1. 以辣椒酱或南瓜子为基础的墨西哥食谱，颇能适应外国水土。试试看。

2. 传统墨西哥莎莎酱可以在家复刻。你需要白洋葱、辣椒、蒜头和西红柿，用平底锅加热并捣成泥，否则酱里可能有块状的西红柿。

3. 牛肉类料理不易成功，除非能买到优质的干式熟成牛肉。去找一家供应商，偶尔奢侈一下。

4. 用新鲜猪油，你可以在拉美食品市场买到，或尝试自己做。切勿忽视这一点。

5. 墨西哥鸡肉料理，受美国平淡食材影响最小。

6. 去拉美社区寻找手工薄饼，或尝试自己从头做起。

7. 寻找浓厚黏稠的奶酪，还有，如果你能找到的话，不妨冒险使用未杀菌的墨西哥奶酪。（别紧张——你不是敢吃海鲜和生鱼片吗？）

8. 买新鲜、小而丑的西红柿，别放进冰箱。

到头来，你很可能仍然做不出纯正的墨西哥料理，但那会是很好的家常菜，而且比你在美国大多数墨西哥餐厅吃到的地道得多。总体思路是从供需的角度思考：找到你可以实体或线上触及的市场，这些市场有着和你口味一致的客群。

我们还有一类食材供应来源，就在我们自己家里，不仅非常便宜，还可以真正塞满你家的冰箱，那就是——剩菜。如何让你的剩菜变得更好吃？可以动动脑筋。例如，最能久放的东西是复合酱料和慢炖菜，而非快炒菜：咖喱是一个明显选择，墨西哥莫雷酱或任何牵涉牛肉干的菜都是。这些菜就算隔天再吃，味道只会更好，而不会更差。酱料有更多时间混合变浓稠，绞牛肉和羊肉也比肋眼牛排更能久放，出自同样的道理：对最终的口感来说，混合比新鲜重要。

食物浪费在美国是一大问题，主要因为食物在垃圾堆中腐烂会释放甲烷，制造环境问题。一个解决之道，是让大家产生罪恶感，告诫自己浪费食物是罪恶的。但最好的办法，莫过于让你不想扔掉食物，有时，这表示烧菜的时候要预想到第二天的情况。把冰箱和保鲜盒变成好食物的朋友，而不是敌人。这种做法，可能比吃在地食物对环境更友善。

别让你家的食谱，一直躺在书架上吃灰

我希望这本书，能鼓励读者超越通过死背各种食物的制作过程，设法破解美食密码的习惯。在家开火，能让我们更加懂得品鉴好餐馆，并知道糟糕餐馆的问题出在哪。但从哪里着手，才能让你一步步学

会烹饪、理解外食、懂得分辨食材，成为大厨和美食家呢？我个人认为在家开火最重要的武器是书。也就是——食谱。

大学时代，我常和我的朋友丹尼尔·克莱因（Daniel Klein）一起去逛图书馆二手书市场，希望淘到价钱公道的经济学经典名著。早上图书馆一开门，我们就像秃鹰一样飞扑而入，希望用便宜的价钱抢到 F. A. 哈耶克（F. A. Hayek）或 R. G. 霍特里（R. G. Hawtrey）等经济学大师的早期珍本。但我们很少是等候队列的第一名，因为一位姓麦克吉乐普（McGillup）的妇人，往往比我们还早到。就像丹和我搜寻稀有、古老的经济学名著一样，她也搜寻稀有、古老的食谱。麦克吉乐普太太似乎对按食谱做菜兴趣不大，她要的是书本身。她是收藏家，她喜欢了解古人如何做菜，尽管她无意模仿。食谱市场有很大一部分如此运作。它未必与烹饪有关。

人们买食谱，多过于使用食谱。这是因为，人们买食谱通常不是为了实际烹饪建议，而是出于一时冲动，买回家后通常搁在书架上。有时候，买这种书是希望与某位名厨或餐厅产生链接，或是回忆一次假期，表达对一种异国料理或民族性的认同，或是单纯喜欢看精美图片。

弗洛伊德有句名言："有时一支雪茄，就只是一支雪茄而已。"但食谱，几乎从来不只是食谱。柏兰（Bourland）和福格特（Vogt）合著的《航天员食谱：故事、食谱及其他》（*The Astronaut's Cookbook:*

Tales, Recipes, and More）把"故事"一词放在"食谱"前面，是聪明的营销手法。

在互联网时代，烹饪信息唾手可得，因此，关键在于构建和整理你的知识体系，使你能够用令人兴奋和美味的手法创新。有些食谱可以反复使用，让你体会不同的做法。食谱 A 推荐用这个方法做咖喱酱，而食谱 B 有完全不同的教程或没有；什么东西适合用墨西哥绿番茄酱来调味？我的厨艺进步，靠的是阅读信息丰富的书，这些书具有实操性，而不只是在讲故事。

扶霞·邓洛普（Fuchsia Dunlop）写的湘菜和川菜食谱，黛安娜·肯尼迪（Diana Kennedy）、帕特里夏·昆塔纳（Patricia Quintana）、马克·米勒（Mark Miller）和里克·贝利斯（Rick Bayless）等人的墨西哥菜食谱，朱莉·萨尼（Julie Sahni）的印度菜食谱，长久以来为我提供灵感。对于比较简单、标准的菜肴，我参考马克·比特曼（Mark Bittman）的做法。我从哈罗德·麦吉（Harold McGee）那里学到很多与烹饪相关的化学常识。我不是建议这些书应该是你的首选，因为选什么书取决于你想烧什么菜，但这些书反映了我对好食物的看法，食谱通常花费不多，而且书中充满有用的信息。

别让名厨食谱，挫伤你的厨艺自信

我通常不信任与某名厨经营的某餐厅有关的食谱。一本打着名厨和餐厅名号的食谱，通常是纪念品，里面的菜肴通常过于复杂，难以复刻。这些食谱简直就像是要让你对自己厨艺不精而感到自卑。

想象一下，假如世界名厨让-乔治或费郎·阿德里安（Ferran Adrià）出版了一本旷世巨作，你认为书中传递的信息会是："只要花一点点功夫，并跑一趟你家附近的西夫韦超市，你也能做这道菜"吗？不会的。这本书的目的，是要让你对大厨佩服得五体投地，而不是把你提升到大厨的水平。名厨不只从他们的食谱赚钱，也从上电视、代言产品和当食品公司顾问赚钱。这意味着，他们的食谱往往太严苛，出书是为了自我营销，不是指导他人。如果餐厅老板教我们如何寻找和利用廉价的褐皮马铃薯，我想很少人会光顾这样一家豪华且昂贵的餐厅。

当我翻开多伦多与新加坡双料名厨李国纬的《美食人生》（*Susur: A Culinary Life*）时，我发现里面的文字引人入胜，照片色彩明亮。我很高兴我买了这本书——内容很有趣，叙述他感人的人生故事，但我不认为它会对我的烹饪造成多少影响。

我随便翻到一页，看到一道菜名为"烤鸭胸肉配牛蒡根和鸭腿酱香脆饼，配香料焦糖栗子与山羊奶酪"。很多我真正使用的食谱，比这道菜的名字还短。我算了一下，这个食谱包括 55 种不同的食材及操作步骤，还要参阅书上另外六页，每一页都有更进一步的多重食材。问题不只是它很难，我还发现如果我在过程中犯了错误（非常可能），想要从错误中学习尤其困难——我如何追溯错在哪里？一本像这样的书，不论有什么价值，都不会让我等日常美食家步上永续学习之路。

有些优秀的食谱出自名厨之手，例如里克·贝利斯（Rick Bayless）的《地道墨西哥菜》（*Authentic Mexican*）。但这些书的目的是传授真实的烹饪技术，以及对墨西哥料理的了解，不是替特定餐馆做广告。贝利斯最好的食谱，书名根本不提任何餐厅。一旦名厨摆脱替餐馆营销的动机，书就比较不像到此一游的纪念品，更像大厨从多年实践中积累的有用精华。

食谱上写得太简略？很好！

我常拿朱莉·萨尼的《传统印度烹调》（*Classic Indian Cooking*）与我在印度买的一套短小轻薄、便宜的"一般老百姓"食谱做比较。后者每本花了我大约2美元，每本谈一个地方菜系。它们很容易翻折，便于一手拿书阅读，另一手搅拌锅里的东西或拧开水龙头。

我尤其喜欢被印度人视为理所当然，但萨尼却认为有必要详细解释的重点。萨尼的书，光是预备材料就谈了95页，里面充满信息，很少废话。这些篇幅回答了诸如"罂粟籽是什么""咖喱是什么意思""如何挤干印度奶酪的水""印度人如何慢火炖煮""你能用食物处理机做什么和不能做什么"之类的问题。印度本土食谱不含这些信息,连一页都没有。它默认人人知道,毋须说明。

二十多年前,我开始用萨尼的书学做印度菜,但现在我通常会参考比较短的印度指南。它们不断挑战我是否已掌握印度烹饪的各种密码,它们对细节的省略,给了我空间去即兴创作、学习和犯错。我偶尔会回到更详尽的食谱——尼兰·巴特拉(Neelam Batra)的《1000 道印度食谱》(*1000 Indian Recipes*)——去学习新的烹饪技巧,然后用较短的指南再做一批印度菜。这是一个反复更迭的过程,我在两个食物世界之间来来回回,一个教我怎么做,另一个允许我在已确立的架构内揣摩作者的言外之意并尝试创新。

你手上的食谱中,应该也有非常简短的食谱,可以让你这么做。莫琳·埃文斯(Maureen Evans)在推特账号 @cookbook 上发布食谱,并已出版一本书叫做《食之推文》(*Eat Tweet*)。这里,我推荐书中的一个好食谱,因为我是德国菜(至少是在德国吃的德国菜)迷:

薯球(Knödels):德国。6 个马铃薯去皮,水煮,将土豆擦成细丝;将 2 个鸡蛋 / 半杯面粉 / 1.5 茶匙盐混合搅拌。将混合物搓成 1 英尺的球状;煮 10 分钟。用漏勺捞起;配汤或肉汁上桌。

如此而已。很多老食谱也这么简单，你会在以前的烹饪书上看到。但并非当时的食物不精致，而是厨师在操作时结合很多背景知识，包括对适当食材的理解，或清楚"配汤或肉汁上桌"是什么意思。在经济学，这种知识有时叫做"默会知识"（tacit knowledge），是企业成功的重要因素之一。

以下这道泰国食谱，也是引自她的内容：

玉米沙拉（Yam Khao Pot）：泰国。混合 1 茶匙红咖喱酱 / 2 茶匙椰奶、花生、青柠、香菜 / 1 茶匙鱼露和虾米（可选）。拌入 2 杯甜玉米 / ¼ 杯烤椰肉。

我烧过很多泰国菜，所以即使食谱没有明示，我也知道每样食材的适当份量。但这不是学泰国菜的起点（该放多少鱼露？那玩意不臭吗？我究竟为什么要加它？），而是一种让你继续前进的方式。游走在详细、信息密集的食谱与相当节略的食谱之间，对你真的会很有帮助。变换一下食谱可以迫使你提升某个领域的知识，也是一个不断测试你了解及不了解哪些食材和工序的方法。

我最喜欢的一套烹饪书，叫做《本土与大众美食》（*Cocina Indígena y Popular*），总共 50 多册（仍在增加中）。第 26 本谈墨西哥圣路易斯波托西州和克雷塔罗州的美食，第 124 页有一个典型食谱。需要的食材有一个大南瓜、五朵普通大小的蘑菇、水、按口味添加的肉桂皮。洗净南瓜，切成大块，同其他食材一起放入水中煮，直到水煮干，捞出来冷却。仅此而已。食谱给你的唯一细节，是需要"两公升水"（但没说明应该煮多久），以及告诉你煮好后味道是"甜的"。它不指明用哪种蘑菇，只说是当地土话叫"Nchyawl"，截至 2011 年夏天，我在网上还是找不到任何关于该词的资料。

我试做过这个食谱，味道之芬香鲜美令我惊讶。我建议用墨西哥肉桂（用一整枝，但一掰就断的那种），而非亚洲品种，以及用比我在本地韦格曼斯超市买的金喇叭菇软一点的蘑菇（用五个以上也无妨），然后煮一个半小时似乎就够了。现在，我正着手将这个食谱改得适配美国厨房，并加以调整来供我自己使用。例如，我更喜欢在南瓜稍微冷却但仍温热，尚未降到室温的时候吃。

这套书有一本谈的是"塔拉乌马拉食物"，共 509 页，塔拉乌马拉人是墨西哥北部土著，有 5 万至 7 万人，以擅于长跑闻名。我从未到过他们的部落，也从未尝过他们的美食。

第 292 页有一道食谱叫"Palo Amarillo"，先用塔拉乌马拉语书写一遍，再译成西班牙文。如果网上的信息准确的话，Palo Amarillo是一种橡胶树。食谱先说此树很古老，树枝可以混合羊毛用于缝纫和编织。继而告诉我们果实成熟时可食，味甜，有黑白两色。接下来，食谱提到这种树不再生长于峡谷，果实于五月成熟。然后告诉我们，它的木材可以用来做什么，说它会开漂亮的黄花。至此，"食谱"就结束了。

大多数人对食谱的功用或意义的理解过于狭隘了。墨西哥本土水果通常可口，但其食用需要地理知识，也需要保鲜技术。阅读陌生或奇特的食谱，能帮我们跳出"自以为对世人饮食方式该知道的都知道、不知道的则不需知道"的循环。

读过墨西哥本土食谱，你也将会发现：其实很多烹饪知识存在于人们脑中，而非纸上。上烹饪课或透过其他方式获得专家指点，是个好办法，只是你可能负担不起或没有时间，因此我有最后一点建议：当你做菜给别人吃的时候，不妨问问他们的意见。但是，你必须问对问题。问人家"你觉得如何"，听起来像在博取赞美；相反的，你应该这样问："这顿饭，哪道菜最差？"或"我知道你全都喜欢，但你最不满意的是哪一样？"然后，略施压力，逼对方回答。这个办法，能为你带来有益的指导，那是食谱永远做不到的。

别乱买锅，厨房就不会凌乱

我注意到一般人的厨房有两个特点。

首先，和食谱的下场一样，大多数人从来不用，或难得一用他们拥有的大部分烹饪器具。我是一个相对活跃的厨师，喜欢实验各式各样的菜肴和烹饪法，我的烹饪器具仍有远超过一半闲置未用。

其次，大多数人都有几样心爱的器具，一用再用，直到用坏必须买新的为止。换言之，大部分厨房的运作就像个"赢家通吃"市场——少数几样东西获得全部关爱，大部分东西却遭到忽视和遗忘。

对我来说，赢家们是一只传热效果非常好的煎锅、一个中式炒锅、一个蓝色大砂锅、一个煮饭用的小锅、一台美膳雅（Cuisinart）多功能料理机／香料研磨机、一个煮面用的大汤锅和一个烤盘，加上几把锋利的刀，和两支炒菜用的长木勺。如果我只有这几样东西——其他一概全无——我照样能做我大部分的烹调工作，我的厨房也会更清爽。以上只是描述我的煮夫生涯，而不是给你的采购建议。

在你决定要买哪些厨房器具之前，你应该先想清楚的是：我会烧哪种菜？当你相当熟悉某些器具（也就是那些符合你烹饪兴趣的）后，你会学到最多的烹饪之道。那是真正了解一个食谱在讲什么，最终修正或改进它，而非仅仅记住的途径。

如果你是新手，买一组便宜的烹饪器具就好。一旦你搞清楚了什么东西对你有用，再回头考虑买更昂贵的版本。不要一开始就花很多钱，因为你花的钱大部分是浪费了。用经济学术语来说，想象你在进行"最适化搜寻"（optimal search）。一开始就买昂贵的烹饪用具，就像带着求婚钻戒去赴第一次约会。还是先搜寻和了解你的偏好吧。

如果你经常使用某个器具，投资那种非常好也非常耐用的版本，会让你获得高报酬。所以，试着找出你厨房用具中的五大"赢家"，然后，就只花更多钱在这五样东西上。这个办法，通常比尝试新的厨房用具更好——这些新东西买回来后，极有可能会被你搁置不用，日后懊恼自己浪费钱。

这是一种常见的认知偏差：崭新、亮晶晶的玩具，对我们有巨大吸引力，因为在某些方面我们仍是小孩子。但其实，我们是被商人的营销手法和购物快感骗了，因此，把你的钱花在更可靠的乐趣上吧。学习烹饪是靠使用我们非常了解的工具，去烧一些我们极感兴趣的拿手菜，而不是靠买新玩意或拥有所有工具。

一种器具如果对你有用，不妨多买几个版本。我们家就有三个炒锅和四台可以充当香料研磨机的机器。为什么需要用到三个炒锅？因为有时我用一个锅烧主菜，另一个锅蒸蔬菜，另一个装满煮好的咖喱，放进地下室的冰箱里，留待第二天吃。如果有客人来家里吃饭，我很可能三个锅子同时上场。（老实说，我有第四个炒锅，是一个电炒锅，我一次都没用过。也许它很棒我却不知道，那就等我发现它的优点，再来写介绍好了。）

我那四台香料研磨机又是怎么回事？不荒唐吗？摆阔啊？

是这样的：我太太娜塔莎，会用其中一个磨咖啡豆，我可不愿用带着浓浓咖啡香的它来磨辣椒或豆蔻。另一台小型研磨机，用来磨量少的东西，几乎当我需要用研磨机时，有一半左右的时间都是靠它，比如要磨两根辣椒和一粒丁香——当然不适合用大型的美膳雅研磨机。至于那台大型的美膳雅，则是用来磨西红柿泥、洋葱泥，做墨西哥莫雷酱用的。

那么第四台美膳雅研磨机，中型的那台做什么用呢？我承认，从来没用过。但有它在，我比较放心。万一小号或大号的香料研磨机"罢工"，中号机可以立刻上阵，我照样可以在家宴请，不必紧张所有努力都因研磨机罢工而功亏一篑。

我不想买第五台研磨机了，但我在考虑多买一个炒锅，因为我想它可能比买一个喷枪来做脆皮焦糖布丁实在得多。

你是想学做菜，还是学用新器具？

要如何辨别厨房用品里的"赢家"呢？去年，我的同事、做得一手好菜的韦罗妮克·德·吕比（Veronique de Rugy）信誓旦旦地对我说："你应该买一台美善品（Thermomix）多功能料理机，那是值得信赖的德国公司福维克（Vorwerk）制造的。"福维克最著名的产品，是超强力真空吸尘器。他们的多功能料理机集蒸煮、研磨、搅拌、揉面、称重和乳化等多项功能于一身，我猜还不只这些。韦罗妮克坚称，它值 1400 美元，其他用户也附和（如果你从美国以外的地方订购，价格可能不同）。据称它特别擅长揉面和做需要保持热度、不停搅拌的酱汁，曾担任西班牙著名现代派美食餐厅斗牛犬（El Bulli）主厨的费朗·阿德里亚（Ferran Adrià）就有一台。

但我至今未买。也许我太老了，我被一台机器会颠覆我整个惯常烹饪程序的想法吓坏了。要我拿目前使用的七个烹饪工具去换这台机器，我不确定结果会更幸福或更惨。每一次用它来做菜，我就必须学习一个新功能，也许不到一年这台机器会开始替我节省时间，但谈到烹饪，我需要的是很原始的"推动力"，也就是从一开始就轻松上手。福维克公司的一位发言人曾说过这样一句话："如果客户不知道如何使用，我们就不鼓励他们购买。"买这台机器像是培养另一项专长，我还没准备好这么做。

此外，当我烹饪时，我通常有"烧了一半的菜"放置在厨房各处，因为我会同时做几道菜。我需要一堆工具，只为适应我做做停停、来来回回的烹饪方法（美善品多功能料理机可以同时执行一个以上的功能，但我这里说的是同时五到七个功能）。如果我才23岁或27岁，还有可能改变，但到了49岁，算了。

我认为烹饪工具可以归入以下几个范畴：

1. 以新形式实现传统功能。

2. 以新形式开启全新烹饪维度。

3. 现有设备的性能升级。

如果你想经由烹饪改善你的美食生活，你需要问你自己：你准备好接受哪一类烹饪工具了吗？

以我为例，我够忙了，我不渴望学全新的烹饪技术。我已经有一个"研究计划"：学习更好地使用芫荽制作印度咖喱，学做各种形式的法国烤鸡，学会用新鲜食材从零调制泰国咖喱酱。我也想学做一些新的高汤，以及孟加拉芥末咖喱。

也许你读这本书的时候，我已经完成上述计划并继续前进，但也可能还没有。如果你告诉我，有一种新工具可以让我做我从来没做过的芝士蛋糕，我实在不感兴趣。无论该工具有多妙，都跟我无关，我还是只想要更多更好的菜刀、一个新烤盆（旧烤盆还能用，但它23岁了，开始结硬壳），以及多一个炒锅。剩余的烹饪精力，我会花在改进食谱和采购更好的食材上。

再重复一次我的重点：了解在你目前的人生阶段中你自己的烹饪习性，抛弃自欺的想法，抗拒闪亮新玩具的诱惑。如何挑选最好的烹饪工具不是大问题，你随时可以在网络上找到答案。对于最重要的问题，答案在你内心。

让饮食革命，在你的心中有一席之地

目前为止，从经济学视角来看，我们已讨论厨房中的一些生产要素：资本（器具）和构想（食谱），接下来，我们把话题转到劳动力——你自己的烹饪倾向。

如果你从来不进厨房，资本和构想对你没多大意义。如果你不想经常外食，你能做什么来强迫、哄骗或用其他方法引诱自己更常在家吃饭?

对我来说,这个问题很大程度上仍未获得解决,但我能给的建议如下:

首先,冷冻食品未必差。我说过,冷藏会损害食物风味,但不是所有冷藏方法都一样。冷冻保存风味的效果,远比单纯的冷藏好,所以冷冻食品本身的质量很重要。法国有一家专卖冷冻食品的连锁店叫做 Picard,讲究饮食的法国食客逛这家店是稀松平常之事。不像很多美国冷冻食品,它的价钱不便宜,但质量更高。自 1950 年代冷冻食品问世以来,冷冻技术已有长足进步,为食物的更高质量提供背书。急速冷冻法使优质食物能够保鲜而不致丧失过多水分。甚至很多美食家都不知道他们吃的寿司——我说的是真材实料的那种——大部分取材于在海上急速冷冻的鱼。

当今美国的情况是,冷冻水果和蔬菜(在产地附近急冻)通常比用卡车运输、维持低温多日,并根据最大尺寸和装箱便利而挑选的蔬菜水果"更新鲜"。马克·比特曼在他那精彩的连载美食专栏《极简主义者》(*The Minimalist*)中,就经常提到这一点。冷冻樱桃往往比所谓的"新鲜"樱桃好,后者由于运输和仓储的关系,其实并不新鲜。罐头西红柿往往比非罐头西红柿好(要我叫它们"新鲜"西红柿,我实在说不出口),包括用来做番茄酱时也是如此。优质罐装沙丁鱼,比超市的海鲜柜产品,甚至比高档食品店卖的大部分鱼都要好。如果你能善用经济学去思考如何少跑一趟超市,你的烹饪会变得更容易也更便宜。

　　尝试"预先承诺"的策略。早上出门上班前，先从冰箱拿一些冷冻食物出来解冻。然后让罪恶感来催促你回家吃饭：因为如果当晚你不吃掉已经解冻的玉米，玉米可能会坏掉，你会浪费钱；即使没坏掉，重新冷冻也会让你感觉愚蠢。在回家的路上，你就更不会把车停在泰国餐厅，点一份绿咖喱鸡了。

　　还有很多方法，可以让你把科技变成家庭烹调的朋友，而非敌人。我在本书的第二章解释过，美国的食物——包括家庭食物——在 20 世纪的大部分时间里变得相当糟糕。幸运的是，过去三十年左右，这些负面趋势得到了逆转，如今许多现代技术有利于提高家庭食品的质量。

　　例如，微波炉越来越常用于优质食物，而非垃圾食品；微波炉可以烧很多鱼类菜肴，而无损于质量，这在今天已是常识。有很多食谱教人如何用微波炉做快速但美味的菜肴，与早期的斯旺森冷冻晚餐相比有了很大变化；朱莉·萨尼的《莫卧儿微波料理》（*Moghul Microwave*）更是全书奉献给微波炉食谱。此外，微波炉在处理剩菜上极具价值。这是一个好例子，说明科技可以从美食的敌人变成更好及更精致料理的助手。

　　至于如何取得更好的食材做家庭膳食？我的建议是：不妨利用网购。很多好餐厅和食品供应商，也可以直接送货上门。过去六年左右，我们年年订购洛克哈特的冷冻烧烤，作为感恩节大餐的一部分。

记得我在谈烧烤那一章说过，洛克哈特可能是美国吃得州香肠、肋排和胸肉的最好去处。洛克哈特的主要餐厅之一 Kreuz Market，会送货到美国大陆的任何地方。利用这类服务，我有更多时间去准备蔬菜和佐菜。

我也推崇订购高质量的培根，我喜欢本顿烟熏山乡村火腿，以"福桃拉面"闻名的张大卫（David Chang）也偏爱这个货源。冷冻起来，可以用好几个月，我通常用它来烧四川菜。培根本身经过腌制和防腐处理，冷冻不会使其损失多少风味。这类培根确实比 Whole Foods 超市的培根贵，但比企图在餐厅找到质量相当的产品便宜。如果我用培根烧红烧肉，两人份的餐食花费约 12 美元。这实在称不上奢侈，而且吃的是世界级的食材。最重要的是，它随时可以下锅。

廉价的货物运输往往促使人们选择外出就餐，但如果你富有创意，可以利用现代化的这一特点来改善在家用餐的体验。家庭烹饪并不意味着你必须亲自制作所有食物。这个观点体现了我关于合作与分工的经济思路，当然也体现了美国在远程食品运输方面的专业能力。

鼓励你更常在家吃饭的方法很多，但是那些压迫式的建议很可能失败；相反的，趣味、创新的做法才会成功。每次在家烹煮（不论这种尝试多么朴素），都应该有一些独特元素。你的烹饪生活不必涉及准备几十个人的聚餐餐食，但应该有一种集体活动的欢乐气氛，赋予每一位参与者些意义，这是对抗外面优质餐厅诱惑的最佳途径。饮食上的革命，唯有在每个人心里和头脑中赢得一席永久之地，才有可能成功。

下一步，看你了。

本书注释

第一章 美食家是势利眼？

关于傅立叶，见 Priscilla Parkhurst Ferguson, *Accounting for Taste: The Triumph of French Cuisine* (Chicago: University of Chicago Press, 2004), p. 100。

第二章 东西为何越来越难吃

关于假日酒店和泰德牛排馆，见 Harvey Levenstein, *Paradox of Plenty: A Social History of Eating in Modern America* (New York: Oxford University Press, 1993), p. 128。

关于各州禁酒法律的描述，见 Charles Merz, *The Dry Decade* (Seattle: University of Washington Press, 1969), pp. 19-23。并非所有法律都严禁在家饮酒，尽管它们确实禁止公共餐厅卖酒。关于城镇法律，见 Norman H. Clark, *Deliver Us from Evil: An Interpretation of American Prohibition* (New York: W.W. Norton & Company, 1976), pp. 101-2。

禁酒如何影响餐饮的引文，摘自 Harvey Levenstein, *Revolution at the Table: The Transformation of the American Diet* (Berkeley: University of California Press, 2003), p. 183。关于英国游客及《周六晚报》，见 Andrew Barr, *Drink: A Social History of America* (New York: Carroll & Graf Publishers, 1999), pp.

104-5. 关于记者赫伯特·阿斯伯里的观点，见其著作 *The Great Illusion: An Informal History of Prohibition* (Westport, Connecticut: Greenwood Press, 1968 [1950]), p. 193。阿斯伯里在书中（pp. 194-96）讨论了餐厅歇业及相关议题。关于餐饮业的普遍变化，亦见 Michael Karl Witzel, *The American Drive-In* (Osceola, Wisconsin: Motorbooks International, 1994), p. 19。

关于法国大厨，Harvey Levenstein 写道："在实施禁酒的两年内，大多数战前涌至纽约、芝加哥、旧金山和其他大城市的法国大厨都流落街头，寻找不存在的工作，或在轮船公司订回家的船票。"摘自 Harvey Levenstein, *Revolution at the Table: The Transformation of the American Diet* (Berkeley: University of California Press, 2003), p. 184。

关于纽约市突袭查酒的效应，见 Andrew Sinclair, *Era of Excess: A Social History of the Prohibition Movement* (New York: Harper & Row, 1964), p. 232；地下酒吧的贿赂及其他成本，见该书 pp. 222, 230-34，该部分对地下酒吧的劣质食物有更广泛的讨论。

关于禁酒令对饮酒习惯伤害多大及花了多久才恢复，见 Andrew Barr, *Drink: A Social History of America* (New York: Carroll & Graf Publishers, 1999), pp. 111-12, 239。关于 1973 年，见 Daniel Okrent, *Last Call: The Rise and Fall of Prohibition* (New York: Scribner, 2010), p. 373。有关纽约美食何时开始复苏的估计，见 Herbert Asbury, *The Great Illusion: An Informal History of Prohibition* (Westport, Connecticut: Greenwood Press, 1968 [1950]), p. 196，及 Andrew Barr, *Drink: A Social History of America* (New York: Carroll & Graf Publishers, 1999), p. 111。

关于战时经验如何形塑美国及其食物网络，见 Amy Bentley, *Eating for*

Victory: Food Rationing and the Politics of Domesticity (Chicago: University of Chicago Press, 1998), p. 9，及 Susan M. Hartmann, *The Home Front and Beyond: American Women in the 1940s* (Boston: Twayne Publishers, 1982), pp. 77-78。关于战时配给制度，见上述 Bentley 著作 p.91 及各处。关于鸡肉消耗，见 Steve Striffler, *Chicken: The Dangerous Transformation of America's Favorite Food* (New Haven: Yale University Press, 2005), pp. 43-45。关于罐头午餐肉及战时美国肉类消耗，见 Bentley 著作 pp. 71, 131-32。关于战时牛肉消耗，见 Bentley 著作 pp. 91-92。关于加工食品及蔬菜的兴起，见 John L. Hess and Karen Hess, *The Taste of America* (Urbana: University of Illinois Press, 2000), p. 269。关于糖，见 John Mariani, *America Eats Out: An Illustrated History of Restaurants, Taverns, Coffee Shops, Speakeasies, and Other Establishments That Have Fed Us for 350 Years* (New York: William Morrow and Company, 1991), pp. 156-57。

有关禁酒郡县的一些基本参考资料，见 David J. Hanson, "Dry Counties," https://web.archive.org/web/20210322201326/https://www.alcoholproblemsandsolutions.org, Internet Archive, accessed January 24, 2025 (archived on March 22, 2021)，及维基百科网页 http://en.wikipedia.org/wiki/List_of_dry_communities_by_U.S._state。各年度《美国统计摘要》(*Statistical Abstract of the United States*) 有更详尽的禁酒地区统计。关于葡萄酒及 1970 年代，见各州和郡县允许饮酒的餐馆数字，摘自各年度《美国统计摘要》。禁酒郡县资料，见 https://web.archive.org/web/20210322201326/https://www.alcoholproblemsandsolutions.org, Internet Archive, accessed January 24, 2025 (archived on March 22, 2021)。葡萄酒及 1970 年代，见

Andrew Barr, *Drink: A Social History of America* (New York: Carroll & Graf Publishers, 1999), p. 254，引述出自 p. 112。

关于朝鲜餐厅的报导，见 "Hermit Kitchen: How Did a North Korean Restaurant Wind Up in Northern Virginia?" http://www.washingtoncitypaper.com/article/220163/hermit-kitchen。

关于族群之间的烹调同化过程的更多细节，见 Harvey Levenstein, *Revolution at the Table: The Transformation of the American Diet* (Berkeley: University of California Press, 2003), p. 176。辛辣和蒜味食物，见 Jeffrey M. Pilcher, *Que Vivan los Tamales: Food and the Making of Mexican Identity* (Albuquerque: University of New Mexico Press, 1998), p. 93。一些笼统评论，见 Hasia R. Diner, *Hungering for America: Italian, Irish, and Jewish Foodways in the Age of Migration* (Cambridge: Harvard University Press, 2001)。

关于邓肯·汉斯，见 Harvey A. Levenstein, "The Perils of Abundance: Food, Health, and Morality in American History," in *Food: A Culinary History from Antiquity to the Present*, English edition edited by Albert Sonnenfeld (New York: Columbia University Press, 1999), pp. 516-29；尤其是 pp. 524-25。

关于中国移民数字，见 J. A. G. Roberts, *China to Chinatown: Chinese Food in the West* (London: Reaktion Books, 2002), p. 165。

关于从墨西哥料理衍生出来的不同食物，得墨料理倾向于用鹿肉和牛肉，特色菜有法西塔、蓬松塔可和烤小山羊。新墨西哥州版本较可能使用新鲜青辣椒和绿番茄酱，偏爱猪肉而非牛肉。加州的墨西哥料理采用更多蔬果，符合该州的多元化农业结构。牛油果、酸奶油和西班牙橄榄尤其常见。

关于电视在美国和欧洲的普及度差异，见 Tyler Cowen, *Creative Destruction:*

How Globalization is Changing the World's Cultures (Princeton: Princeton University Press), 2002, 第四章。

关于职场女性的数字，见 Martha Hahn Sugar, *When Mothers Work, Who Pays?* (Westport: Bergin and Garvey, 1994), p. 27。Jell-O 果冻宣传册的引文摘自 Carolyn Wyman, *Jell-O: A Biography* (New York: Harcourt, Inc., 2001), p. 23。

关于家务工作时间，见 Stanley Lebergott, *Pursuing Happiness: American Consumers in the Twentieth Century* (Princeton: Princeton University Press, 1993), p. 59。

关于微波炉的起源，见 Nell du Vall, *Domestic Technology: A Chronology of Developments* (Boston, Massachusetts: G. K. Hall & Co., 1988), p. 117。关于微波炉价格，见 Gerry Schremp, *Kitchen Culture: Fifty Years of Food Fads* (New York: Pharos Books, 1991), pp. 89-90。

关于早期斯旺森电视餐，见 Martin J. Smith and Patrick J. Kiger, *Poplorica: A Popular History of the Fads, Mavericks, Inventions, and Lore that Shaped Modern America* (New York: Harper Resource, 2004), pp. 121-26，及 Richard Pillsbury, *No Foreign Food: The American Diet in Time and Place* (Boulder, Colorado: Westview Press, 1998), pp. 65-66。

关于披萨在美国的历史，见 John A. Jakle and Keith A. Sculle, *Fast Food: Roadside Restaurants in the Automobile Age* (Baltimore: The John Hopkins University Press, 1999), pp. 242-46。

关于各种美国食评，见 Leslie Brenner, *American Appetite: The Coming of Age of a Cuisine* (New York: Avon Books, 1999), pp. 46-47, 62-64。关于 Betty Crocker，见 Karal Ann Marling, *As Seen on TV: The Visual Culture of Everyday Life in the 1950s* (Cambridge: Harvard University Press, 1994), p. 206。

关于甜甜圈，见 John A. Jakle and Keith A. Sculle, *Fast Food: Roadside Restaurants in the Automobile Age* (Baltimore: The Johns Hopkins University Press, 1999), pp. 197-98。

关于快餐店群聚在中学附近的现象，见 S. Bryn Austin, Steven J. Melly, Brisa N. Sanchez, Aarti Patel, Stephen Buka, and Steven Gortmaker, "Clustering of Fast-Food Restaurants Around Schools: A Novel Application of Spatial Statistics to the Study of Food Environment," *American Journal of Public Health*, September 2005, vol. 95, no. 9, pp. 1575-81。

第三章　打破你的买菜习惯

都是基于实地考察，没有参考已发表的文章和书籍。

第四章　美女很多？千万别进去！

关于 Masa 餐厅，见 G. Bruce Knecht, "The Raw Truth," *The Wall Street Journal*, Saturday/Sunday, March 25-26, 2006, pp. P1, P6。

关于荣获诺贝尔奖的美国人，一个资料出处是：http://www.jinfo.org/US_Nobel_Prizes.html。

关于可口可乐溢价，Eric Schlosser, *Fast Food Nation: The Dark Side of the All-American Meal* (New York: Perennial, 2002), p.54 提供了一些典型数据："连锁快餐店买可口可乐糖浆的成本约为 4.25 美元 / 加仑。一杯中杯可乐卖 1.29 美元，含大约 9 美分的糖浆。点餐处后面的美女总是建议你，不如买大杯可乐，只要 1.49 美元。大杯可乐比中杯多含了 3 美分的糖浆——让麦当劳多赚 17 美分纯利。"

关于葡萄酒溢价的一些最新估计，见 Juliet Chung, "Cracking the Code of Restaurant Wine Pricing," *The Wall Street Journal*, Friday, August 15, 2008，及 Gretchen Roberts, "The Lowdown on Restaurant Markups," *Wine Enthusiast Magazine*, May 7, 2010, https://web.archive.org/web/20181107101512/https://www.winemag.com/2010/05/07/the-lowdown-on-restaurant-markups, Internet Archive, accessed January 24, 2025 (archived on November 7, 2018)。据估计，纽约 Daniel 餐厅储藏价值高达 80 万美元的葡萄酒；见 Brenner, *American Appetite*。

关于"掩盖"次要价格的概念，如餐厅的饮料，见 Xavier Gabaix and David Laibson, "Shrouded Attributed, Consumer Myopia, and Information Suppression in Competitive Markets," *Quarterly Journal of Economics*, May 2006, pp. 505-40。

关于免费午餐历史，见 Madelon Powers, *Faces Along the Bar: Lore and Order in the Workingman's Saloon, 1870-1920* (Chicago: University of Chicago Press), 1998。

关于饮料定价策略及餐桌空间的使用，见 John R. Lott Jr. and Russell D. Roberts, "A Guide to the Pitfalls of Identifying Price Discrimination," *Economic Inquiry*, January 1991, vol. 29, no. 1, pp. 14-23。

关于爆米花历史，见 Andrew F. Smith, *Popped Culture: A Social History of Popcorn in America* (Columbia: University of South Carolina Press, 1999), pp. 102, 119-120, 159。有关爆米花价格的实证研究，见 Richard Gil and Wesley Hartmann, "Empirical Analysis of Metering Price Discrimination: Evidence from Concession Sales at Movie Theaters," working paper, 2008。

有关电影发行的经济分析，见 Peter Caranicas, "Studios at the Brink," *Variety Magazine*, May 3-9, 2010, pp. 1, 70。

关于爆米花价格，制片公司不是傻瓜。他们担心爆米花定价过高会压低电影需求并减少他们的利润。因此当电影租给影院上映时，合约上通常注明爆米花的最高价格。理想情况下，制片公司希望票价定得高，爆米花卖得非常便宜。因此双方展开拉锯战，造成结果如下：制片公司可以管控爆米花价格，但管不了它的质量。制片公司制定爆米花的价格，而电影院以降低爆米花的质量来回应。降低每单位的质量，是另一种（偷偷摸摸）向消费者收取更高单价的方法。这是为什么电影院的爆米花及其他食品通常质量低劣的原因。

关于餐厅失败率，见 H. G. Parsa 的作品，包括他的 "Why Restaurants Fail" 一文。出自他与 John T. Self, David Njite 及 Tiffany King 合著的 *Cornell Hotel and Restaurant Administration Quarterly*, August 2005, vol. 46, no. 3, pp. 304-22。

关于麦当劳，见 Philip Langdon, *Orange Roofs and Golden Arches: The Architecture of American Chain Restaurants* (New York: Alfred A. Knopf, 1986), p. 107。

第五章 杂乱无章的餐厅里，冒出美好的烟

关于迈克·怀特利，见 http://thelittledixieweekender.com/archive/page/4/。

关于建立烧烤连锁店失败的例子，见 John A. Jackle and Keith A. Sculle, *Fast Food: Roadside Restaurants in the Automobile Age* (Baltimore: The Johns Hopkins University Press, 1999), pp. 171-72。关于斯卡格斯牧师，见 Greg Johnson and Vince Staten, *Real Barbecue* (New York: Harper & Row, 1988), p. 145; 时代广场的烧烤店，见 p. 107。关于烧烤通史的精彩介绍，见 Robert F.

Moss, *Barbecue: The History of an American Institution* (Tuscaloosa: University of Alabama Press, 2010)。

关于美国人一年烧烤次数的估计，见 Rick Browne and Jack Betridge, *Barbecue America: A Pilgrimage in Search of America's Best Barbecue* (Alexandria, Virginia: Time-Life Books, 1999), p. 11。

关于烤猪前腿肉的时间，见 Steven Raichlen, *BBQ USA* (New York: Workman Publishing, 2003), pp. 160, 230。

关于 "barbecue" 这个词的来源和演变，可参见 Eric Lolis Elie, *Smokestack Lightning: Adventures in the Heart of Barbecue Country* (Berkeley: Ten Speed Press, 2005), p. 26。

关于早期烧烤，见 Dotty Griffith, *Celebrating Barbecue: The Ultimate Guide to America's 4 Regional Styles of 'Cue* (New York: Simon & Schuster, 2002), pp. 20, 32。关于烧烤的加勒比海起源，见 Eric Lolis Elie, "Barbecue," in *Encyclopedia of Food and Culture*, edited by Solomon Katz and William Woys Weaver (New York: Charles Scribner's Sons, 2003), pp. 164-66。

关于得州历史及烧烤与政治集会的关系，见 Robb Walsh, *Legends of Texas Barbecue Cookbook: Recipes and Recollections from the Pit Bosses* (San Francisco: Chronicle Books, 2002), pp. 28-30，及 Sharon Hudgins, "A Feast for All: Texas Barbecue as a Meal and Social Gathering," *Culture* 6, 1992。

关于路边烧烤餐馆，见 John A. Jakle and Kerth A. Sculle, *Fast Food: Roadside Restaurants in the Automobile Age* (Baltimore: The Johns Hopkins University Press, 1999), p.171；关于烧烤与面包的关系，见 John Egerton and Ann Bleidt Egerton, *Southern Food: At Home, On the Road, in History* (Chapel Hill: The

University of North Carolina Press, 1993), p. 150。

关于北卡罗来纳州的卷心菜沙拉，见 Bob Garner, *North Carolina Barbecue* (Winston-Salem, North Carolina: John F. Blair, 1996), pp. 20-25。

关于烧烤比赛参与人数的粗略估计，见 Rick Browne and Jack Bettridge, *Barbecue America: A Pilgrimage in Search of America's Best Barbecue* (Alexandria, Virginia: Time-Life Books, 1999), p. 102，及 Steven Raichlen, *BBQ USA* (New York: Workman Publishing, 2003), p. 12。

关于稀奇古怪的烧烤店名，见 Greg Johnson and Vince Staten, *Real Barbecue* (New York: Harper & Row, 1988), pp. 187-89。

关于炉烤大师，见 Bob Garner, *North Carolina Barbecue* (Winston-Salem, North Carolina: John F. Blair, 1996), pp. 29-30 的评论，及 Eric Lolis Elie, *Smokestack Lightning: Adventures in the Heart of Barbecue Country* (Berkeley: Ten Speed Press, 2005), p. 11。

关于蓝烟餐厅及其遭遇的障碍，见 "Where the Smoke Rises (and Rises)," *The New York Times*, Wednesday, March 27, 2002。

关于羊头烧烤，见 Daniel D. Arreola, *Tejano South Texas: A Mexican American Cultural Province* (Austin: University of Texas Press, 2002), pp. 167-69；Robb Walsh, *Legends of Texas Barbecue Cookbook: Recipes and Recollections from the Pit Bosses* (San Francisco: Chronicle Books, 2002), pp. 190-91；及 Mario Montaño, *The History of Mexican Folk Foodways of South Texas: Street Vendors, Offal Foods, and Barbacoa de Cabeza* (Ann Arbor: University of Microfilms, University of Pennsylvania doctoral dissertation, 1992), pp. 257-63。

关于墨西哥烤乳猪技术，见 Peter Kaminsky, *Pig Perfect: Encounters with*

Remarkable Swine and Some Great Ways to Cook Them (New York: Hyperion, 2005), 第 17 章。关于 "pib" 的含义，见 Diana Kennedy, *The Essential Cuisines of Mexico* (New York: Clarkson Potter, 2000), pp. 277, 320。

有关墨西哥农村烧烤及其调味料的讨论，见 James W. Peyton, *El Norte: The Cuisine of Northern Mexico* (Santa Fe: Red Crane Books, 1995), pp. 112-14。

关于旋转烤肉如何传到墨西哥，见 Jeffrey M. Pilcher, *Que Vivan los Tamales: Food and the Making of Mexican Identity* (Albuquerque: University of New Mexico Press, 1998), p. 136。

关于用木柴烧烤的成本，可参见 Greg Johnson and Vince Staten, *Real Barbecue* (New York: Harper & Row, 1988), p. 70 中的评论。

烧烤师傅威尔伯·雪莱对于肉摆放的位置及其为何重要的观点，见 Bob Garner, *North Carolina Barbecue* (Winston-Salem, North Carolina: John F. Blair), 1996, pp. 31-32。

关于关岛的烧烤酱，见 Steven Raichlen, *BBQ USA* (New York: Workman Publishing, 2003), pp. 244, 657。

关于烧烤酱原料的参考，引自 Mike Mills and Amy Mills Tunnicliffe, *Peace, Love & Barbecue: Recipes, Secrets, Tall Tales, and Outright Lies from the Legends of Barbecue* (Emmaus, Pennsylvania: Rodale Books, 2005), pp. 53, 61, 65。作者在 p. 53 讨论了奇迹奶油酱（Miracle Whip）与美乃滋的差别。

关于烧烤酱的生产与营销，见 Nell du Vall, *Domestic Technology: A Chronology of Developments* (Boston, Massachusetts: G.K. Hall & Co., 1988), p.79。

低温真空烹调法约于三十年前引入法国。起初未能流行，因法国人害怕肉毒杆菌中毒和李斯特菌，但后来设备和技术都改进了。

关于洛克哈特的烤香肠，见 Rick Browne and Jack Bettridge, *Barbecue America: A Pilgrimage in Search of America's Best Barbecue* (Alexandria, Virginia: Time-Life Books, 1999), pp. 11-12，及 Eric Lolis Elie, *Smokestack Lightning: Adventures in the Heart of Barbecue Country* (Berkeley: Ten Speed Press, 2005), p. 49。

第六章 不容错过的亚洲美食

关于菲律宾人和菲律宾餐厅数目及中国餐厅数目，见 Steven A. Shaw, *Asian Dining Rules: Essential Strategies for Eating Out at Japanese, Chinese, Southeast Asian, Korean, and Indian Restaurants* (New York: William Morrow, 2008), pp. 130-31。

第七章 新一轮农业革命，正在发生

关于玉米培育史，见 "Rio Balsas Most Likely Region for Maize Domestication," Christine A. Hastorf, *Proceedings of the National Academy of Sciences*, March 31, 2009, vol. 106, no. 13, pp. 4957-58。

关于火车时速及运输成本，见 W. P. Hedden, *How Great Cities are Fed* (Boston: D. C. Health and Company, 1929)，火车时速见 pp. 74-81, p.88，运输成本见 p. 299。

关于美国农业生产力的激增，见 Bruce L. Gardner, *American Agriculture in the Twentieth Century: How It Flourished and What It Cost* (Cambridge: Harvard University Press, 2002), pp. 20-22, 44。

关于自 1950 年起下跌的粮食价格，见 Indur M. Goklany, *The Improving State of the World: Why We're Living Longer, Healthier, More Comfortable Lives on a Cleaner Planet* (Washington, D.C.: Cato Institute, 2007), p.21。

关于博洛格及其绿色革命的传播，见 Leon Hesser, *The Man Who Fed the World: Nobel Peace Prize Laureate Norman Borlaug and His Battle to End World Hunger* (Dallas: Durban House Publishing Company, 2006)，关于传播，见第七章。

有关土地压力的数字，见 Goklany, *The Improving State*, pp. 120-22, p. 190。

有关食物征税的研究，见 Jonah B. Gelbach, Jonathan Klick, and Thomas Stratmann, "Cheap Donuts and Expensive Broccoli: The Effects of Relative Prices on Obesity," March 13, 2007, https://law.yale.edu/sites/default/files/documents/pdf/Intellectual_Life/JKlick_Cheap_Donuts.pdf。

关于设计可行的肥胖税之困难的另一视角，可见 Jason M. Fletcher, David Frisvold, and Nathan Teff, "Can Soft Drink Taxes Reduce Population Weight?" *Contemporary Economic Policy*, Januany 2010, vol. 1, no. 28, pp. 23-35。

关于世界饥饿人口估计，见 http://en.wikipedia.org/wiki/Hunger。有关此估计的批判性观点的文章，见 Abhijit Banerjee and Esther Duflo, "More Than 1 Billion People Are Hungry in the World, But What if the Experts Are Wrong?" *Foreign Policy*, May/June 2011。

有关美国农业生产力下滑的资料，见 Julian M. Alston, Mathew A. Anderson, Jennifer S. James, and Philip G. Pardey, *Persistence Pays: U.S. Agricultural Productivity Growth and the Benefits from Public R&D Spending* (New York: Springer, 2010), pp. 147-57。学者乔纳森·福利的引语，见 "A Warming Planet Struggles to Feed Itself," *The New York Times*, June 4, 2011。

关于小麦价格飙涨，见 Robert J. Samuelson, "The Great Food Crunch," *The*

Washington Post, Monday, March 14, 2011, p. A19。

关于生化燃料在农业中的占比，见 Elisabeth Rosenthal, "Rush to Use Crops as Fuel Raises Food Prices and Hunger Fears," *The New York Times*, April 6, 2001。

关于也门，见 Hugh Macleod and John Vidal, "Yemen Threatens to Chew Itself to Death over Thirst for Narcotic Qat Plant," *The Guardian*, February 26, 2010。

关于沙特阿拉伯，见 "Wheat and Water Subsidy Datapoints of the Day," June 23, 2008, http://www.portfolio.com/views/blogs/market-movers/2008/06/23/wheat-and-water-subsidy-datapoints-of-the-day/#ixzz1KGRWIOzS，该文引用 Elie Elhadj 的研究，参见其文章 "Saudi Arabia's Agricultural Project: From Dust to Dust," http://www.globalpolitician.com/print.asp?id=5059。

关于印度的营养不良率，见 Vikas Bajaj, "Galloping Growth, and Hunger in India," *The New York Times*, March 8, 2011，该文亦引述了极速攀升的印度粮价。关于印度对食物生产的限制，一个非常好的资料来源是 Maurice Landes, *The Environment for Agricultural and Agribusiness Investment in India, USDA, Economic Information Bulletin*, Number 37, July 2008，如 p.19 讨论土地法，p.27 讨论外商直接投资的限制。关于农产品糟蹋率，见 "Fling Wide the Gates," *The Economist*, April 14, 2011（应为非常粗略的估计，但无论如何糟蹋率很高），关于小麦糟蹋率，见 "*WSJ* Interview with Kaushik Basu," *The Wall Street Journal*, March 22, 2011。关于 2011 年放宽外商直接投资，见 "100% FDI Allowed in Some Areas of Farm Sector," *The Hindu*, March 31, 2011。

关于 GMO 的背景资料，除了美国国家研究委员会报告（The Impact of

Genetically Engineered Crops on Farm Sustainability in the United States, Washington, D.C.: National Academies Press, 2010 ），亦见 Pamela C. Ronald and Raoul W. Adamchak, *Tomorrow's Table: Organic Farming, Genetics, and the Future of Food* (New York: Oxford University Press, 2008)，及 "Global Status of Commercialized Biotech/GM Crops: 2010," ISAAA Brief 42-2010, http:// isaaa.org/resources/publications/briefs/42/executivesummary/default.asp。

另有两部延伸阅读推荐：Indur M. Goklany, *The Improving State of the World: Why We're Living Longer, Healthier, More Comfortable Lives on a Cleaner Planet* (Washington, D.C.: Cato Institute, 2007)，及 Henry I. Miller and Gregory Conko, *The Frankenfood Myth: How Protest and Politics Threaten the Biotech Revolution* (Westport, Connecticut: Praeger, 2004)。若需快速了解关于生物技术的核心观点，见 Gregory Conko, "The Benefits of Biotech," *Regulation*, Spring 2003，及 James E. McWilliams, "The Green Monster: Could Frankenfoods be good for the environment?" *Slate*, Wednesday, January 28, 2009, http://www.slate.com/id/2209168/pagenum/all/#p2。

关于 GMO 如何使农作物更营养，见 Pamela C. Ronald and James E. McWilliams, "Genetically Engineered Distortions," *The New York Times*, May 14, 2010，亦见美国国家研究委员会报告。

关于棉花与杀虫剂，见 Gregory Conko, "The Benefits of Biotech," *Regulation*, Spring 2003, p.22。

关于蒂恰蒂夫妇的摘录，引自他们的书 *Genetically Engineered Foods: Are They Safe? You Decide* (Los Angeles: Keats Publishing, 1998), p. 45。

关于西班牙的环保恐怖主义，见 http://foodfreedom.wordpress.com/2010/07/

14/uprooting-ecoterrorism-syngenta-gm-crops-sabotaged-in-spain/。

关于阿米什人与 GMO，可参见 http://news.bbc.co.uk/2/hi/science/nature/7745726. stm。关于非洲的 GMO 以及欧洲法规，见 Robert Paarlberg, *Starved for Science: How Biotechnology Is Being Kept Out of Africa* (Cambridge: Harvard University Press, 2009)。

第八章　你想吃出一个绿色星球吗？

关于埃德·贝格利，可参见 http://www.johnnyjet.com/folder/archive/I-Flew-with-Ed-Begley-Jr-Possibly-the-Greenest-Person-Alive.html；https://web. archive.org/web/20050504225203/http://www.edbegley.com/environment/ tipsandfaq.html, Internet Archive, accessed January 24, 2025 (archived on March 4, 2005)。

关于德国人马蒂亚斯·格尔贝尔，见 http://greenmanplanet.blogspot.com/。

有关迈克·杜克与沃尔玛的报导，见 Tom Rooney, "The Greenest Man alive is...Mike Duke of Wal-Mart!", *Pittsburgh Post-Gazette*, July 18, 2010, https://web.archive.org/web/20100801191824/http://www.post-gazette.com/ pg/10199/1073252-109.stm#ixzz1KGYRMjsm, Internet Archive, accessed January 24, 2025 (archived on August 1, 2010)。

关于中非俾格米人的平均寿命，见 Roger Highfield, "Pygmies Life Expectancy Is Between 16 and 24," *The Telegraph*, December 10, 2007。

有关浪费的研究，可参见 Ro'i Zultan and Maya Bar-Hillel, "When Being Wasteful Appears Better than Feeling Wasteful," *Judgment and Decision Making*, vol. 5, no. 7, December 2010, pp. 489-96。关于绿色产品，见 Nina

Mazar and Chen-Bo Zhong, "Do Green Products Make Us Better People?" *Psychological Science*, March 5, 2010, XX(X), pp. 1-5。

关于绿色饮食，两个权威的参考来源是：Peter Singer and Jim Mason, *The Way We Eat, Why Our Food Choices Matter* (Emmaus, Pennsylvaria: Rodale Publishers, 2006)，及 Mark Bittman, *Food Matter: A Guide to Conscious Eating* (New York: Simon & Schuster, 2009)。

关于安妮娜·吕斯特，见 Jascha Hoffman, "Carbon Penance," *The New York Times*, December 12, 2008。

关于塑料，可参见 "Paper or Plastic?" *The Washington Post*, October 3, 2007。关于棉花，见 Martin Hickman, "Plastic Fantastic! Carrier Bags 'Not Eco-villains After All'", *The Independent*, February 20, 2011。

关于运输食物的能源成本，见 Stephen Budiansky, "Math Lessons for Locavores," *The New York Times*, Friday, August 19, 2010, p. A19。原始资料出处为 "Energy Use in the U.S. Food System," by Patrick Canning, Ainsley Charles, Sonya Huang, Karen R. Polenske, and Arnold Waters, United States Department of Agriculture, March 2010；29% 的数字引自 p. 10；亦见 p. 20。关于里奇·珀罗格的估计，见 James E. McWilliams, *Just Food: Where Locavores Get It Wrong and How We Can Truly Eat Responsibly* (New York: Back Bay Books, 2009), pp. 25-26。

关于冷藏苹果的例子，见 Mike Berners-Lee, *How Bad Are Bananas?: The Carbon Footprint of Everything* (London, England: Profile Books, 2010), p. 27。

阿普丽尔·达维拉的资料来自她的博客及推特：https://web.archive.org/web/20100207013037/http://web.me.com/aprildavila/MWM/Check_My_

Work.html, Internet Archive, accessed January 24, 2025 (archived on February 7, 2010)；http://web.me.com/aprildavila/MWM/Blog/Blog.html, Internet Archive, accessed January 24, 2025 (archived on February 5, 2010)；https://web. archive.org/web/20110518135139/http://web.me.com/aprildavila/MWM/Blog/ Entries/2010/2/20_Food_For_Thought.html, Internet Archive, accessed January 24, 2025 (archived on May 18, 2011)；http://twitter.com/WithoutMonsanto。

阿普丽尔抵制孟山都的故事，亦见这篇文章：http://blogs.riverfronttimes.com/ dailyrft/2010/04/la_woman_boycotts_monsanto_for_a_month.php?page=1。 关于 GMO 与老鼠致癌关系的文章可在下述网站找到：http://www.biolsci. org/v05p0706.htm。

关于抵制，见 Brayden G. King, "A Political Mediation Model of Corporate Response to Social Movement Activism," *Administrative Science Quarterly*, 2008, vol. 53, no. 3, pp. 395-421，及下述网站上的摘要：https://web.archive.org/ web/20090409074820/http://insight.kellogg.northwestern.edu/index.php/ kellogg/article/why_boycotts_succeed_and_fail, Internet Archive, accessed January 24, 2025 (archived on April 9, 2009)。

关于美国众议院的新刀叉，见 "Stick a Fork in Hill's 'Green' Cutlery," by David A. Fahrenthold and Felicia Sonmez, *The Washington Post*, Saturday, March 5, 2011, pp. A1, A4。

关于家庭烹饪及食物储存的能源成本，见 "Energy Use in the U.S. Food System," by Patrick Canning, Ainsley Charles, Sonya Huang, Karen R. Polenske, and Arnold Waters, United States Department of Agriculture, March 2010。关 于英国的食物占总能源用量约 20% 的估计，见 Mike Berners-Lee, *How Bad*

Are Bananas?, p. 177。

关于糖的提炼与加工的能源成本，以及汽油与食物的比较，见 "Energy Use in the U.S. Food System," by Patrick Canning, Ainsley Charles, Sonya Huang, Karen R. Polenske, and Arnold Waters, United States Department of Agriculture, March 2010。

第九章 边境上的料理东西军

关于埃尔帕索受到的强烈拉丁影响，见 Kathleen Staudt, *Free Trade? Informal Economies at the U.S.-Mexico Border* (Philadelphia: Temple University Press, 1998), pp. 35, 46，并见 p. 33 有关双城之间的边界关系史。

华雷斯城是墨西哥最富裕的地方之一。相比之下，埃尔帕索的财富增长速度落后于美国其他地区。1950 年，埃尔帕索的人均所得略高于全国平均值，但到 1991 年已跌至全国平均值的 59%；见 Staudt, *Free Trade?*, pp. 35-36。埃尔帕索过去的制造业岗位已转型为低工资劳动，尤其在制衣业。

有关这两国不同的工厂式农场经济的大致背景，见 Ann Cooper, with Lisa M. Holmers, *Bitter Harvest: A Chef's Perspective on the Hidden Dangers in the Foods We Eat and What You Can Do About It* (New York: Routledge, 2000), pp. 108-109；及 Peter Kaminsky, *Pig Perfect: Encounters With Remarkable Swine and Some Great Ways to Cook Them* (New York: Hyperion, 2005), p. 243。

干式与湿式牛肉熟成技术之比较，可参见 *Steaks, Chops, Roasts, and Ribs: A Best Recipe Classic*, by the Editors of *Cook's Illustrated* (Brookline, Massachusetts: America's Test Kitchen, 2004), p. 234。关于干式熟成牛肉溢价，可参见 Katy McLaughlin, "Steakhouse Confidential," *The Wall Street Journal*, Saturday/

Sunday, October 8-9, 2005, pp. P1, P4。

横膈膜肉与牛腩之比较,.可参见 *Steaks, Chops, Roasts, and Ribs: A Best Recipe Classic*, by the Editors of *Cook's Illustrated* (Brookline, Massachusetts: America's Test Kitchen, 2004), p. 40；及 Mario Montaño, *The History of Mexican Folk Foodways of South Texas: Street Vendors, Offal Foods, and Barbacoa de Cabeza* (Ann Arbor: University of Microfilms, University of Pennsylvania doctoral dissertation, 1992), p. 227。在墨西哥的西班牙语中,"Fajita"的意思是"小束腹带"("faja"是"束腹带")。横膈膜肉取自牛只的胸腹之间,仿佛牛穿束腹带的部位,因而得名；见 Jeanne Voltz, *Barbecued Ribs, Smoked Butts, and Other Great Foods* (New York: Alfred A. Knopf, 1990), pp. 63-64。

关于彼得·卡明斯基谈猪的引文,见 Peter Kaminsky, *Pig Perfect: Encounters With Remarkable Swine and Some Great Ways to Cook Them* (New York: Hyperion, 2005), p. 159。

关于美国的牛肉消费何时变得比猪肉消费更重要,见 Richard Pillsbury, *No Foreign Food: The American Diet in Time and Place* (Boulder, Colorado: Westview Press, 1998), pp. 71-73。

关于美国猪肉含脂量的下降,见 Kaminsky, *Pig Perfect*, p. 190。

关于美国对未杀菌奶酪的禁止起因不明。该禁令颁布于 1947 年,当时奶酪运输尚未普遍使用冷藏货车。墨西哥政府近年也开始鼓励对奶酪和乳制品杀菌,但此政策不涉及全面禁止未杀菌奶酪。墨西哥牛奶通常比较稀薄,这也影响奶酪的味道。关于墨西哥牛奶,见 Arturo Lomeli, *La Sabiduria de la Comida Popular* (Miguel Hidalgo, Mexico: Random House Mondadori,

2004), pp. 303-4。

关于门诺派奶酪，见 Cheryl Alters Jamison and Bill Jamison, *The Border Cookbook: Authentic Home Cooking of the American Southwest and Northern Mexico* (Boston: The Harvard Common Press, 1995), p. 141。关于墨西哥门诺派教徒的更多历史，见 Harry Leonard Sawatzky, *They Sought a Country: Mennonite Colonization in Mexico* (Berkeley: University of California Press), 1971。

关于猪油和牛油在墨西哥的用途，见 James W. Peyton, *El Norte: The Cuisine of Northern Mexico* (Santa Fe: Red Crane Books, 1995), p. 16。墨西哥食用猪油的历史，见 John C. Super, *Food, Conquest, and Colonization in Sixteenth Century Spanish America* (Albuquerque: University of new Mexico Press, 1988), p. 85，及 Jeffrey M. Pilcher, *Que Vivan los Tamales: Food and the Making of Mexican Identity* (Albuquerque: University of New Mexico Press, 1998), p. 36。

关于《埃尔帕索食经》，见 *The El Paso Cookbook* (El Paso: Ladies' Auxiliary, YMCA, 1898［原版］)，再版由 Andrew F. Smith 撰写导读，由 Applewood Books, Bedford, Massachusetts 于 2005 年再版。

关于植物油历史及其广告，见 Susan Strasser, *Satisfaction Guaranteed: The Making of the American Mass Market* (Washington: Smithsonian Books, 2004), chapter one。关于 1929 年出版的英文墨西哥食谱，见 Pauline Wiley-Kleeman, *Ramona's Spanish-Mexican Cookery: The First Complete and Authentic Spanish-Mexican Cook Book in English*, 1929，未注明出版者。

"Tortilla" 在西班牙语的意思是 "煎蛋饼"；西班牙人初到墨西哥时，扁平的玉米薄饼让他们想到家乡的扁平煎蛋饼。面粉薄饼在美国的占比，见 Daniel D. Arreola, *Tejano South Texas: A Mexican American Cultural Province*

(Austin: University of Texas Press, 2002), p. 175。

关于墨西哥的面粉薄饼，见 Jeffrey M. Pilcher, *Que Vivan los Tamales: Food and the Making of Mexican Identity* (Albuquerque: University of New Mexico Press, 1998), pp. 31-36, 86-87, 493，亦见 Arreola, *Tejano South Texas,* p. 173，作者讨论了得州。

关于 Fritos 公司的故事，见 Betty Fussell, *The Story of Corn: The Myths and History, the Culture and Agriculture, the Art and Science of America's Quintessential Crop* (New York: North Point Press, 1992), p. 209。

关于 1920 年代美国的玉米培育，见 Visser, *Much Depends on Dinner*, p. 48。墨西哥的玉米当然也是人工培育的，但发生在更久远的时代。存活下来的品种远比美国多。

墨西哥的玉米薄饼制作机可追溯至 1920 年代和 1930 年代。在过渡时期，妇女会带玉米粒去村子的一台集中机器上加工。在村里通电之前，这台机器通常靠燃气驱动，使玉米薄饼口感没那么好。关于墨西哥玉米薄饼制作机发展的总体历史，见 Jamie A. Aboites, *Breva Historia de un Invento Olvidado, Las Maquinas Tortilladoras en Mexico* (Mexico City: Universidad Autonoma Metropolitana, 1989)。关于墨西哥的玉米薄饼生产，可参见 Pilcher, *Que Vivan*, pp. 100-102，及 Jeffrey M. Pilcher, "Industrial Tortillas and Folkloric Pepsi: The Nutritional Consequences of Hybrid Cuisines in Mexico," in *Food Nations: Selling Taste in Consumer Societies*, edited by Warren Belasco and Philip Scranton (New York: Routledge, 2002), pp. 222-39。关于生面团及更多的玉米薄饼历史，见 Janet Long-Solís and Luis Alberto Vargas, *Food Culture in Mexico* (Westport, Connecticut: Food Culture Around the World,

2005), p. 27。关于玉米薄饼的含水量，见 Robert L. Wolke, *What Einstein Told His Cook 2: The Sequel* (New York: W. W. Norton & Company, 2005), p. 231。关于薄饼工厂，见 Donna R. Gabaccia, *We Are What We Eat: Ethnic Food and the Making of Americans* (Cambridge: Harvard University Press, 1998), p. 221；Jeffrey M. Pilcher, *Que Vivan los Tamales: Food and the Making of Mexican Identity* (Albuquerque: University of New Mexico Press, 1998), p. 103-105；及 Arturo Lomelí, *La Sabiduría de la Comida Popular* (Miguel Hidalgo, Mexico: Random House Mondadori), 2004, p. 136。关于墨西哥玉米薄饼补贴史，见 Enrique C. Ochoa, *Feeding Mexico: The Political Uses of Food Since 1910* (Wilmington, Delaware: Scholarly Resources Books, 2000)，及 Lomelí, *La Sabiduria*, p. 53。关于较大型的美国玉米薄饼工厂，及手工玉米薄饼在美国的兴起，见 Himilce Novas and Rosemary Silva, *Latin American Cooking Across the U.S.A.* (New York: Alfred A. Knopf, 1997), p. 8。

有些墨西哥本土青菜，如"pápalos""pipizca""verdolaga""quelite"，通常在美国买不到。

关于西红柿及西红柿运输，这本书中有很好的讨论：Deborah Barndt, *Tangled Routes: Women, Work, and Globalization on the Tomato Trail* (Lanham, Maryland: Rowman & Littlefield), pp. 12-13, 16-17, 21-22, 48。

第十章　吃，旅途的一部分

关于新加坡各种食物的历史，见 Lee Geok Boi, "Part One: Food in Singapore," in *The Food of Singapore: Authentic Recipes from the Manhattan of the East* (Singapore: Periplus Editions, 2001), pp. 5-24，尤其是 pp. 14-15；及 Chua

Beng Huat and Ananda Rajah, "Food Ethnicity and Nation," in *Life is Not Complete Without Shopping: Consumption Culture in Singapore*, edited by Chua Beng Huat (Singapore: Singapore University Press, 2003), pp. 93-117。新加坡小贩中心的历史，可参见 Selina Ching Chan, "Consuming Food: Structuring Social Life and Creating Social Relationships," in *Past Times: A Social History of Singapore*, edited by Chan Kook Bun and Tong Chee Kiong (Singapore: Times Editions, 2000), pp. 123-35，尤其是 pp. 124-26。

关于巴黎 Les Halles 的历史，可参见 John Hess, *Vanishing France* (New York: Quadrangle/The New York Times Book Co., 1975), pp. 4-5，及 Susanne Friedberg, *French Beans and Food Scares: Culture and Commerce in an Anxious Age* (Oxford: Oxford University Press, 2004), pp. 130, 142, 144, 149。

关于出版米其林指南所牵涉的财务损失，见 Paul Betts, "Flavour of Austerity Taints Michelin Guide," *The Financial Times*, March 5, 2011, p. 2。

第十一章　回家，动手煮吧！

关于如何从你的宾客那里获取诚实意见，见 Hang 的评论，https://web.archive.org/web/20100914081256/http://blog.figuringshitout.com/my-hn-dinner-party-3/, Internet Archive, accessed January 24, 2025 (archived on September 14, 2010)。

关于德国的福维克公司，见 Amanda Hesser, "The Way We Eat: Dream Machine," *The New York Times Magazine*, November 11, 2005, at http://www.nytimes.com/2005/11/20/magazine/20food_.html?_r=1。

附录文章

01 如何在成都找到美食 [1]

泰勒·考恩，2014 年 5 月 19 日，发表于《饮食》《旅行》栏目

1. 许多成都人是当地的美食通。不妨邀请当地老饕同行觅食，不过要做好心理准备——他们可能会坚持为你买单。

2. 从市中心的皇冠假日酒店出发，左转沿主路步行两分钟左右，你会看到左手边有一个"唐宋美食街"——一个汇集约 25 家川味小馆的室内美食广场。那里也有一家寿司店，但我看到顾客在寿司卷上蘸满了红辣油。在这般美食宇宙里漫步让人心生温暖。

2b. 在这个美食广场里，我最喜欢的地方是招牌上标有"1862 历史"的那家餐厅，尽管这几个字小，不太显眼。这家店风格简约，规模也比那些非常小的店面稍大一些。

3. 这里的麻婆豆腐做得更加精致，黑胡椒和优质醋的风味值得细细品味。

4. 四川辣子鸡和担担面是我在美国最喜欢的两道四川菜。虽然

---

1 附录文章均选自本书作者泰勒·考恩与其同事乔治梅森大学经济学教授亚历克斯·塔巴洛克（Alex Tabarrok）共同创办的博客——"边际革命"（Marginal Revolution）。附录文章均由阿水翻译。

成都的也很好吃，但没有达到我的预期。在你寻访美食的过程中，不必太在意这些。

4b. 国际贸易有两种哲学。一种哲学认为，佳肴即佳肴，你应该在国内外都点它们。而另一种哲学认为，最具出口潜力的菜肴才会被出口，但这些菜并不一定是最好吃的。因此，在国外，你应该品尝那些在国内吃不到的菜肴。就成都而言，第二种哲学是正确的，正如雅各布·瓦伊纳（Jacob Viner）[1] 在 20 世纪 30 年代中期所暗示的那样。

5. 有时，最有趣的菜反而是配菜。例如，在一家火锅店，我尝到了美味的、蘸着（略甜的）蓝莓酱的山药长块，堆得整整齐齐的。这是对主菜麻辣味的完美调和。在另一家餐厅，我最喜欢的是一些蘸着芝麻酱和酱油的绿叶菜。其他值得一试的还有火锅里的土豆或莲藕。

6. 除非你刻意避免，否则你会吃到一些动物的奇特部位。你不一定全都喜欢，但也不一定全都讨厌。

6b. 如果你有信心地说出"麻辣"二字，他们会觉得你非常精通四川话，甚至认为你可能会说流利的中文。这里的人似乎还不知道，某种正宗四川菜在美国已经相当受欢迎。

7. 许多餐厅的菜单上都有照片，但看过去满眼都是红色，并不

1　加拿大经济学家，芝加哥经济学派早期代表人物之一，在成本理论和成本曲线的研究上做出了开创性贡献。

能有效帮助你辨认你将要吃的食物。见第 6 条。

8. 成都有两处地方——锦里和文殊坊——这里修缮了古建筑和街道，使你可以像在户外购物中心一样漫步。几乎人人都会去这些地方，它们很有趣。这些街巷是购买四川小吃的好去处，包括甜点，且都符合卫生标准。不过，我认为这些并非成都最地道的四川美食，因为它们主要是为游客制作的，尽管是喜欢美食的中国游客。

9. "成都菜"和"四川菜"可不是一回事。四川省的人口比法国还多，而成都只是其省会，所以你最爱的四川菜在当地可能并非主打菜肴。成都还有不少西藏特餐饮店，尽管我还没有试过。

10. 如果你离开成都时还没搞清楚自己到底吃了什么，那么很可能你的美食之旅非常成功。

02 关于价格与餐厅质量之间的负相关性

泰勒·考恩，2023 年 8 月 11 日，发表于《经济学》《饮食》栏目

我收到了一封来自匿名读者的邮件，内容如下：

关于您提出的食物质量与价格之间是否存在负相关性的问题：

我们常常注意到，餐厅的食物质量与其"氛围"之间似乎存在负相关性。[当然，我确信塔勒布（Taleb）曾在某处指出过，实际上二者并非真正负相关，只是由于那些在食物和氛围上都表现不佳的餐厅难以生存，才造成了这种表象。]

我认为，现存餐厅中食物质量与氛围之间的这种负相关性的表象，实际上为食物质量与价格之间的负相关性，原因有二：

1. 相比主动寻觅美食的"饕客市场"，因熟悉/便利（"舒适市场"）或时尚/潮流（"模仿市场"）选择餐厅的客群规模要大得多。在舒适/模仿餐饮服务市场（食物质量只需达到一定的口感基准即可）中，需求曲线高于美食餐饮服务市场。尽管服务于美食市场和舒适 / 模仿市场的餐厅互为替代品，但它们之间的交叉价格弹性可能相当低。当华馆提价时，顾客会转向苹果蜂，而非选择那些位于购物中心的高质量、由家族经营的中餐馆。

2. 那些积极寻找美食的人更有可能自己本身就擅长烹饪，这为服务于美食市场的餐厅提供了一个竞争维度，而服务于舒适和模仿市场的餐厅则无需面对这种竞争。

在饕客市场中，我推测价格与质量是正相关的。若事实表明即便在这个服务于真正重视食物质量的人群的餐厅市场中，价格与质量仍呈现负相关性，那我将无法解释这种现象，也不明白为何有人会选择高价餐厅，除非纯粹是出于猎奇或跟风心理。在这种情况下，这些高价餐厅并不属于饕客市场，而是属于模仿市场（因为它们收取的溢价并非基于纯粹的食物品质，即便餐品本身不错，但这些餐厅的核心卖点已不仅是食物）。

核心观点是，由于食物质量与餐厅"氛围"似乎存在负相关的表象，而大多数人愿意为氛围（舒适、熟悉、时尚等）支付高于食物质量的溢价，因此食物质量与价格之间也似乎呈现负相关性。

03 哪些城市拥有适合观察路人的街头咖啡店？

泰勒·考恩，2018 年 7 月 1 日，发表于《饮食》《旅行》栏目

D. 向我提出了这个问题，并列举了摩洛哥的城市、布宜诺斯艾利斯和巴黎。以下是一些有利于培育街头咖啡店文化的因素：

1. **气候宜人**：地中海气候尤其适合（尽管巴黎勉强符合这一条件）。而亚洲大部分地区则因天气原因不太适合。

2. **远离宽阔的道路和主干道**：这一因素对洛杉矶不利，尽管其气候条件优越；而拉荷亚则在这方面有优势。值得注意的是，布宜诺斯艾利斯和一些摩洛哥大城市的城市规划都基于欧洲模式，并适配 20 世纪初的技术水平。

3. **街头犯罪率必须较低**：巴西因此被排除在外。

4. **污染水平应较低**：否则户外就座会令人不适。这对印度许多城市不利。

5. **街道坡度不宜过大**：抱歉，拉巴斯因此落选（是的，我们在"边际革命"会根据海拔校正坡度）。

6. **摩天大楼不宜过多**：这对曼哈顿不利，因为阳光大多被高楼遮挡。

7. **劳动的显性或隐性边际税率应相对较高**。地中海地区再次占优。那么，咖啡店文化是否与吸烟文化有关呢？

7b. **显性或隐性的土地租金应"足够低"**：毕竟，咖啡店得允许你整天坐在那里——试试在曼哈顿中城区做到这一点？

8. **城市应具备有混合用途的社区，并通过步行道紧密连接，适合多样化的人群聚集**：这对美国的许多地区以及部分拉丁美洲地区不利，而巴黎则因此占优。

9. **城市居民需要有"独处"的传统**：以便他们利用咖啡店与外界联系。你会注意到，在意大利的许多地方，在街头咖啡店"观察人"的文化会败给"固定的街头会议"——五个互相非常了解的家伙围坐在那里大声争论，天晓得他们在争论什么？这类人根本不会坐到咖啡店的椅子上。因此，城市需要一定程度的隐秘性，但不能过多。这对地中海地区的一些传统社会不利。另一方面，过于旺盛的看电视传统也会有损咖啡店文化。

10. **另一个与街头咖啡店竞争的因素是墨西哥的广场传统**。我个人更喜欢集中式的广场（尽管它在分形扩展性上表现不佳）。因此，城市还必须在提供恰到好处的公园、长椅以及市中心的核心聚集点方面有所欠缺。令人惊讶的是，在地中海地区、巴黎、布宜诺斯艾利斯以及像卡萨布兰卡这样的城市中，功能不健全的公共设施并不少见。

还有其他因素吗？

04 关于外卖服务价格上限的规定

泰勒·考恩，2020 年 6 月 15 日，发表于《经济学》《饮食》栏目

本（Ben）给我发来邮件：

你是否能探讨并评论一下地方政府对外卖服务设定价格上限可能带来的隐性后果？（"政治"网站［Politico.com］上的一篇文章描述了旧金山、纽约等地的这一现象。）当前 GrubHub、DoorDash、Uber Eats 等平台之间存在高度竞争。此外，顾客可以选择自提，餐厅也可以自行雇佣配送员。这种动态市场机制有助于压低价格，同时提升服务质量和价值。据《华尔街日报》2020 年 5 月 13 日报道，"尽管美国人被困在家中，但外卖公司却依然难以盈利"。然而，许多地方政府正考虑对这些外卖平台的收费进行监管和限制。

《纽约时报》（*The New York Times*）中也有一篇相关报道，指出某些外卖平台收取的费用高达餐厅收入的 40%。

我的第一个问题是：为什么餐厅不对使用外卖平台的顾客加价？在某些地区，这可能违法，但这显然不是普遍原因。更合理的解释是，餐厅担心失去顾客的好感——"什么?！就因为我用手机点餐，就要多付 30%？"（此外，外卖平台通常不允许餐厅这样做，尽管我认为平台无法阻止餐厅为到店顾客提供"额外优惠"或更低价格。）

在此情况下，餐厅为了避免声誉受损而放弃了部分潜在收入，同时选择继续营业（而非关门），因为他们认为未来的声誉价值会很高。换句话说，餐厅认为其未来的声誉价值在两种渠道中都至关重要。

这算是个好消息，尽管你可能会疑惑，这与餐饮行业普遍的低回报率如何自洽。我推测，一些餐厅之所以能够盈利，是因为它们具备核心竞争力，而那些失败的餐厅则往往过于自信且信息不足。

外卖平台的一个效率优势在于，它们能更快地淘汰不盈利的餐厅。

接下来的问题是：短期内（甚至可能是长期内），是否应该将盈利餐厅的部分盈余重新分配给外卖平台？

外卖平台可能会增加对优质餐厅的需求（因为点餐和配送更加便捷），但同时也会降低餐厅销售更多食物的利润率。如果这些食材和厨房资源原本会被闲置，那么整体来看，这似乎是一个可以接受的交易。厨房保持运转本身就是一种效率提升，即使部分利润流向了外卖平台。

在这种情况下，你可以视外卖平台承担了部分销售职能，而餐厅则更加专注于食品生产。从本质上讲，餐厅的业务变得更加专业化，专注于食品制作，而销售服务则交给了外卖平台。

那些原本擅长销售的餐厅可能会因此受损。但并不能据此断定外卖平台及其定价机制会降低整体效率。另一些餐厅可能会因为难以定位其细分市场而处境不佳，但这种变化很可能是效率提升的表现。

如果外卖平台确实加速了低效餐厅的倒闭（批评者可能不得不接受这一点），那么从长远来看，价格将会上涨，优质餐厅也将逐步收回前期的损失。

总体而言，消费者将享受到更好的服务、更高效的营销，同时支付更高的价格，并拥有更优质的餐厅选择。这听起来并不算糟糕，也未必需要政府干预来限制外卖平台的价格。

值得注意的是，信息灵通的顾客可能最不需要依赖外卖平台，因此他们最难以看到其价值。同样，"批评者"群体（包括餐厅评论家）也最不可能认识到外卖平台在餐厅营销中的作用。然而，恰恰是这类"批评者"最热衷于撰文点评外卖平台。

05　餐厅的最优税率应该是多少？

泰勒·考恩，2019 年 5 月 17 日，发表于《饮食》《法律》栏目

布霍特（Bhauth）向我抛出了一个有趣的问题：

你认为餐厅的最优税率应该是多少？目前的税率在我看来似乎偏高：

1. 在餐厅就餐与在家做饭之间的边际替代率很高。换句话说，人们很容易在这两种选择之间切换。

2. 在家做饭使用的是未征税的劳动力，而在餐厅做饭使用的是已征税的劳动力，随后顾客还需为这些已征税的劳动力支付销售税。更糟糕的是，这些销售税通常比普通销售税更高，因为餐厅食物被视为"奢侈品"。

抛开整体财政考虑（例如，与其他税种对比），我认为这里有几个主要问题：

a. 是的，在餐厅就餐可能导致体重增加，但这在多大程度上是自控力问题，多大程度上是成本与收益的内部化决策？

b. 平价餐厅在多大程度上促进家庭生育更多孩子？在我看来，这是一种社会正面效应。

c. 平价餐厅在多大程度上削弱了家庭餐桌体验带来的亲情纽带？而这种亲情纽带又在多大程度上呈负面的净效应，伴随着争吵与尖叫？

d. 对在餐厅用餐征税（而非对肉类征收特定税）是否会在总体上减少牛肉消费，从而缓解碳／甲烷排放问题？

e. 餐厅食品供应商对待农场动物的态度，比家庭烹饪食材的供应商更好还是更差？

坦白说，a—e 这些问题大多难以量化。这让我们陷入了一个经济学中的经典困境：你有一个明确且显著的效应，以及一系列难以量化及评估其净值的效应。那么，你是应该基于那个你能清晰观测的效应来提出政策建议并放宽置信区间，还是应该完全保持沉默？

最后，还有一个更现实的问题：如果你的读者觉得像这样一篇博文过于复杂或令人厌烦，你又该如何呢？

06　"始于 ×××年"

泰勒·考恩，2023 年 12 月 24 日，发表于《饮食》栏目

来自读者马特（Matt）的提问：

"始于 19×× 年"对一家餐厅来说，是正面还是负面的信号？最近我在丹佛路过一家 BBQ 餐厅，门口挂着这样的招牌。如果它已经开了这么久而且还不错，为什么我之前没听说过它？另一方面，这似乎又是一个正面的市场信号？

我的看法是，这更多是一个负面信号。它确实让这家餐厅处于行业分布的前半段，所以如果你不知道去哪儿吃饭，那去这里也行。但这类餐厅很少会出类拔萃，或者站在什么创新的前沿。它们更习惯以稳定的方式服务大量老顾客。这很棒。可惜的是，大多数人的品味只是"还行"，而不是"特别好"。而且这类餐厅往往定位自己为"老字号"，可能有点停滞在某个时代，受到六七十岁人群的欣赏。这也没问题。

　　但如果你想吃到最好的美食，通常你应该去别处看看。

　　附注：这类餐厅也引发了一个有趣的理论问题——某个时间跨度是否可能过长了？可以说，最有趣的餐厅终将过时，或以某种方式失去它们独特的平衡或能力。它们只想在几年内做到极致，而事实上它们确实可以做到。而那个开了57年的餐厅，做出的披萨在10分制下可能只有6.7分水平。呵。

by

Tyler Cowen